王力全集　第十五卷

博白方音实验录

王　力　著

中 华 书 局

图书在版编目（CIP）数据

博白方音实验录/王力著. —北京:中华书局,2014.7
（王力全集;15）
ISBN 978 - 7 - 101 - 09306 - 3

Ⅰ.博⋯　Ⅱ.王⋯　Ⅲ.汉语方言－方言研究　Ⅳ.H17

中国版本图书馆 CIP 数据核字（2013）第 078530 号

书　　名	博白方音实验录	
著　　者	王　力	
丛 书 名	王力全集 第十五卷	
出版发行	中华书局	
	（北京市丰台区太平桥西里 38 号　100073）	
	http://www.zhbc.com.cn	
	E-mail:zhbc@zhbc.com.cn	
印　　刷	北京天来印务有限公司	
版　　次	2014 年 7 月北京第 1 版	
	2014 年 7 月北京第 1 次印刷	
规　　格	开本/880×1230 毫米　1/32	
	印张 10½　插页 4　字数 260 千字	
印　　数	1 - 3000 册	
国际书号	ISBN 978 - 7 - 101 - 09306 - 3	
定　　价	40.00 元	

王力先生 1930 年在法国

王力先生 1931 年在巴黎

《王力全集》出版说明

王力(1900—1986),字了一,广西壮族自治区博白县人,我国著名语言学家、教育家、翻译家、散文家和诗人。

王力先生毕生致力于语言学的教学、研究工作,为发展中国语言学、培养语言学专门人才作出了重要贡献。王力先生的著作涉及汉语研究的多个领域,在汉语发展史、汉语语法学、汉语音韵学、汉语词汇学、古代汉语教学、文字改革、汉语规范化、推广现代汉语普通话和汉语诗律学等领域取得了杰出的成就;在诗歌、散文创作和翻译领域也卓有建树。

要了解中国语言学的发展脉胳、发展趋势,必须研究王力先生的学术思想,体会其作品的精华之处,从而给我们带来新的领悟、新的收获,因而,系统整理王力先生的著作,对总结和弘扬王力先生的学术成就,推动我国的语言学及其他相关学科的发展,具有重要的意义。

《王力全集》完整收录王力先生的各类著作三十余种、论文二百余篇、译著二十余种及其他诗文等各类文字。全集按内容分卷,各卷所收文稿在保持著作历史面貌的基础上,参考不同时期的版本精心编校,核订引文。学术论著后均附"主要术语、人名、论著索引",以便读者使用。

　　《王力全集》的编辑出版工作,得到了王力先生家属、学生及社会各界人士的帮助和支持,在此谨致以诚挚的谢意。

中华书局编辑部

2012 年 3 月

本卷出版说明

本卷收入王力先生的专著《博白方音实验录》《广州话浅说》与《两粤音说》。

《博白方音实验录》是王力先生 20 世纪 30 年代在法国巴黎大学写的博士论文，以当时先生的实验仪器对王力先生家乡广西博白的方音进行了实验和描写，对博白十声作了科学的阐释，具有开创性的学术意义。

之后该书一直没有重印，因此中国学者一直没有机会看到，这次我们从巴黎找到，收入《王力全集》，影印出版。

《广州话浅说》是为介绍广州话而写的专著，1957 年由文字改革出版社出版。1990 年山东教育出版社出版的《王力文集》第七卷收入《广州话浅说》，该卷由曹先擢先生负责编校，订正了个别讹误。

《两粤音说》是王力先生上世纪 20 年代在清华国学研究院读书时期写的文章，原发表于《清华学报》五卷一期（1928 年），1991年，山东教育出版社出版的《王力文集》第十八卷收入该文，并改正了一些错字。本卷由唐作藩先生负责编校。

中华书局编辑部
2013 年 1 月

总　目

UNE

PRONONCIATION CHINOISE

DE PO-PEI

(Province de Kouang-si)

Étudiée à l'aide de la phonétique expérimentale.

PAR

WANG LI

———

Ouvrage honoré d'une subvention
de l'Institut des Hautes Études Chinoises
de l'Université de Paris.

———

PARIS
LIBRAIRIE ERNEST LEROUX
1932

DU MÊME AUTEUR

Ouvrages publiés :

Étude sur Lao-tseu. The Commercial Press, Changhaï, 1928.

38.

Ex

Étude sur les évolutions phonétiques de Kouang-tong et de Kouang-si. The Tsing Hua Journal, National Tsing Hua University, Pékin, 1928. Tirage à part.

En préparation :

La Grammaire chinoise.

TRANSCRIPTION PHONÉTIQUE

Le système de transcription phonétique employé dans ce travail est celui de M. Yuen-ren Chao, avec quelques changements ; voir son étude sur le « dialecte du Wou moderne » [1].

Voyelles. — $a = a$ moyen, a $= a$ antérieur, æ $=$ voyelle entre a et ɛ, ɐ $=$ æ plus arrondi, ɛ $= e$ ouvert, $e = e$ fermé, ə $= e$ plus arrondi, $i = i$ ouvert, ɔ $= o$ ouvert, $o = o$ fermé, œ $=$ œ français dans *cœur*, $u = u$ ouvert, ü $= u$ français dans *dessus*.

Semi-voyelles. — $j = y$ français dans *yeux*, $w = w$ anglais dans *way*.

Consonnes. — *b, p, d, t, g, k, f, v, s, z, l, m, n* ont la même valeur qu'en français, x $=$ x grec et *ch* allemand dans *ach*, γ $=$ γ grec, c'est la sourde de x, $h = h$ anglais dans *hall*, ŋ $= ng$ anglais dans *morning*, ɲ $= gn$ français dans *oignon*, ʔ $=$ « attaque forte » allemande dans ɛ*che*, φ $= f$ bilabial, ʃ $= sh$ anglais dans *shoot*, dz $= z$ affriqué et *ds* anglais dans *loads*, ts $= dz$ sourd, ʂ $= s$ « réflux », tʂ $= ʂ$ affriqué, ʐ $= ʂ$ sonore, dʐ $= tʂ$ sonore, ʑ $= j$ français dans *j'irai*, dʑ $= ʑ$ affriqué et *ge* anglais dans *judge*, ɕ $= ʑ$ sourd, tɕ $= ɕ$ affriqué, ɖ $= d$ palatal, ʈ $= ɖ$ sourd, nj $=$ nasale affriquée, ɲʐ $=$ nasale affriquée mouillée, mᵥ $= mv$ anglais dans *triumvorate*.

Signes diacritiques. — Voyelle nasale ˜ (ã), consonne mouillée ˇ (ʃ), consonne aspirée ' (p').

Néanmoins, en ce qui concerne les noms propres [2], ainsi que les mots chinois cités seulement pour leur signification, nous avons employé la transcription officielle. Par exemple, pour le mot 去 , au lieu de le transcrire par tɕ'ü, qui est pourtant la prononciation exacte, nous l'avons transcrit par k'iu.

---

1. Yuen-ren Chao, *Studies in the Modern Wu-dialects,* Peking, 1928
2. Exception faite du département de Po-pei et des auteurs contemporains qui ont fixé eux-mêmes la transcription de leur nom ; par exemple : l'auteur cité ci-dessus.

PRÉFACE

C'est une des tâches les plus malaisées que d'étudier la phonétique chinoise : les documents phonétiques qu'ont laissés nos anciens sont en effet bien pauvres. Les quelques livres consacrés plus ou moins exclusivement à l'ancienne prononciation sont forcément incomplets, parce que leurs auteurs n'avaient point à leur disposition la méthode expérimentale.

Quant aux phonéticiens contemporains, ils ont suivi les méthodes nouvelles, mais au point de vue théorique seulement. Mon maître Yuen-ren Chao, servi par une science approfondie de la linguistique et une finesse d'oreille remarquable, a publié une étude très appréciée sur « le dialecte du Wou moderne ». Cette œuvre originale, en ce sens qu'aucun Chinois n'avait pu avant lui fournir une étude aussi documentée, nous fait pressentir qu'elle en eût été la perfection si l'auteur avait pu recourir à la phonétique expérimentale, c'est ce qu'a fait M. Fu Liu pour son travail sur « les tons du chinois »[1].

L'auteur de la présente étude a eu recours lui aussi aux méthodes dont M. Fu Liu s'est servi ; mais ses recherches ont embrassé un domaine plus large : il a expérimenté sur l'articulation des voyelles et des consonnes et il a usé de moyens que n'a point utilisés M. Fu Liu, tels le palais artificiel, la photographie.

L'auteur pense être le premier à entreprendre sur un parler chinois, pris dans son ensemble, une étude expérimentale. L'entreprise pourra sembler téméraire, son sujet risquant de trop embrasser pour être traité à fond. N'ayant pas de guide avant lui, il a conscience d'avoir été audacieux, et il ne prétend pas faire œuvre définitive.

1. Fu Liu, *Étude expérimentale sur les tons du chinois*, Paris.

Il se fait un devoir dès maintenant de manifester sa profonde reconnaissance à M. le Professeur Pelliot, dont les conseils et les encouragements ont été pour lui d'un précieux secours ; il n'oubliera point d'ailleurs que c'est lui qui a bien voulu proposer à l'Institut des Hautes Études Chinoises une subvention sans laquelle le travail n'aurait jamais pu être imprimé. Ses remerciements vont également à M. le Professeur Fouché, rapporteur de la thèse, à M. le Professeur Granet, administrateur de l'Institut des Hautes Études Chinoises, et à M. l'Abbé Millet qui a bien voulu mettre à sa disposition son expérience et son laboratoire.

INTRODUCTION

La présente étude a pour objet la phonétique d'un parler chinois, celui de Po-pei 博白, département dans la province de Kouang-si, à l'Extrême Sud de la Chine. La superficie du département est de 9 600 kilomètres carrés. On a compté 500 000 habitants, mais ce chiffre peut n'être pas exact, puisque la statistique n'a pas été rigoureusement contrôlée. Quant à la ville de Po-pei, elle en compte approximativement 8 000.

Un fleuve appelé Nan-lieou 南流江, prenant sa source au département de Kouei-hien 貴縣, traverse celui de Po-pei, du Nord au Sud, et, en passant par les départements Lien-Tchéou 廉州 et Ho-p'ou 合浦 (tous deux de province de Kouangtong), se jette dans la mer du Sud, au port de Pei-haï 北海. Le fleuve est bordé ci et là par quelques coteaux qui au loin se prolongent en collines plus élevées. La terre est fertile ; la population du département mène une vie agricole avec moins de difficultés que les Chinois du Nord. A Po-pei il y a deux saisons de récolte du riz, au mois de Juillet et au mois de Novembre ; tandis que le peuple du Nord n'a qu'une saison de récolte du blé et que, dans le Midi qui a la renommée d'un pays riche, la culture ne rapporte qu'une saison de récolte de riz. Toutefois, les paysans de Po-pei sont pauvres, tout en étant moins dénués que les paysans du Nord et plus que ceux du Midi.

Le produit le plus important est le riz, dont l'exportation est pourtant restreinte. En somme, les habitants de Po-pei forment une population qui se suffit ; on peut dire qu'ils se passent de l'exportation et de l'importation. Dans la ville de Po-pei, partout on ne voit que des épiceries, boucheries, pharmacies, marchands de vin, enfin tout ce qui concerne les vivres. Il y a en outre quelques marchands d'étoffes chez qui l'on vend aussi des parfums, savons, etc. ; mais cela est déjà pour les gens riches, car les paysannes tissent elles-mêmes de la toile, elles se passent de parfum, et elles se servent des « fruits amers » au lieu de savon.

Il n'y a pas de chemin de fer à Po-pei. Quelque longue que soit la route, on va à pied ; on se sert de l'autocar depuis trois ans seulement.

Le climat est très doux, ni trop froid en hiver, ni trop chaud en été. Il est rare que le thermomètre descende jusqu'au zéro, ou qu'il monte jusqu'à 35 degrés. On ne voit presque jamais de neige ; les habitants âgés de moins de 40 ans n'ont le concept de neige que par les images dans les livres.

Il y a deux dialectes différents à Po-pei ; l'un s'appelle « *le dialecte du pays* » 地 老 話 , l'autre « *le dialecte étranger* » 新 民 話. Celui-ci est ainsi nommé sans doute parce que les habitants qui parlent ce dialecte sont à Po-pei depuis peu de générations (trois siècles environ), tandis que celui-là est considéré comme le plus ancien. Le « dialecte étranger » ressemble plus aux dialectes du Nord de la Chine, et se distingue du « dialecte du pays » surtout par les voyelles. Par exemple, le mot 我 , « je, moi », est prononcé dans le « dialecte du pays » : ηo, mais dans le « dialecte étranger » : ηae ; le mot 人 « homme » est prononcé dans le « dialecte du pays » : $\jmath an$, mais dans le « dialecte étranger » : $\jmath in$. Dans mon travail, j'étudie seulement la prononciation du « dialecte du pays » parce que c'est mon dialecte maternel ; quant au « dialecte étranger », je n'en parlerai que lorsqu'il s'agira des rapports mutuels des deux dialectes. Mon dialecte comporte des variétés dans certains villages : il nécessiterait des informations prises sur place.

Dans ce travail, je me sers de moi-même comme sujet d'expérience. Je suis né au faubourg de la ville Po-pei, d'une famille honorable, mes ancêtres étaient pour la plupart des lettrés. Mon père est

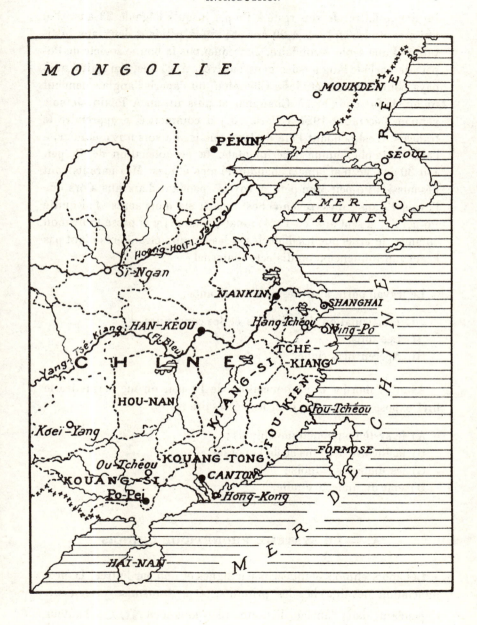

lui-même lettré. Je suis resté à Po-pei jusqu'à l'âge de 23 ans. J'ai fini mes études au lycée à 20 ans et j'ai été pendant deux ans instituteur d'une école secondaire. Je fréquentais la bonne société de Po-pei ; je parle le langage des gens cultivés. A 23 ans, j'ai quitté mon pays pour faire mes études à Changhaï, où j'appris l'anglais pendant un an. Je fus deux ans à Changhaï et puis un an à Pékin. Je suis venu en Décembre 1927 à Paris où j'ai commencé à apprendre le français. C'est pendant l'été de 1929 que je me suis mis à étudier, à l'aide de la phonétique expérimentale, la prononciation de Po-pei. J'ai 30 ans. Je n'ai jamais abandonné mes études. Mes parents sont nés aussi à Po-pei. Mon père a voyagé pendant deux ans alors que j'avais 17 ans : il est revenu et est reparti six mois après. J'ai quitté Po-pei il y a sept ans (en 1924) ; mais, comme j'y ai passé toute mon enfance, je crois que les dialectes et les langues étrangères n'ont pas beaucoup influencé mon dialecte maternel.

Le travail portera sur les points suivants :

    I. L'articulation des voyelles et des consonnes.
    II. Les tons.
    III. Aperçu historique.

Avant d'aborder la prononciation de Po-pei, on me permettra le bref exposé suivant que je crois nécessaire :

    A) le système phonétique chinois ;
    B) la théorie des tons et de la poésie ;
    C) les dialectes chinois ;
    D) état du dialecte étudié.

A. — LE SYSTÈME PHONÉTIQUE CHINOIS

Les mots chinois étant écrits par signes et non par lettres, la prononciation devait, chez les primitifs, être transmise oralement. Cependant, dans l'ancien dictionnaire *Chouo-wen* 説文 , l'auteur

Hiu-chen 許慎 nous parle de six procédés pour créer les caractères chinois. Parmi les six procédés, il y en a un qui consiste à composer deux mots ou plus dont l'un marque la signification, l'autre la prononciation. Par exemple : le mot 味 *wei* « goût » est composé de 口 *k'eou* « bouche » et de 未 *wei* « pas encore » ; le mot 未 « pas encore » fait partie du mot 味 « goût », tous deux prononcés *wei*. Mais ce système se borne à une seule catégorie de mots, et puis, les mots composés d'une même racine qui indique la prononciation, n'ont pas toujours exactement les mêmes phonèmes.

Par exemple : le mot 妹 *mei* « sœur cadette » est composé de 女 *niu* « femme » et de 未 *wei* « pas encore » ; le mot 未 *wei* « pas encore » fait partie du mot 妹 *mei* « sœur cadette », et indique la prononciation, mais les deux mots ne se prononcent pas de la même façon. Hiu-chen a essayé de trouver un autre système. Il a noté sous certains mots : « prononcé comme tel mot ». Ce système ne peut pas être appliqué à tous les mots, parce qu'il n'y a pas toujours eu deux mots absolument homophones. Par exemple, sous le mot 法 $pi^{w}ep$ « loi » (prononcé en moyen chinois : $fi^{w}ep$; dans la langue mandarine : *fa*), on ne peut pas noter : « prononcé comme tel mot », puisqu'il n'y a pas un autre mot prononcé aussi $pi^{w}ep$.

Sous la dynastie Wei 魏 (220-264), l'érudit Souen-yen 孫炎, dans son commentaire sur l'ancien dictionnaire « Eul-ya » 爾雅, commença à marquer la prononciation d'un mot par deux mots. D'autres commentateurs ont souvent suivi la méthode de Souen-yen. Par exemple :

La prononciation de kung (公) = *ku + hung (古紅切).

La prononciation de liek (力) = *liǝm + d'iek (林直切).

Mais, dans ku + hung, il faut supprimer la voyelle du premier mot et la consonne du deuxième, pour arriver à marquer la prononciation du mot *kung*, c'est-à-dire k + ung = kung, de même l + iek = liek. Nous voyons combien cette méthode est incommode ; aussi les Chinois, hormis les phonéticiens, ne peuvent-ils s'en servir. Plus près de nous, quelques phonéticiens ont essayé d'adopter une méthode plus simple. Ils évitent d'employer comme premier mot les mots qui finissent par une nasale, et comme deuxième mot les mots qui commencent par une consonne. Par exemple :

La prononciation de *kung* (公) = ku + ung (古翁切).

La prononciation de *liek* (力) = li + ek (里益切).

En 1912, le ministre de l'Instruction publique se décida à réunir un « Congrès pour unifier la prononciation ». Ce congrès a constitué un alphabet pour transcrire les sons. L'alphabet se compose de 39 signes, divisés en 3 groupes : les consonnes, les demi-voyelles et les voyelles. Il y a un seul signe pour chaque phonème. C'est la meilleure méthode pour marquer la prononciation de mots.

Comme les mots chinois sont représentés plutôt par le symbole que par le son, les philologues chinois s'occupaient plutôt de la signification que de la phonétique. Généralement, les Chinois, même les lettrés, ne savent pas que tels ou tels mots commencent par la même consonne. Par exemple, ils ne savent pas que les mots *tu* et *to* commencent par la même consonne *t*. Quant à la voyelle, ils s'en tenaient à des observations superficielles, parce qu'il s'agissait de savoir rimer les poésies. Mais, lorsqu'ils composaient une poésie, il suffisait de consulter les livres de rimes, et ils ne savaient pas trop pourquoi ils rimaient ainsi. Or, c'est dans ces livres de rimes que nous pouvons étudier la prononciation ancienne. Le plus ancien livre de rimes qui existe aujourd'hui est le *Kouang-yun* 廣韻 , du xie siècle. Ce livre est basé indirectement sur le *Ts'ié-yun* 切韻 du début du viie siècle, écrit par Lou Fa-yen 陸法言 . Dans le *Kouang-yun*, il y a 206 séries de mots qui se terminent par le même son et qui sont chantés sur le même ton. Mais si nous laissons la question de tons, nous ne trouvons que 95 séries de finales. C'est un document très important à l'égard de la phonétique historique ; nous en reparlerons dans le dernier chapitre.

En ce qui concerne les consonnes, nous avons comme document les 36 initiales combinées par le bouddhiste Chou-wen, du xe siècle. Dans ces 36 initiales, il y en a quatre qui, selon M. Bernard Karlgren, comprennent chacune deux initiales. Il a donc existé dans la langue chinoise 40 initiales dont deux pouvaient être demi-voyelles et 38 étaient des consonnes. Nous pouvons dire que le système des consonnes initiales a été très riche en chinois ancien et en moyen chinois.

B. — LA THÉORIE DES TONS ET DE LA POÉSIE

Les tons sont les différences de hauteurs musicales dont une même syllabe est susceptible. Bien que les tons occupent une place importante dans la langue chinoise, l'usage des tons est inconscient chez le peuple. Ce sont surtout les poètes qui ont observé les tons et les ont classés pour l'harmonie de la poésie. Il y a la poésie du style ancien et celle du style moderne. Nous parlerons ici des systèmes de ces deux sortes de poésies et nous verrons en même temps ce que c'est que la théorie des tons.

(1) STYLE ANCIEN.

Les tons ont joué en chinois un rôle bien marqué, depuis un temps très ancien. En étudiant les rimes du *Che-king* 詩經 (livre de poèmes, 1100-700 environ av. J.-C.), on aperçoit assez clairement qu'il y a deux groupes qui ne se confondent jamais : le premier prend les tons longs, et le deuxième prend les tons brefs.

A la fin du v° siècle, vécut Chen-yo 沈約, aujourd'hui reconnu comme le père de l'étude sur les tons. C'est lui qui avait observé les *quatre tons* dans la langue chinoise. Après avoir écrit son *Traité des quatre tons* 四聲譜, il déclara qu'il avait trouvé le secret de la poésie, ce que les poètes d'autrefois avaient cherché en vain depuis plus de mille ans. Ces quatre tons ont été reconnus jusqu'aujourd'hui comme instruments de vérification. Ce sont : le *p'ing* « 平 » (ton uni), le *chang* « 上 » (ton montant), le *k'iu* « 去 » (ton descendant), le *jou* « 入 » (ton bref). Les trois premiers sont des tons *longs*, et le quatrième est un ton *bref*.

Pour rimer une poésie, il faut non seulement trouver les mots qui *se terminent par le même son,* mais aussi ceux qui sont *chantés sur le même ton,* c'est-à-dire qu'un mot du ton *p'ing,* par exemple, ne peut rimer avec un mot du ton *k'iu,* quand même ces deux mots seraient du même son.

(2) Style moderne.

Pour la poésie moderne, les règles sont encore plus compliquées. Il s'agit de connaître le ton *p'ing* 平 (uni) et le ton *tseu* 反 (non uni) pour la composition. On appelle le ton *tseu* tous les tons qui ne sont pas *p'ing,* c'est-à-dire les *chang, k'iu, jou.* Généralement, c'est le ton *p'ing* qui termine un vers. Au milieu du vers, le ton *p'ing* et le ton *tseu* s'emploient alternativement selon des règles propres à chaque rythme. La table suivante fera mieux comprendre.

Quatrain en vingt-huit mots (sept mots par vers).

p'ing p'ing	tseu tseu	tseu p'ing	p'ing	(rime)
tseu tseu	p'ing p'ing	tseu tseu	p'ing	(rime)
tseu tseu	p'ing p'ing	p'ing tseu	tseu	
p'ing p'ing	tseu tseu	tseu p'ing	p'ing	(rime)

Note : Le premier et le troisième mot de chaque vers peuvent n'être pas conformes à la règle ; cependant, dans le deuxième vers de la stance du type qui précède, le troisième mot doit être du ton *p'ing.*

C'est un des modèles pour rimer en ton *p'ing,* mais on peut aussi rimer en ton *chang, k'iu* ou *jou.* Ici nous parlons de la poésie du « style réglé », mais il y a aussi la poésie du style libre, où l'on peut écrire à son gré. Ceci pour montrer combien les tons sont importants dans la littérature chinoise. Mais les quatre tons classiques ne correspondent pas exactement aux tons de la prononciation actuelle, si bien qu'on est quelquefois obligé de consulter le dictionnaire pour savoir que tel mot est de tel ton lorsqu'on veut composer une poésie selon le « style réglé ».

C. — LES DIALECTES CHINOIS

Donnons ici un aperçu des diverses prononciations de la Chine qui permette de faire ressortir la situation du dialecte de Po-pei.

On sait que les prononciations chinoises sont si différentes les unes des autres que souvent les Chinois n'arrivent pas à se comprendre quand chacun parle son dialecte. Toutefois, sous les différences apparentes, il est possible d'apercevoir la stabilité et l'uniformité foncières. Un mot tel que 東 *tong* « Est », a la même prononciation dans ces trois villes : Pékin, Changhaï, Canton. Un autre mot tel que 定 *ting* (immobile) est prononcé à Pékin : *ting* ; à Changhaï : *d'ing* ; à Canton : *teng* ; à Po-pei : *t'eng*. Seulement, chacun s'est habitué à sa propre prononciation, si bien que la moindre nuance choque beaucoup l'oreille, d'autant plus que les mots monosyllabiques sont faciles à confondre. Par exemple, 妹 « sœur cadette » est prononcé *mei* à Pékin, mais *mui* à Po-pei, tandis que 味 « goût » est prononcé *mei* à Po-pei, mais *wei* à Pékin. Donc, si un homme de Po-pei qui n'a jamais appris le Pékinois entend un homme de Pékin dire le mot 妹 « sœur cadette », il croira comprendre le mot 味 « goût ». Il y a aussi la question des tons. Les habitants de Pékin prononcent le mot 買 *mai* « acheter » sur un ton semblable au ton du mot 賣 *mai* « vendre » prononcé par un habitant de Po-pei, tandis que les habitants de la province de Sseu-tch'ouan prononcent le mot 賣 « vendre » sur un ton semblable au ton du mot 買 « acheter » prononcé par un habitant de Po-pei. Ainsi un natif de Po-pei croirait entendre « vendre » lorsqu'un Pékinois parle d'acheter ; il croirait entendre « acheter » lorsqu'un homme de Sseu-tch'ouan parle de vendre !

Tous les dialectes chinois peuvent être approximativement classés en trois groupes : ceux du Nord, ceux du Midi, et ceux de l'Extrême Sud. Les dialectes du Nord sont parlés dans la plus grande partie de la Chine. Les dialectes du Midi se parlent dans la région qui comprend le tiers méridional de la province de Kiang-sou et le tiers septentrional de la province de Tché-kiang. Les dialectes de l'Extrême Sud se parlent dans la province de Kouang-tong et le tiers méridional de la province de Kouang-si dont la ville Po-pei fait partie.

Voyons les éléments caractéristiques de ces trois groupes de dialectes.

Dans les dialectes du Nord, il n'y a pas de consonnes sonores, sauf les consonnes sourdes sonorisées par l'assimilation. A Pékin et dans certaines provinces du Nord, les consonnes « reflux » sont le caractère le plus évident. Les *ʈʂ ʈʂʻ ʂ* sont prononcés avec la langue tournée en arrière. Par exemple, 张, nom de famille, est prononcé à Pékin : *ʈʂaŋ*, à Changaï : *tsā*, à Po-pei : *tʃiaŋ*.

Dans les dialectes du Midi, il y a des consonnes sonores comme *b', d', g', v, z* et *dʑ'*.

Dans les dialectes de l'Extrême Sud, il n'y a pas de consonne sonore. Ce qui caractérise surtout ce groupe de dialectes, c'est la présence des finales -m, -p, -t et -k. Par exemple, 鹽 « sel » est prononcé à Po-pei : *im*, à Pékin : *ien*, à Changhaï : *ıe*. 屋 « maison » est prononcé à Po-pei *œk*, à Pékin : *u*, à Changhaï : *o*. 别 « différent » est prononcé à Po-pei : *p'it*, à Pékin : *pie*, à Changhaï *pi*. 葉 « feuille » est prononcé à Po-pei *ip*, à Pékin : *iɛ*, à Changaï *ie*.

Quant aux tons chinois, ils sont encore plus différents dans les dialectes que les phonèmes. Par exemple, la prononciation de Pékin est presque pareille à celle de Tien-tsin, seuls les tons sont différents. Les Pékinois disent le mot *tong* 東 « est » sur un ton haut, tandis que les habitants de Tien-tsin le prononcent sur un ton bas. Cependant, chaque dialecte a son système des tons : les mots marqués du même ton dans le dictionnaire sont prononcés sur la même note dans le même dialecte. Par exemple, les Pékinois prononcent le mot *tong* 東 sur une note haute, ils prononcent les autres mots de la même série sur une note haute ; en revanche, les habitants de Tien-tsin prononcent le mot *tong* 東 et les autres mots de la même série sur une note basse. C'est pourquoi, dans la conversation entre les gens du même pays, on distingue tout de suite les tons des mots.

Le nombre de tons n'est pas le même dans les différents dialectes. Dans les dialectes du Nord, il y a généralement quatre tons ; dans les dialectes du Midi, il y a sept ou huit tons, ou exceptionnellement six ; dans les dialectes de l'Extrême Sud, le nombre des tons atteint jusqu'à neuf et onze. Nous parlons ici du nombre des tons dans les *mots isolés* ; quant aux tons libres dans la phrase, ils peuvent varier à l'infini et nous ne sommes pas en état de les définir.

D. — ÉTAT DU DIALECTE ÉTUDIÉ

Comme je l'ai dit plus haut, le dialecte de Po-pei appartient au groupe de dialectes de l'Extrême Sud. Or, l'importance de ce groupe de dialectes est due à son ancienneté. Beaucoup de phénomènes linguistiques d'autrefois y sont parfaitement conservés. C'est pourquoi, si l'on ignore ces dialectes, il est presque impossible d'étudier la prononciation classique. Si nous prenons une série de mots dans une table de sons composés par les anciens, et la faisons lire par un homme de Po-pei, l'expérience donne des résultats excellents : les distinctions entre chacun de tons sont toujours bien marquées et leur ordre reste systématique. Si cette même série de mots est lue par un Pékinois ou bien par quelqu'un du Midi, des confusions plus ou moins grandes viennent à se produire. C'est pourquoi on doit regarder les dialectes de l'Extrême Sud comme un document précieux au point de vue de la linguistique.

La prononciation de Po-pei est transmise par tradition orale seulement. Bien qu'il y ait le dictionnaire qui indique la prononciation d'un mot soit par deux mots, soit par un autre mot, ou bien encore par un mot du même phonème mais de ton différent, en marquant le ton du mot commenté, cela n'empêche pas que les Chinois prononcent les mots de différentes façons, attendu que les mots servant à indiquer la prononciation se trouvent eux-mêmes dépourvus de marque d'articulation. C'est pour cette raison que certains mots ont plusieurs prononciations chez les habitants de Po-pei ; chacun les prononce d'après la tradition orale de ses parents ou de ses professeurs et amis. Cependant nous pouvons dire que cela est sans conséquence au point de vue phonétique, puisque le nombre des phonèmes et des tons de la langue ne subit pas de changement.

PREMIÈRE PARTIE

ARTICULATION

De même que la langue mandarine, autrement dit les dialectes du Nord, le parler du département de Po-pei est une langue monosyllabique. Chaque mot peut être composé de un, deux ou trois phonèmes au plus.

Les phonèmes en usage dans le parler de ce département sont les suivants .

A. — VOYELLES

Voyelles orales.   Voyelles nasales [1].

[1]. Toutes les voyelles nasales de Po-pei sont suivies de la consonne ŋ plus ou moins sensible à l'oreille. C'est là la grande différence entre les voyelles nasales du français et celles de Po-pei,

B. — CONSONNES

POSITION / MODE			BILABIALES	LABIODENTALES	DENTALES	PALATALES	VÉLAIRES	GLOTTALES
explosives	sourdes	fortes	p		t		k	
		aspirées	pʿ		tʿ		kʿ	
	sonores							
affriquées	sourdes	fortes			ts	tʃ tʃ̣		
		aspirées			tsʿ	tʃʿ tʃ̣ʿ		
	sonores							
fricatives	sourdes		φ	f	s, l	ʃ ʃ̣		h
	sonores							
nasales. . .					n ɲ		ŋ	

Le système phonétique est restreint, surtout en ce qui concerne les consonnes sonores continues. Toutefois il convient d'y ajouter trois consonnes ; ce sont les plosives *p, t, k,* telles qu'elles sont prononcées en fin de mot, c'est-à-dire réduites à deux temps : l'implosion et la tenue, sans explosion, d'où leur nom d'implosives.

Telles sont les consonnes dont nous avons conscience. Nous verrons plus loin si le parler considéré présente des phonèmes différents, résultant d'assimilation.

A. — VOYELLES

I. — Voyelles orales

D'après le schéma, nous classons les voyelles orales de Po-pei en trois séries : les voyelles antérieures *i, e, œ, a*, les voyelles postérieures *o, u* et au centre la voyelle *a*. Commençons par étudier la voyelle *a*.

1. La voyelle *a*.

a isolé :

Langue. — Pour *a* nous avons un très petit tracé sur le palais artificiel, au niveau de la dernière molaire à droite et à gauche

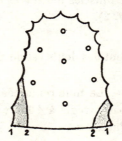

Fɪɢ. 1. — La voyelle *a*.

1. *a* de Po-pei.   2. *a* moyen du français.

(*fig.* 1). C'est donc à peu près à ce point que se fait le relèvement de la langue.

La voyelle *a* de Po-pei paraît donc postérieure par rapport à l'*a* moyen du français, mais elle n'en a pas moins un timbre moyen.

Fig. 2. — La voyelle *a*.

Lèvres. — L'écartement vertical pris au milieu des lèvres est de 12 millimètres, l'écartement horizontal est de 43 millimètres. L'articulation est faible ; les muscles des lèvres et des joues ne montrent aucune contraction (*fig.* 2).

Dents. — L'écartement des dents est de 6 millimètres.

Note de résonance. — La note renforcée par le résonateur de la bouche est celle du diapason réglé à 1 026 v. d., c'est aussi celle de l'*a* moyen français de Paris.

a sous l'influence des consonnes :

a final. — L'*a* final de Po-pei est, à l'impression auditive, un *a* moyen. Mais il prend des formes variées suivant la consonne qui le précède, surtout quand cette consonne est une occlusive (*fig.* 3).

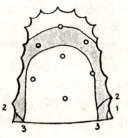

Fig. 3.

1. *pa* 疤 « cicatrice ».
2. *ka* 家 « famille ».
3. *ta* 打 « frapper ». Le tracé derrière les incisives appartient à la consonne
dentale *t*.

a initial. — L'*a* initial devient une voyelle antérieure. Nous la
représentons par *a*.

a médial. — L'*a* médial devient aussi *a*. Nous étudierons cette
voyelle dans la série antérieure.

2. Série antérieure.

La voyelle *a*.

a isolé.

Langue — De l'*a* moyen à l'*a* antérieur, la position de la langue
ne change presque pas (*fig. 4.*) Le second diffère donc du premier
par le labialisme seulement.

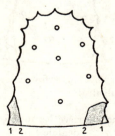

Fig. 4. — La voyelle *a*.

1. a de Po-pei.   2. a antérieur du français.

Lèvres. — L'écartement vertical des lèvres est de 20 millimètres.

L'écartement horizontal est de 49 millimètres, une petite contraction des muscles se manifeste aux joues (*fig.* 5).

Dents. — L'écartement des dents est de 10 millimètres.

Note de résonance. — La note pour *a* de Po-pei est de 1132 v. d.

a sous l'influence des consonnes :

a initial. — L'*a* initial est influencé par la consonne qui suit. Nous observons cela en comparant ces trois groupes : *ap, at, ak* (*fig.* 6).

Fig. 5. — La voyelle *a*.

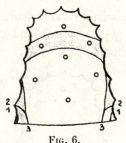

Fig. 6.

1. *ap*   « couvrir » (mot vulgaire).
2. *at* 噎 « vomir ».
3. *ak* 揢 « poignée ». Le tracé derrière les incisives appartient à la consonne dentale *t*.

a médial. — Nous avons choisi neuf mots comme groupes d'expérience pour voir les variations de l'*a* médial. Ce sont *pap, t'at, kak* ; *pat, t'ap, tak, kap, kat, pak* (*fig.* 7).

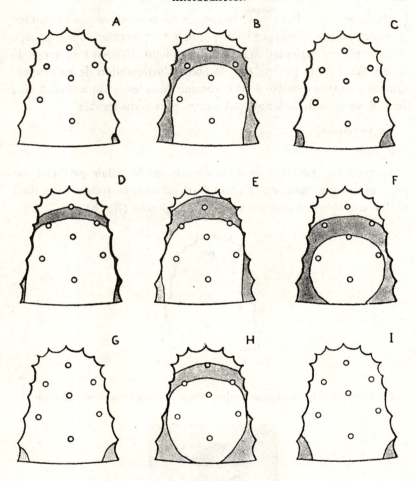

Fig. 7.

A. *pap* « boucher » (mot vulgaire).
B. *t'at* 突 « saillant ».
C. *kak* 角 « corne ».
D. *pat* 筆 « pinceau ».
E. *t'ap* « mettre dans un trou » (mot vulgaire).
F. *tak* 得 « obtenir ».
G. *kap* 急 « rapide ».
H. *kat* 吉 « bonheur ».
I. *pak* 百 « cent ».

REMARQUES. — Pour *pap*, la langue ne se soulève pas davantage que pour *a* isolé. Mais, par l'assimilation de *k*, comme dans le groupe *kak*, le point d'articulation se porte plus haut. Et sous l'influence de *t*, comme dans le groupe *t'at*, le point d'articulation de *a* s'avance. Quand *a* se trouve entre *k* et *t*, comme dans les groupes *kat* et *tak*, le soulèvement de la langue est encore plus considérable.

La voyelle *e*.

e isolé :

Langue. — Le tracé de cette voyelle sur le palais artificiel est plus grand que pour *a* ; le point d'articulation se trouve au milieu de l'avant-dernière molaire à droite et à gauche (*fig.* 8).

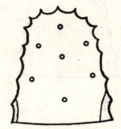

FIG. 8. — La voyelle *e*.

Lèvres. — Sur la photographie nous voyons très distinctement la

FIG. 9. — La voyelle *e*.

contraction des joues et des lèvres. L'écartement vertical des lèvres est de 14 millimètres. L'écartement horizontal est de 44 millimètres (*fig.* 9). Le *e* de Po-pei est moins fermé que le *é* français (comme dans *assez*) et moins ouvert que *è* français (comme dans *lèvres*).

Dents. — L'écartement des dents est de 4 millimètres.

Note de résonance. — La note pour *e* de Po-pei est de 1440 v. d.,

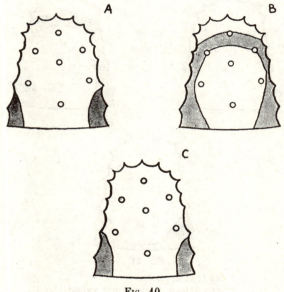

Fig. 10.

A. *pe* 扁 « non rond ».
B. *te* 爹 « père ».
C. *ke* « couper » (mot vulgaire).

qui est intermédiaire entre celle de l'*é* fermé français (1824 v. d.) et celle de l'*è* ouvert français [1] (1368 v. d.).

e sous l'influence des consonnes :

e final. — Nous avons choisi les trois mots *pe, te, ke,* comme groupes d'expérience (*fig.* 10).

1. Voir Rousselot, *Précis de prononciation française*, p. 48.

e initial. — Groupes d'expérience : *ep, et, ek* (*fig.* 11).

REMARQUE. — L'influence de l'*e* se manifeste par l'avancement du point d'articulation du *k*.

e médial. — Groupes d'expérience : ***pep, tet, kek, p'et, tep, tek, kep, k'et, pek*** (*fig.* 12).

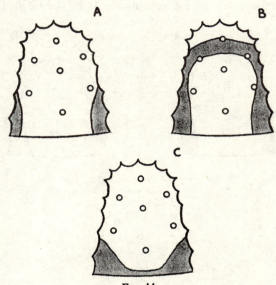

FIG. 11.

A. *ep* (pas de mot).
B. *et* « gâteau de riz » (mot vulgaire).
C. *ek* 益 « bénéfice ».

REMARQUE. — Quand l'*e* est intermédiaire entre deux *p*, la langue s'abaisse plus que pour l'*e* isolé. Quand il se trouve entre deux *k*, la langue est au contraire plus élevée que pour l'*e* isolé.

La voyelle *i*.

i isolé :

Langue — Pour *i* le tracé à droite du palais artificiel monte jusqu'au niveau de la première molaire, tout le long des points 7, 4 et 1 (*fig.* 13) ; celui de gauche monte également jusqu'au niveau de la première molaire, mais il se fait moins large.

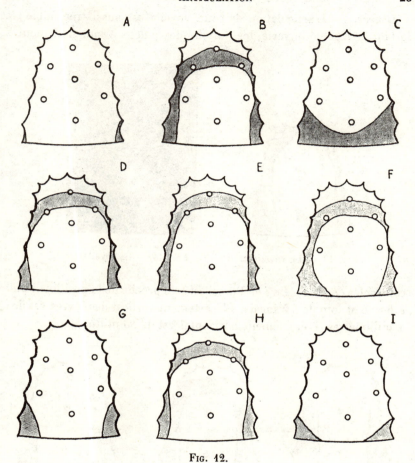

FIG. 12.

A. *pep* (pas de mot).
B. *tet* « jeter » (mot vulgaire).
C. *kek* 激 « exciter ».
D. *p'et* « faire un faux pas » (mot vulgaire).
E. *tep* (pas de mot).
F. *tek* 的 « but ».
G. *kep* « prendre avec deux baguettes » (mot vulgaire).
H. *k'et* « agiter avec un bâton » (mot vulgaire).
I. *pek* 迫 « contraindre ».

Dans D, E, F, H, le tracé derrière les incisives appartient à la consonne dentale *t*.

Lèvres. — L'articulation de cette voyelle est aussi très faible ; la bouche à peine ouverte, les muscles des joues ne sont nullement

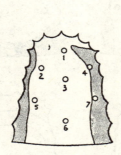

FIG. 13. — La voyelle *i*.

FIG. 14. — La voyelle *i*.

contractés (*fig.* 14). Le *i* de Po-pei est très proche de la position d'un *e* fermé et loin de *i* français. L'écartement vertical des lèvres est de 4 millimètres. L'écartement horizontal est de 45 millimètres.

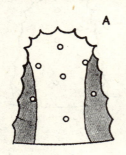
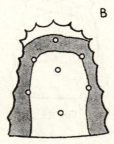

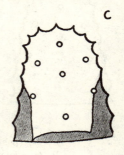

FIG. 15.

A. *pi* (pas de mot).
B. *ti* (pas de mot, mais c'est le terme dont on se sert pour appeler les canards).
C. *ki* 記 « se souvenir ».

Dents. — L'écartement des dents est de 1 millimètre.

Note de résonance. — La note pour *i* de Po-pei est de 2 144 v. d. Notons la différence considérable entre *i* de Po-pei et *i* du français dont la note de résonance est de 3 648 v. d. (Voir Rousselot, *Précis de prononciation française*, p. 48).

i sous l'influence des consonnes :

i final. — Groupes d'expérience : *pi, ti, kɪ* (*fig.* 15).

Remarque. — Sous l'influence de la consonne vélaire *k*, le point d'articulation de l'*i* recule plus que pour l'*i* isolé.

i initial. — Groupes d'expérience : *ip, it* (*fig.* 16).

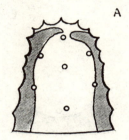
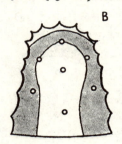

Fig. 16.

A. *ip* 葉 « feuille ».
B. *it* ㄩ « second ».

Remarque. — Sous l'influence du *t*, la langue se soulève plus que pour l'*i* isolé.

i médial. — Groupes d'expérience : *pit, tit, kit, t'ip, kip* (*fig.* 17).

Remarque I. — Dans le mot *kip*, sous l'influence de la consonne vélaire *k*, la voyelle *i* a son point d'articulation plus en arrière que celui de l'*i* isolé.

Remarque II. — Comparons le mot *kit*, avec le mot *ki* (*fig.* 18, *c*). Nous reconnaissons dans *kit* la trace de *ki*, le tracé derrière les incisives appartenant à la consonne dentale *t*.

La voyelle *œ*.

Cette voyelle n'existe pas isolément dans les mots de Po-pei, mais c'est le terme dont on se sert pour faire avancer ou chasser les bestiaux.

Langue. — Pour cette voyelle nous avons un très petit tracé sur

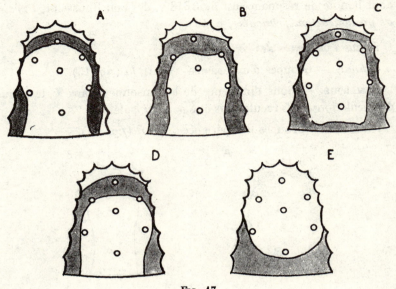

FIG. 17.

A. *pit* 必 « certainement ».
B. *tit* 跌 « tomber ».
C. *kit* 結 « lier ».
D. *t'ip* 疊 « superposer ».
E. *kip* 劫 « piller ».

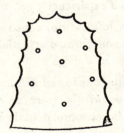

FIG. 18. — La voyelle *œ*.

le palais artificiel, à la dernière molaire et à droite seulement (*fig.* 18). Voir position *e*.

Lèvres. — L'écartement vertical des lèvres est de 9 millimètres.

L'écartement horizontal des lèvres est de 42 millimètres. Mêmes positions que pour *o*.

Dents. — L'écartement des dents est de 4 millimètres.

3. Série postérieure.

La voyelle *o*.

o isolé :

Langue. — Pour cette voyelle, le palais artificiel ne m'a donné aucun renseignement, le point d'articulation étant placé hors de ses

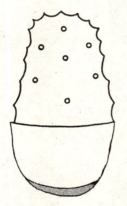

Fig. 19. — La voyelle *o*.   Fig. 20. — La voyelle *o*.

limites. J'ai dû prolonger le palais artificiel et, après plusieurs expérimentations, je ne vois qu'un petit tracé près du voile du palais, ce qui prouve que le dos de la langue ne se soulève que légèrement (*fig.* 19).

Lèvres. — Les muscles des lèvres et des joues ne montrent aucune contraction (*fig.* 20). La fente labiale de l'*u* s'est agrandie en passant à l'*o* (cf. *fig.* 21). L'écartement vertical des lèvres est de 9 millimètres. L'écartement horizontal est de 42 millimètres. La position des lèvres pour *o* est donc très voisine de celle de *a* moyen $\left(\frac{12}{44}\right)$.

Dents. — L'écartement vertical des dents est de 4 millimètres.

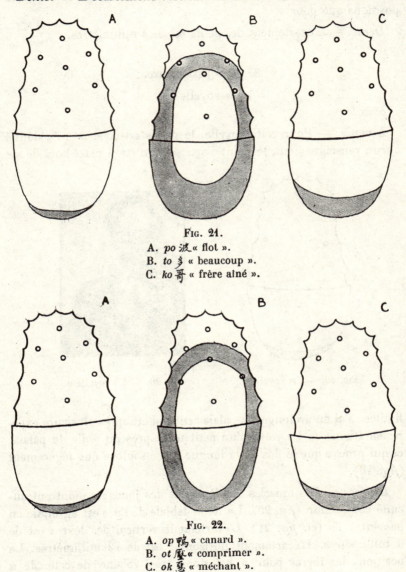

Fɪɢ. 21.

A. *po* 波 « flot ».
B. *to* 多 « beaucoup ».
C. *ko* 哥 « frère aîné ».

Fɪɢ. 22.

A. *op* 鴨 « canard ».
B. *ot* 壓 « comprimer ».
C. *ok* 惡 « méchant ».

Note de résonance. — La note pour *o* de Po-pei est de 800 v. d.

Il est donc très voisin de l'*o* ouvert français puisque la note de celui-ci est de 798 v. d. (Voir Rousselot, *Précis de Prononciation française*, p. 48).

o sous l'influence des consonnes :

o final. — Groupes d'expérience : *po, to, ko* (*fig.* 21).

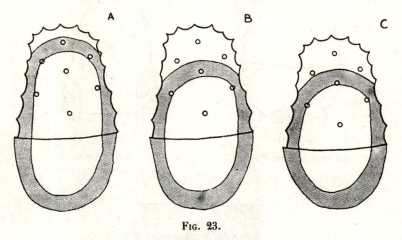

Fig. 23.

A. *top* 答 « répondre ».
B. *tok* 啄 « becqueter ».
C. *kot* 割 « trancher ».

REMARQUE. — Sous l'influence du *t* ou du *k*, le point d'articulation de l'*o* est avancé.

o initial. — Groupes d'expérience : *op, ot, ok* (*fig.* 22).
Même remarque que pour *fig.* 23.

o médial. — Groupes d'expérience : *top, tok, kot* (*fig.* 23).

La voyelle *u*.

u isolé :

Langue. — Pour cette voyelle aussi, j'ai dû prolonger le palais artificiel, car le point d'articulation se trouve trop en arrière (*fig.* 24), ce qui est très différent de l'*u* français (*fig.* 25).

Lèvres. — L'articulation de cette voyelle est très faible ; car les muscles des joues ne sont pas contractés, ni les commissures des

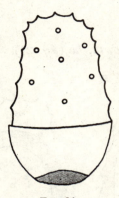

FIG. 24.

La voyelle *u* de Po-pei.

FIG. 25

1. *u* fermé français.
2. *u* moyen français.

FIG. 26. — La voyelle *u*.

lèvres serrées (*fig.* 26). L'écartement vertical des lèvres est de 4 millimètres. L'écartement horizontal est de 42 millimètres. C'est une voyelle non arrondie et sa position des lèvres est voisine de celle de l'*i* $\left(\frac{4}{45}\right)$.

Dents. — L'écartement des dents est de 1 millimètre.

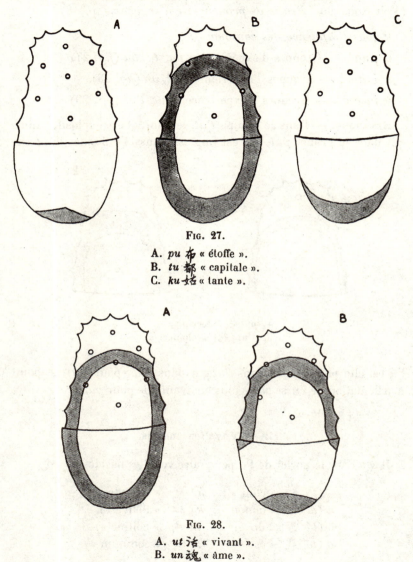

Fig. 27.

A. *pu* 布 « étoffe ».
B. *tu* 都 « capitale ».
C. *ku* 姑 « tante ».

Fig. 28.

A. *ut* 活 « vivant ».
B. *un* 魂 « âme ».

Note de résonance. — La note de l'*u* de Po-pei est de 400 v. d.,

qui est proche de celle de l'*o* fermé français ; celle-ci est de 456 v. d.
(Voir Rousselot, *Précis de prononciation française*, p. 48).

u sous l'influence des consonnes :

u final. — Groupes d'expérience : *pu, tu, ku* (*fig.* 27).

u initial. — Groupes d'expérience : *ut, un* (*fig.* 28).

u médial. — Groupes d'expérience : *put, t'ut* (*fig.* 29).

Remarque. — Dans le groupe *t'ut*, le *t* initial est explosif, tandis
que dans le groupe *put*, le *t* est implosif. Aussi l'influence du *t* sur

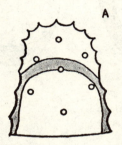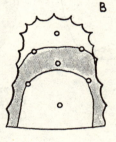

Fig. 29.

A. *put* 鉢 « terrine ».
B. *t'ut* 脱 « s'échapper ».

l'*u* est-elle plus grande dans *t'ut* que dans *put* : pour *t'ut*, le point
d'articulation de l'*u* se porte plus en avant que pour *put*.

II. — Voyelles nasales.

Il y a dans le parler de Po-pei quatre voyelles nasales :

ẽ (tẽ 釘 « clou » ; kẽ 驚 « craindre »).
ã (tã 燈 « lampe » ; kã 江 « fleuve »).
ã (tã 當 « devoir » ; kã 岡 « colline »).
õ (tõ 東 « est » ; kõ 公 « commun »).

Toutes ces voyelles nasales sont suivies de la consonne vélaire ŋ,
plus ou moins sensible à l'oreille (voir *fig.* 31, 33, 35, 37).

ẽ.

Langue. — Le tracé de cette voyelle nasale sur le palais artificiel est analogue avec la voyelle orale *e* ; le point d'articulation se trouve au milieu de l'avant-dernière molaire à droite et à gauche (*fig.* 30).

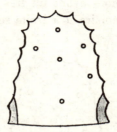

Fɪɢ. 30. — La voyelle nasale *e*.

Lèvres. — L'orifice labial de *ẽ* est également analogue avec celui de l'*e*. L'écartement vertical des lèvres est de 15 millimètres. L'écartement horizontal est de 44 millimètres.

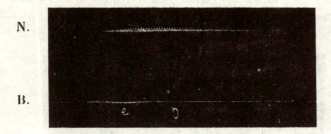

Fɪɢ. 31. — Souffle buccal et nasal de *ẽŋ*.

Durée : *ẽ*, 15 centièmes de seconde ; *ŋ*, 25 centièmes de seconde.

Dents. — L'écartement des dents est de 7 millimètres.

Note de résonance. — La note pour *ẽ* est de 1 440 v. d., qui est aussi celle pour la voyelle orale *e*.

Nasalité. — La voyelle *e* est peu nasalisée au début de l'émission, mais la nasalisation devient de plus en plus considérable vers la fin. Elle est suivie d'un η implosif dont la nasalité va en diminuant (*fig*. 31).

ã.

Langue. — Pour ã nous avons un très petit tracé sur le palais artificiel, à la dernière molaire et à droite seulement (*fig*. 32).

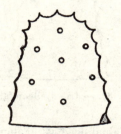

FIG. 32. — La voyelle nasale ã.

Lèvres. — L'écartement vertical des lèvres est de 20 millimètres. L'écartement horizontal est de 49 millimètres.

FIG. 33. — Souffle buccal et nasal de ãη.

Durée : a, 12 centièmes de seconde ; η, 15 centièmes de seconde.
D. = diapason à 200 vibrations par seconde. Je l'ai employé
pour tous les enregistrements suivants.

Dents. — L'écartement des dents est de 10 millimètres.

Note de résonance. — La note pour ã est la même que pour a.

Nasalité. — La nasalité de ã se manifeste dès le début de l'émission. Il est suivi d'un ŋ implosif (*fig.* 33).

ã.

Cette voyelle est considérée ordinairement par les Chinois comme un *o* nasal, mais c'est, en réalité, un *a* très postérieur suivi d'un ŋ implosif.

Langue. — Cette voyelle nasale ne donne pas de tracé sur le palais artificiel ; mais, avec le palais prolongé, j'ai obtenu un tracé comme dans la figure suivante (*fig.* 34).

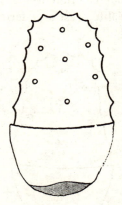

Fɪɢ. 34. — La voyelle nasale ã.

Lèvres. — L'écartement vertical des lèvres est de 13 millimètres. L'écartement horizontal est de 40 millimètres.

Dents. — L'écartement des dents est de 4 millimètres.

Note de résonance. — La note pour ã est de 928 v. d.

Nasalité. — La voyelle ã est peu nasalisée et suivie d'un ŋ implosif (*fig.* 35).

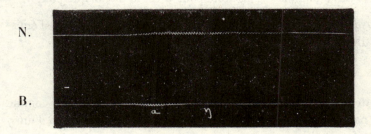

FIG. 35. — Souffle buccal et nasal de *aŋ*. Durée : *a*, 13 centièmes de seconde;
ŋ, 28 centièmes de seconde.

ō

Cette voyelle est considérée ordinairement par les Chinois comme
un *u* nasal ; mais, en réalité, c'est un *o* fermé et non arrondi, suivi
d'un *ŋ*.

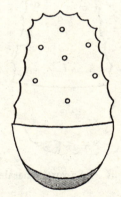

FIG. 36. — La voyelle nasale *ŏ*.

Langue. — Pour cette voyelle aussi j'ai dû prolonger le palais
artificiel et j'ai obtenu un tracé comme dans la figure ci-dessus
(*fig.* 36).

Lèvres. — Pour cette voyelle nasale il n'y a pas d'arrondissement
des lèvres (*fig.* 37). L'écartement vertical des lèvres est de 7 millimètres. L'écartement horizontal est de 42 millimètres.

FIG. 37. — La voyelle nasale ŏ.

Dents. — L'écartement des dents est de 4 millimètres.

Note de résonance. — La note pour ŏ est de 604 v. d.

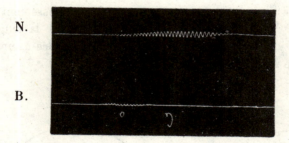

FIG. 38. — Souffle buccal et nasal de ŏη. Durée : ŏ, 12 centièmes de seconde ; η, 16 centièmes de seconde.

Nasalité. — C'est plutôt une voyelle orale suivie d'un η, car sur le tracé du souffle, nous observons qu'il y a très peu de vibrations sur la ligne nasale correspondant à la ligne buccale, mais que les vibrations apparaissent nettement aussitôt que la voyelle est terminée (*fig.* 38).

Remarques générales.

L'articulation labiale est extrêmement faible pour toutes mes voyelles. L'écartement des lèvres semble provenir de l'abaissement de la mâchoire et non d'une articulation labiale proprement dite. Le labialisme qui caractérise les voyelles postérieures en français ne se manifeste pas ou à peine dans mes voyelles *u, o, œ*. Il s'ensuit que pour suppléer aux résonateurs constitués par l'arrondissement et la projection des lèvres, la langue se tasse davantage au fond de la bouche, de façon à augmenter le volume de la cavité buccale.

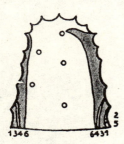

Fig. 39. — Traces comparatives laissées sur le palais artificiel par la langue dans l'articulation des voyelles.

1, *a*; 2, *a* et *ã*; 3, *e*; 4, *ē*; 5, *œ*; 6, *i*.

La langue recule de 31 millimètres pour celles de *a* à *o*, puis de 37 millimètres de *a* à *u*. Ainsi, la distance de *a* à *o* est six fois celle de *o* à *u*. Elle marque un agrandissement considérable de la cavité de la bouche ; mais il faut noter que les lèvres ne sont ni arrondies ni projetées en avant : elles ont la position de *e* avec un rapprochement vertical légèrement accusé. L'agrandissement de la cavité buccale dû au recul de la langue est donc une compensation destinée à suppléer à la fermeture insuffisante de l'orifice.

Formes buccales.

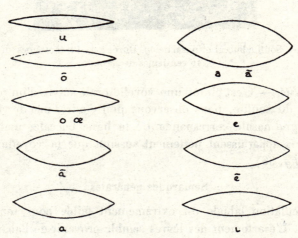

TABLEAU COMPARATIF DE L'ÉCARTEMENT DES LÈVRES ET DES DENTS POUR LES VOYELLES

		VOYELLES ORALES							VOYELLES NASALES			
		u	*o*	*a*	*a*	*e*	*œ*	*i*	*õ*	*ɑ̃*	*ã*	*ẽ*
lèvres . .	verticales. .	4	9	12	20	14	9	11	7	13	20	15
	horizontales.	42	42	43	49	44	42	45	42	40	49	44
dents.. .	verticales. .	1	4	6	10	4	4	1	4	4	10	7

TABLEAU COMPARATIF DE LA NOTE DE RÉSONANCE POUR LES VOYELLES

	VOYELLES ORALES						VOYELLES NASALES			
	u	*o*	*a*	*a*	*e*	*i*	*õ*	*ɑ̃*	*ã*	*ẽ*
de Po-pei.. .	400	800	1 026	1 132	1 440	2 144	604	928	1 132	1 440
en français. .	228	798 ouvert	1 026 moyen	1 140 antérieur	1 368 ouvert	3 648	690	918	»	1 348

B. — CONSONNES

I. — Explosives.
II. — Affriquées.
III. — Fricatives.
VI. — Nasales.

I. — Explosives.

p, p .

Lèvres. — Pour ces deux consonnes, la pression labiale est plus faible que pour le *p* français (*fig.* 40). Les occlusives labiales p, p' se prononcent d'une manière qui paraît uniforme. Elles sont dues à l'articulation avec ou sans aspiration.

Fig. 40. — La consonne *p*.

A comparer avec le *p* parisien, dans le *Précis de Prononciation Française* de l'abbé Rousselot, figure 52, p. 65.

Pour enregistrer la pression des lèvres de la consonne labiale *p*, j'ai placé entre ces organes une petite ampoule exploitrice à $\frac{0^m,012}{0^m,012}$, et j'ai obtenu le tracé suivant.

Fig. 41. — Souffle buccal et pression labiale de *pa* et de *p'a*. On peut aisément se rendre compte de la différence entre le *p* non aspiré et le *p* aspiré.

Fig. 42. — Souffle buccal et pression labiale de *ap*. Le *p* est implosif : nous voyons nettement la fermeture des lèvres sur le tracé labial.

t, t'.

Langue. — Ces deux consonnes sont sujettes à des variations. Néanmoins, d'une façon générale, pour *t* ou *t'* suivi d'une voyelle antérieure (*e, i*) le tracé de la langue est plus avancé sur le palais artificiel (*fig*. 43), alors qu'il est reculé quand la consonne est suivie

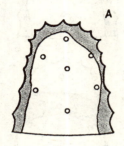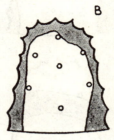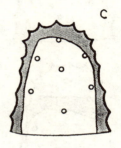

FIG. 43.

A. *ti* : mot pour appeler les canards.
B. *te* 爹 : « père ».
C. *t'e* : pas de mot écrit, mais on dit « ŋo t'e » pour dire « nous »; ou plus vulgairement « wan t'e ».

d'une voyelle telle que *o* et surtout *u* (*fig*. 44). Pour les mots qui

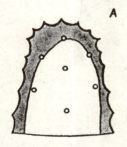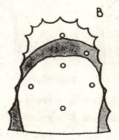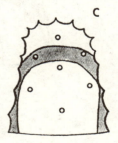

FIG. 44.

A. *to* 多 « beaucoup ».
B. *t'o* 拖 « traîner ».
C. *t'u* 圖 « dessin ».

finissent par l'implosive *k*, tels que *tœk* 篤 « grave », *t'œk* 毒 « poison », *tɔk* 啄 « becqueter », *t'ɔk* 度 « mesurer », *tak* 得

Fig. 45.

A. *tœk* 篤 « grave ».

B. *t'œk* 毒 « poison ».

C. *tɔk* 啄 « becqueter ».

D. *t'ɔk* 度 « mesurer ».

E. *tak* 得 « acquérir ».

F. *t'ak* 特 « spécial ».

G. *tek* 的 « but ».

H. *t'ek* 敵 « rival ».

On voit assez nettement que le tracé de *t* aspiré est moins large que celui de *t* non aspiré, l'effort est donc moindre.

« acquérir », *t'ak* 特 « spécial », *iek* 的 « but », *t'ek* 敵 « rival »,
les tracés de la langue sont les plus reculés, jusqu'aux points 5 et 7
(*fig*. 45). C'est donc sous l'influence d'une consonne vélaire que le
point d'articulation de ces deux consonnes est reculé. En revanche,

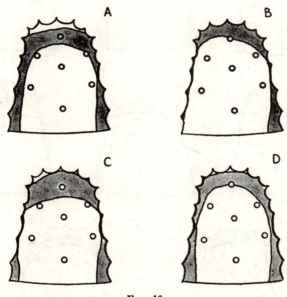

Fɪɢ. 46.

A. *tɔp* 答 « répondre ».
B. *t'ɔp* 踏 « piétiner ».
C. *t'ap* « mettre dans un trou » (mot vulgaire).
D. *t'ip* 疊 « mettre en pile ».

A comparer ces mots avec ceux de la figure 38.

pour les mots qui finissent par l'implosive labiale *p*, tels que *tɔp*
答 « répondre », *t'ɔp* 踏 « piétiner », *t'ap* *   « mettre dans un
trou », *t'ip* 疊 « mettre en pile », les tracés de la langue sont plus
avancés ; ils se placent entre le point 7 et les points 2, 4. Parfois ils
envahissent même les incisives (*fig*. 46). Quant aux mots qui commencent par *p* ou *p'*, et qui finissent par la consonne implosive *t*,

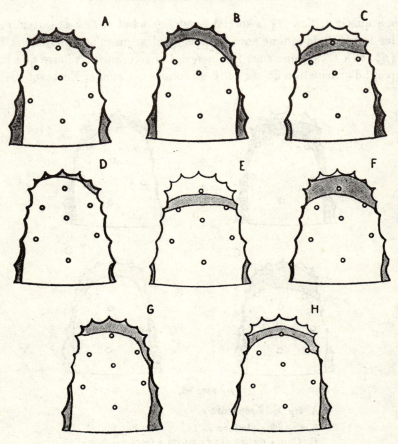

Fig. 47.

A. *put* 鉢 « bassin ».

B. *p'ut* 潑 « vider de l'eau ».

C. *pɔt* 八 « huit ».

D. *p'ɔt* 拔 « arracher ».

E. *pat* 筆 « pinceau ».

F. *p'at* 匹 « couple ».

G. *pit* 必 « certainement ».

H. *p'it* 別 « distinguer ».

Les tracés sont souvent très faibles. A comparer avec les figures 38-39.

tels que *put* 缽 « bassin », *p'ut* 潑 « vider l'eau », *pɔt* 八 « huit »,

p'ɔt 拔 « arracher », *pat* 筆 « pinceau », *p'at* 匹 « couple », *pit*

必 « certainement », *p'it* 別 « distinguer », le tracé est encore

plus en avant et se fait moins large et parfois moins net (*fig.* 47),

ce qui est dû sans doute au manque d'explosion.

Pour enregistrer l'élévation de la langue de la consonne *t*, j'ai

placé une ampoule exploitrice entre cet organe et le palais. J'ai

employé une petite ampoule de $\frac{0^m,015}{0^m,015}$. La distance de l'ampoule aux

dents est à 15 millimètres.

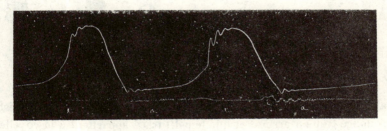

Lg.
B.

F<small>IG</small>. 48. — Souffle buccal et élévation linguale de *ta* et de *t'a*. On peut aisément
se rendre compte de la différence entre le *p* non aspiré et le *p* aspiré.

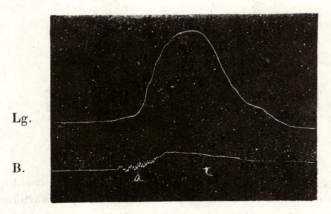

Lg.

B.

F<small>IG</small>. 49. — Souffle buccal et élévation linguale de *at*. Le *t* est implosif :
nous voyons nettement le relèvement de la langue sur la ligne linguale.

k, k'.

Langue. — Pour ces deux consonnes gutturales, j'ai essayé d'allonger le palais artificiel, mais je n'ai pas pu articuler, tellement le palais artificiel me gênait. Mais, d'après les tracés obtenus sur le

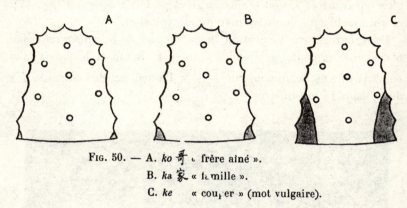

FIG. 50. — A. *ko* 哥 « frère ainé ».

B. *ka* 家 « famille ».

C. *ke*   « couper » (mot vulgaire).

palais ordinaire, nous voyons que le *k* (ou *k'*) devant *o, a, e,* est prononcé trop en arrière et que le petit tracé appartient à la voyelle seulement (*fig.* 50). Quant à *k* devant *u*, il y a un tracé à droite et

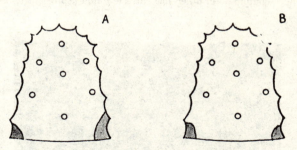

FIG. 51. — A. *ku* 姑 : « tante ».

B. *k'u* 枯 : « fané ».

à gauche, plus large que pour *ko, ka* (*fig.* 51). On se souvient que le *u* prononcé isolément ne donne pas de tracé sur le palais artificiel ; c'est donc à cause de *k* que la voyelle se porte en avant. La véritable *k* ne paraît sur le palais artificiel que lorsqu'il précède la voyelle *i* (*fig.* 52); et il se porte plus en avant lorsque la voyelle est suivie d'un *n*, surtout d'un *m* (*fig.* 53).

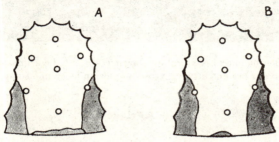

Fig. 52. — A. *ki* 記 « se rappeler ».

B. *k'i* 奇 « extraordinaire ».

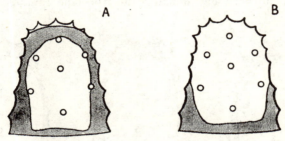

Fig. 53. — A. *kin* 肩 « épaule ». Le tracé derrière les incisives appartient à la consonne dentale *n*.

B. *kim* 兼 « faire deux choses en même temps ».

Nota. — Le *k* de Po-pei se porte beaucoup plus en arrière que le *k* français.

Souffle.

Lx.

B.

Fig. 54. — Souffle buccal et vibrations laryngées de *ka* et de *k'a*. La distinction entre le *k* non aspiré et le *k* aspiré est très visible.

Lx.

B.

FIG. 55. — Souffle buccal et vibrations laryngées de *ak*. Le *k* final est implosif. On voit sur la ligne du larynx une implosion légèrement esquissée.

II. — **Affriquées.**

*ts, ts*ʿ.

Langue. – Pour ces deux consonnes nous avons tracé sur le palais artificiel, assez large au bord des deux dernières molaires, il se rétrécit au bord des molaires du troisième rang, se trouvant

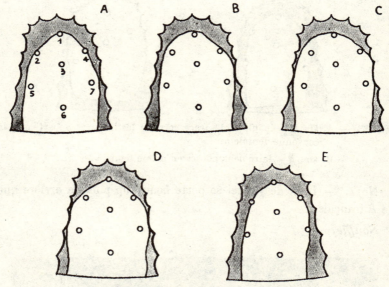

FIG. 56. — A. *tsu* 租 « loyer ».

B. *tso* 左 « gauche ».

C. *tsaŋ* 曹 « nom de famille ».

D. *tse* 姉 « sœur aînée ».

E. *tsim* 尖 « pointu ».

entre les points 1, 2, 4, et se rélargissant jusqu'aux incisives (*fig.* 56). Il est parfois proche de la position de la consonne *s*, nous observons cela en comparant les mots *so* « serrure » et *tsaŋ* « enterrer », ou les mots *sae* « ouest » et *tsae* « faire des offrandes aux ancêtres » (*fig.* 57).

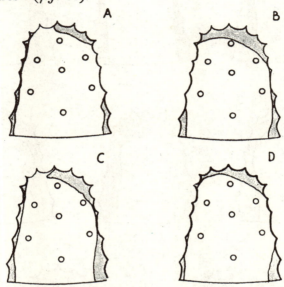

Fig. 57. — A. *so* 鑽 « serrure ».

      B. *tsaŋ* 葬 « enterrer ».

      C. *sae* 西 « ouest ».

      D. *tsae* 祭 « faire des offrandes aux ancêtres ».

Souffle.

Lx.

B.

Fig. 58. — Souffle buccal et vibrations laryngées de *tsu* 租 « loyer » et de *ts'u* 粗 « gros ». On voit sur la ligne buccale l'aspiration de *ts'u*. Noter la courbe caractéristique du souffle, comparée à celle de l'occlusive simple (*t*).

Fig. 59. — A. *tʃu* 阻 « faire obstacle ». Il y a mouillure très sensible à l'oreille.

B. *tʃʰu* 初 « commencement ». Pas de mouillure à l'oreille.

C. *tʃa* 詐 « surnois ». Très faible mouillure.

D. *tʃʰa* 茶 « thé ». Pas de mouillure.

E. *tʃe* 蔗 « canne à sucre ». Mouillure nette.

F. *tʃʰe* 車 « voiture ». Pas de mouillure.

G. *tʃi* 知 « savoir ». Mouillure très sensible à l'oreille.

H. *tʃi* 遲 « tard ». Pas de mouillure.

tʃ, tʃʻ; ʈʃ, ʈʃʻ.

Langue. — La consonne *affriquée* tʃ est généralement mouillée quand elle est forte ; elle n'est pas mouillée quand elle est aspirée. Le tracé sur le palais artificiel est plus large que la consonne *ts* (*fig.* 59).

Souffle.

Lx.

B.

Fig. 60. — Souffle buccal et vibrations laryngées de tʃi et de tʃʻi.
La distinction entre la consonne dure et l'aspirée est très nette.

III. — Fricatives.

ʃ, ʃ.

Langue. — La consonne continue ʃ devant la voyelle *i* est souvent mouillée. Elle n'est pas ou à peine mouillée devant les autres voyelles. Les ʃ se distinguent de tʃ par la marque de tracé occlusif au bord des incisives ; mais au bord des molaires, les deux consonnes donnent

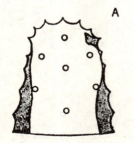
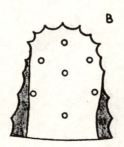
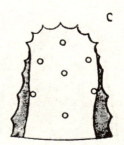

Fig. 61. — A. ʃu 疎 « clairsemé ».
B. ʃaŋ 雙 « paire, couple ».
C. ʃa 沙 « sable ».

le même tracé. Ceci nous montre que le tracé au bord des incisives appartient à *t*, et que celui au bord des molaires appartient à ʃ (*fig.* 61).

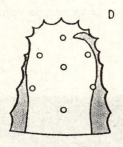 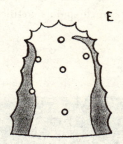

FIG. 61. — D. ʃe 赊 « acheter à crédit ».
E. ʃi 書 « livre ».

Souffle.

FIG. 62. — Souffle buccal et vibrations laryngées de ʃao 收 « recevoir » et de ʃi 書 « livre ». A comparer avec *fig.* 53.

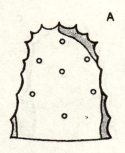 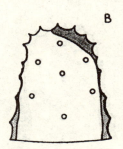 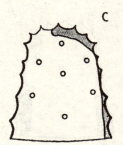

FIG. 63. — A. *su* 素 « sans douleur ».
B. *so* 鑕 « serrure ».
C. *saŋ* 僧 « bouddhiste ».

s.

Langue. — Pour la consonne *s*, le tracé du palais artificiel n'est pas symétrique de deux côtés, seul le bord des deux incisives à droite est mouillé. Et, quelle que soit la voyelle qui suit, la position de la consonne ne change guère (*fig.* 63).

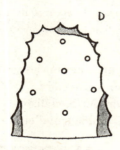
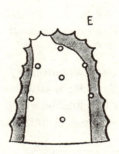

Fig. 63. — D. *se* 寫 « écrire ».

E. *si* 西 « ouest ». Le tracé de *si* est plus large au bord des **molaires** à cause de la voyelle *i*; la même raison pour *se*. (v. *fig.* 13, p. 24).

Souffle.

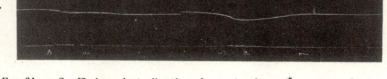

Lx.

B.

Fig. 64. — Souffle buccal et vibrations laryngées de *su* 素 « sans couleur » et de *sam* 心 « cœur ». On remarquera qu'il y a peu de différence entre l's devant une voyelle postérieure et l's devant une voyelle antérieure.

h.

L'*h* de Po-pei est une consonne spirante avec assez forte de souffle produite par le rétrécissement du canal vocal.

Souffle.

Lx.

B.

Fig. 65. — Souffle buccal et vibrations laryngées de *hu* 苦 « malheureux » et de *hi* 喜 « content ». On voit nettement l'aspiration de la consonne qui est sourde.

f, ϙ.

Lèvres. — La consonne *f* est labiodentale devant les voyelles *i, e, œ, a, o* (*fig.* 66) ; mais bilabiale devant la voyelle *u* (*fig.* 67). Nous marquons le *f* bilabial par ϙ. Nous observons bien distinctement sur les photographies la différence entre le *f* labiodental et le ϙ bilabial.

Fig. 66. — *fa.*

Fig. 67. — ϙ*u.*

Souffle.

Lx.

B.

Fig. 68. — Souffle buccal et vibrations laryngées de ϙ*u* 夫 « mari » et de *fei* 飛 « voler ». On remarquera sur le tracé buccal la différence entre la bilabiale ϙ et la labiodentale *f.*

l.

Langue. — Sur le palais artificiel, nous remarquons que le point
d'articulation de *l* se porte en avant ou recule suivant que la voyelle
qui accompagne cette consonne appartient à la série antérieure ou
à la série postérieure. Nous avons donc deux sortes de *l* : l'*l* qui est
suivi d'un *u*, ou d'un *o*, et qui se prononce en arrière (*fig.* 69) ; l'*l*
qui est suivi d'un *a*, d'un *e*, ou d'un *i*, et qui se prononce en avant
(*fig.* 70). Nous remarquons en outre que le tracé de cette consonne
est étroite ; seul le bout de la langue a touché le palais.

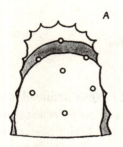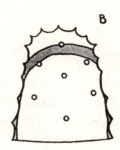

F<small>IG</small>. 69.

A. *lu* 路 : « chemin ».
B. *lo* 籮 : « panier ».

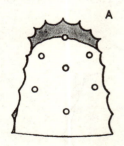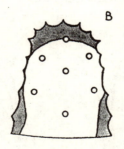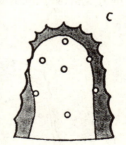

F<small>IG</small>. 70

A. *la* 拉 « traîner ».
B. *lei* 利 « bénéfice ».
C. *li* 離 « séparer ».

Souffle.

Lx.
B.

Fig. 71. — Souffle buccal et vibrations laryngées de *lu* et de *li*. On observera une légère différence entre l'*l* devant une voyelle postérieure et l'*l* devant une voyelle antérieure.

IV. — Nasales.

n.

Langue. — Pour *n* aussi, le tracé du palais artificiel se porte en avant ou recule selon que la voyelle qui suit ou précède cette consonne appartient à la série antérieure ou la série postérieure. Pour *n* + voyelle postérieure, le tracé de *n* est entre les points 1, 2 et 4 (*fig.* 72) ; pour *n* + voyelle antérieure, le tracé de la consonne est au-dessus du point 1 (*fig.* 73). Donc, sous l'action d'une voyelle antérieure, le point d'articulation de la consonne est avancé. Quant à *n* final, qui est implosif, le tracé est analogue avec l'*n* initial (*fig.* 74).

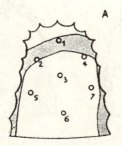
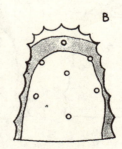

Fig. 72.

A. *nu* 奴 « esclave ».

B. *no* 儺 « chasser la peste ».

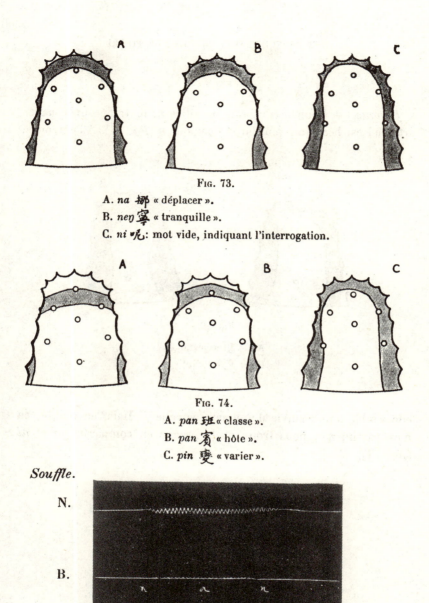

Fig. 73.

A. *na* 挪 « déplacer ».

B. *neŋ* 寧 « tranquille ».

C. *ni* 呢 : mot vide, indiquant l'interrogation.

Fig. 74.

A. *pan* 班 « classe ».

B. *pan* 賓 « hôte ».

C. *pin* 變 « varier ».

Souffle.

N.

B.

Fig. 75. — Souffle buccal et nasal de *nan* « difficile ». La différence entre l'*n* initial et l'*n* final est très visible : l'*n* final est implosif ; sa nasalité est plus faible que celle de l'*n* initial.

n.

Langue. — Pour la consonne mouillée *ɲ*, le tracé sur le palais artificiel est beaucoup plus large que pour *n* (*fig*. 76). A l'entendre,

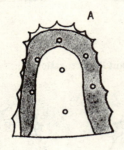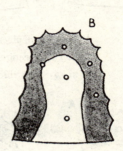

Fig. 76.

A. *ɲa* 雅 « élégant ».
B. *ɲi* 兒 « enfant ».

elle semble une *n* suivie d'une semi-voyelle *j*. Mais, en réalité, ce n'est pas un *nj* ; nous trouvons la preuve en comparant *ɲi* et *ni* (*fig*. 77),

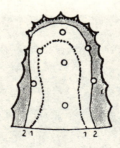

Fig. 77. — Tracés comparatifs de *ni* et de *ni*.

1. *ɲi* 兒 « enfant ».
2. *ni* 呢 : mot indiquant l'interrogation.

Souffle.

Fig. 78. — Souffle buccal et nasal de *ɲan* « homme ». On remarquera que, pour
le souffle nasal, il y a peu de différence entre *ɲ* et *n*.

ŋ.

Langue. — Pour cette consonne gutturale, il n'y a pas de tracé
sur le palais artificiel.

Souffle. — Pour *ŋ* initial.

Fig. 79. — Souffle buccal et nasal de *ŋot'o* 我拖 « je traîne ». On notera que,
pour *ŋ*, il n'y a pas de vibration sur la ligne buccale, mais qu'un petit mouvement marque le souffle du gosier avant la voyelle.

Pour *ŋ* final implosif.

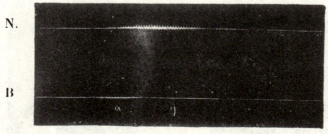

Fig. 80. — Souffle buccal et nasal, et vibrations laryngées de *aŋ*. A l'impression
auditive, *aŋ* ressemble à la voyelle nasale *ä* française.

Pour *ŋ* isolé, qui doit être considéré comme consonne-voyelle *ŋ̥*.

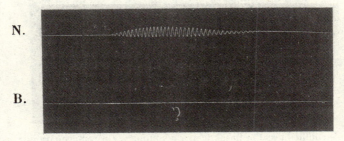

FIG. 81. — Souffle buccal et nasal de *ŋ* 五 « cinq ».

NOTA. — Avant l'étude expérimentale, nous croyions que le *ŋ* était un *ŋu*. Ceci pour deux raisons. D'abord, nous ne savions pas qu'il existait des consonnes-voyelles dans la langue chinoise ; et puis, nous voyions dans les poésies chinoises que le mot *ŋ* rimait avec les mots *tsu, tu, lu, ku, pu, nu,* etc. Mais, d'après les résultats expérimentaux, nous pouvons nous rendre compte que le *ŋ* n'est suivi d'aucune voyelle sur le tracé du souffle buccal.

m.

Lèvres. — Pour la consonne *m*, la pression des lèvres est plus forte que pour *p*. Nous observons cela sur les photographies (*fig.* 82). C'est le contraire pour le français, où *m* est plus faible que *p, b.*

FIG. 82. — A. *m.*

FIG. 82. — B. *p.*

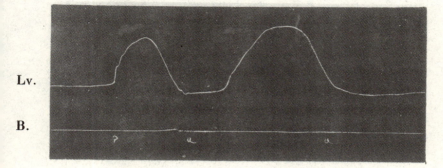

FIG. 83. — Souffle buccal et pression labiale de *pa* et de *ma*. On remarquera
que la pression de *m* est plus forte que celle de *p*.

Souffle. — Pour *m* initial.

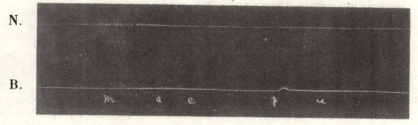

FIG. 84. — Souffle buccal et nasal de *maepu* 賣布 « vendre des étoffes ». La
durée de *m* est de 4 centièmes de seconde ; elle est beaucoup plus courte que
celle de *m* final (voir *fig.* 85).

Pour *m* final.

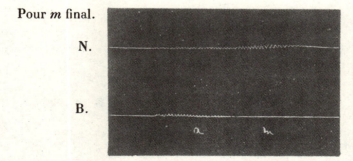

FIG. 85. — Souffle buccal et nasal de *am* 庵 « temple ».
La durée de *m* est de 18 centièmes de seconde.

Pour *m* isolé, qui doit être considéré comme consonne-voyelle *m̥*.

1. *m̥* suivi d'une autre consonne.

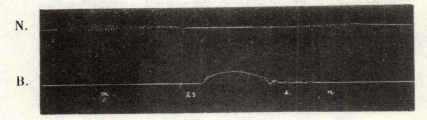

Fig. 86. — Souffle buccal et nasal de *m̥ts'an* 母親 « mère ». On remarquera que, pour *m̥*, il n'y a pas de vibrations sur la ligne buccale, ce qui nous montre qu'il n'existe pas de voyelle pure entre *m̥* et *ts'*.

Fig. 87. — Souffle buccal et nasal de *opm̥* 鴨母 « cane ». Même remarque que pour *m̥ts'an*.

DEUXIÈME PARTIE

LES TONS

Nous étudierons les tons de la prononciation de Po-pei dans les paragraphes suivants :

1. Qu'est-ce que les tons du chinois ?
2. Les onze tons de Po-pei.
3. Les dix premiers tons.
4. Le onzième ton.
5. Le onzième ton avec une implosive.
6. Les résultats d'expérience.
7. Le changement des tons dans la phrase.
8. Les tons dans la lecture.
9. Quelques variétés dans certains villages.
10. Les tons d'un autre dialecte de Po-pei.

1. Qu'est-ce que les tons du chinois ?

On appelle *tons* les différentes hauteurs musicales dont une même syllabe est susceptible. La langue chinoise donne aux tons une place très importante. Car on sait que le chinois est une langue monosyllabique ; le maximum des phonèmes étant de trois par mot, et tous les groupes possibles n'étant pas prononçables, le nombre des syllabes que l'on peut former se trouve être très restreint. Comme il existe seulement quelques centaines de syllabes pour les mots isolés (dans la prononciation de Po-pei, les syllabes sont de six cents environ), il serait impossible de se faire comprendre si l'on n'y suppléait pas les nuances des tons. Supposons qu'un parler possède cinq cents syllabes et six tons, il y aurait 3 000 phonèmes dans la prononciation, ce qui faciliterait énormément la compréhension de l'interlocuteur.

Les tons des mots chinois sont bien déterminés, c'est-à-dire que le mot *tong* 東 « est », par exemple, ne peut être prononcé que sur un ton déterminé. S'il est émis sur un autre ton, il sera difficile de le comprendre ; il se peut même que la confusion des tons donne lieu à des contresens (par exemple, *mai,* sur un ton plus bas, signifie *vendre* et sur un ton plus haut *acheter*).

Dans le discours, les tons des mots sont naturellement plus ou moins modifiés ; mais, quelles que soient les modifications qu'ils subissent, elles ne sont pas suffisantes pour nuire à la compréhension, étant peu sensibles à l'oreille : de sorte que l'on peut savoir quels sont les tons des mots.

Généralement, *il n'y a qu'un ton pour un mot.* Au cas où il y en aurait deux, c'est qu'alors le mot a deux significations, chacune d'elles étant caractérisée par un ton : il s'agira de deux mots différents ; étant donné un mot représenté par un seul caractère, il peut être émis sur deux tons et même quelquefois plus. Par exemple :

行 *hing* « marcher » ou « vertu ».

衣 *i* « habit » ou « habiller ».

泥 *ni* « boue » ou « s'obstiner ».

量 *liang* « mesurer » ou « mesure ».

舍 *ché* « maison » ou « renoncer ».

種 *tchong* « race » ou « planter ».

從 *tsong* « suivre » ou « cortège ».

喪 *sang* « deuil » ou « perdre ».

上 *chang* « en haut » ou « monter ».

Nous pouvons maintenant poser la question la plus importante [1] :

_____
1. Cf. Fu Liu, *Étude expérimentale sur les tons du chinois,* p. 25-29.

Quels sont les rapports entre les tons et les quatre caractères du son : le timbre, l'intensité, la durée, la hauteur ?

A. — *Timbre.*

Comme on peut prononcer un son quelconque dans les divers tons, il semble qu'il n'y ait pas de rapport entre le timbre et les tons. Cependant, il existe dans le parler de Po-pei quatre derniers tons qui affectent les mots finissant par une consonne implosive, et se trouvant en correspondance avec les six premiers tons qui affectent les mots terminés par une voyelle nasale ou une consonne nasale ; de sorte que la consonne finale peut être changée suivant le ton.

Par exemple, du premier jusqu'au sixième, un mot tel que *t'in* « ciel » demeurera sans changement quant à la nature de ses pho-nèmes, et à partir du septième ton, il sera changé en *t'it* « fer ». De ce fait nous pouvons conclure que le ton a une action impor-tante sur le timbre des phonèmes composants ; il peut même le changer complètement.

B. — *Intensité.*

Comme on peut prononcer un ton quelconque avec plus ou moins de force sans que le ton caractéristique change, il s'ensuit que l'intensité n'entre pas en ligne de compte dans la question des tons.

C. — *Durée.*

Pour la durée, nous avons à noter que :

Dans la prononciation de Po-pei, les quatre derniers tons sont toujours plus brefs que les six premiers (voir page 80).

Ce qui ne veut pas dire que les autres tons aient une durée égale. Selon les cas, ils peuvent être plus ou moins longs, mais si l'on ne considère que les caractères des tons, cette irrégularité des durées importe peu.

WANG LI. 5

D. — *Hauteur.*

Quant à la hauteur, c'est la caractéristique la plus importante en ce qui concerne les tons, puisque c'est leur nature même. Dans les dialectes du Nord, la hauteur seule constitue les tons ; dans la prononciation de Po-pei, bien que les timbres et les durées ne puissent être laissés de côté, c'est encore surtout par la hauteur qu'on les distingue.

Mais ne croyons pas que tous les tons du chinois soient des tons unis, avec le simple caractère de la hauteur musicale, sans variété pendant l'émission de voix. Un seul ton peut monter et descendre à plusieurs reprises, ce qui le fait distinguer des autres. Deux tons différents, composés tous deux de la même façon (par exemple, un temps de montée suivi d'un temps de hauteur uniforme) peuvent être caractérisés par une différence entre leurs durées respectives.

2. Les onze tons de Po-pei.

Les phonéticiens chinois ont remarqué, non sans étonnement, que la prononciation de Canton possède neuf tons, mais ils ne savent pas encore que celle de Po-pei en a onze. Pour ma part, bien que né et élevé à Po-pei, je ne m'en suis rendu compte que depuis peu de temps. C'est en 1927, époque où je faisais mes études à l'Université de Tsing-Hua, que je me suis aperçu, en approfondissant les rapports historiques de la prononciation de Kouang-tong et de Kouang-si, que la prononciation de Po-pei possède onze tons différents *pour les mots isolés*. Parmi ces onze tons, sauf un qui sert à modifier le sens du mot, il y en a dix qui correspondent exactement à la phonétique chinoise ancienne. Ces onze tons sont très sensibles à l'oreille des natifs de Po-pei, mais pour les Européens, la nuance semble indistincte. Et même pour les Chinois du Nord, qui ne possèdent que quatre ou cinq tons pour les mots isolés, ils n'arrivent pas à les saisir exactement.

Étant donné un même son, on peut le prononcer sur onze tons différents, tout au moins théoriquement, car en fait, une syllabe sur un ton donné peut n'avoir aucun sens. Ainsi, une même syllabe peut avoir plusieurs significations selon les tons. Par exemple :

in du 1ᵉʳ ton signifie : *fumée* (煙).

in du 2ᵉ ton — *jardin* (園).

in du 3ᵉ ton — *panier* (mot vulgaire).

ĭn du 4ᵉ ton — *loin* (遠).

in du 5ᵉ ton — *se plaindre* (怨).

in du 6ᵉ ton — *collège* (院).

in du 7ᵉ ton (devenu *it*) signifie : *seconde* (乙).

in du 8ᵉ ton (* *it*) ne représente pas de mot.

in du 9ᵉ ton (devenu *it*) signifie : *surpasser* (越).

in du 10ᵉ ton (* *it*) ne représente pas de mot.

in du 11ᵉ ton (reste *in*) sert à modifier la signification des mots des dix tons précédents. Par exemple, *in* du 2ᵉ ton prononcé sur le 11ᵉ ton signifie : *petit jardin*.

ſiaŋ du 1ᵉʳ ton signifie : *blesser* (傷).

ſiaŋ du 2ᵉ ton — *toujours* (常).

ſiaŋ du 3ᵉ ton — *gratifier* (賞).

ſiaŋ du 4ᵉ ton — *monter* (上).

ſiaŋ du 5ᵉ ton ne représente pas de mot.

ſiaŋ du 6ᵉ ton signifie : *en haut* (上).

ſiaŋ du 7ᵉ ton (devenu *ſiak*) signifie : *couleur* (色).

ſiaŋ du 8ᵉ ton (* *ſiak*) ne représente pas de mot.

ſiaŋ du 9ᵉ ton (devenu *ſiak*) signifie : *cuiller à pot* (杓).

ſiaŋ du 10ᵉ ton (* *ſiak*) ne représente pas de mot.

ſiaŋ du 11ᵉ ton (reste *ſiaŋ*) sert à modifier la signification des mots des dix tons précédents.

t'oŋ du 1ᵉʳ ton signifie : *librement ouvert* (通).

t'oŋ du 2ᵉ ton signifie : *pareil* (同).

t'oŋ du 3ᵉ ton   —   *cruche en bois* (桶).

t'oŋ du 4ᵉ ton   --   *remuer* (動).

t'oŋ du 5ᵉ ton   —   *douleur* (痛).

t'oŋ du 6ᵉ ton   —   *caverne* (洞).

t'oŋ du 7ᵉ ton (devenu *t'œk*) signifie : *chauve* (禿).

t'oŋ du 8ᵉ ton (* *tœk*) ne représente pas de mot.

t'oŋ du 9ᵉ ton (* *tœk*) ne représente pas de mot.

t'oŋ du 10ᵉ ton (devenu *t'œk*) signifie : *poison* (毒).

t'oŋ du 11ᵉ ton (reste *t'oŋ*) sert à modifier la signification des
        mots des six tons précédents.

haŋ du 1ᵉʳ ton signifie : *fossé* (坑).

haŋ du 2ᵉ ton   --   *marcher* (行).

haŋ du 3ᵉ ton   —   *consentir* (肯).

haŋ du 4ᵉ ton ne représente pas de mot.

haŋ du 5ᵉ ton ne représente pas de mot.

haŋ du 6ᵉ ton signifie : *heureux* (幸).

haŋ du 7ᵉ ton (devenu *hak*) signifie : *noir* (黑).

haŋ du 8ᵉ ton (devenu *hak*) signifie : *invité* (客).

haŋ du 9ᵉ ton (devenu *hak*) signifie : *apprendre* (學).

haŋ du 10ᵉ ton (* *hak*) ne représente pas de mot.

haŋ du 11ᵉ ton (reste *haŋ*) sert à modifier la signification des
        mots des dix tons précédents.

lam du 1ᵉʳ ton signifie : *prendre dans un trou* (mot vulgaire).

lam du 2ᵉ ton signifie : *forêt* (林).

lam du 3ᵉ ton ne représente pas de mot.

lam du 4ᵉ ton signifie : *tremblant* (懍).

lam du 5ᵉ ton ne représente pas de mot.

lam du 6ᵉ ton signifie : *entasser* (mot vulgaire).

lam du 7ᵉ ton (devenu *lap*) signifie : *grain* (粒).

lam du 8ᵉ ton (* *lap*) ne représente pas de mot.

lam du 9ᵉ ton (* *lap*) ne représente pas de mot.

lam du 10ᵉ ton (devenu *lap*) signifie : *debout* (立).

lam du 11ᵉ ton (reste *lam*) sert à modifier la signification des mots des dix tons précédents.

Dans les listes précédentes, on voit aisément qu'une seule syllabe ne possède pas réellement onze tons, puisque le *in* des 7ᵉ, 8ᵉ, 9ᵉ, 10ᵉ ton devient *it*, le *fiaŋ* de ces quatre tons devient *fiak*, le *t'ùŋ* devient *t'ùk* le *haŋ* devient *hak*, le *lam* devient *lap*. Voyons sur quoi est basée cette classification.

3. Les dix premiers tons.

Dans la philologie classique, on dit que la langue chinoise a quatre tons : *p'ing*, le premier ; *chang*, le second ; *k'iu*, le troisième ; *jou*, le quatrième. C'est un terme conventionnel qui ne s'accorde pas avec la réalité, du moins il présente certaines contradictions avec la prononciation actuelle. Les tons de Po-pei sont presque trois fois plus nombreux que les quatre tons classiques. Mais il y a des rapports historiques entre les tons classiques et les tons de Po-pei. Selon les phonéticiens chinois, étant donné un mot commençant par une consonne sourde, il exista dans la langue primitive deux racines, l'une commençant également par une consonne sourde, et l'autre par la correspondante sonore. Pour la seconde, la consonne sonore s'est assourdie, et le mot s'est distingué par un ton plus bas. Ainsi on subdivise les quatre tons classiques en huit tons : *p'ing clair*, *p'ing obscur*, *chang clair*, *chang obscur*, *k'iu clair*, *k'iu obscur*, *jou clair*, *jou obscur*.

Mais dans la prononciation de Po-pei, le *jou clair*, ainsi que le *jou obscur*, peut être encore subdivisé en deux tons. Il y a un *jou clair* qui est plus brusque que l'autre, et aussi un *jou obscur* relativement lent. Le parler de Po-pei a donc dix tons en principe.

Pour faire mieux comprendre, je me sers des numéros :

1ᵉʳ ton = *p'ing* clair ;

2ᵉ ton = *p'ing* obscur ;

　　3ᵉ ton = *chang* clair ;
　　4ᵉ ton = *chang* obscur ;
　　5ᵉ ton = *k'iu* clair ;
　　6ᵉ ton = *k'iu* obscur ;
　　7ᵉ ton = *jou* clair brusque ;
　　8ᵉ ton = *jou* clair lent ;
　　9ᵉ ton = *jou* obscur brusque ;
　　10ᵉ ton = *jou* obscur lent.

J'emploierai aussi de petits chiffres en astérisque pour indiquer les tons. Par exemple :

$$\text{wang}^2 = \text{wang du 2}^e \text{ ton} ;$$
$$\text{mœk}^{10} = \text{mœk du 10}^e \text{ ton.}$$

Dans les mots qui se terminent par une voyelle pure, il n'y a que six tons : le ton *jou* n'existe pas. Dans les mots qui se terminent par l'une de ces trois nasales : *m*, *n*, *ŋ,* il y en a dix, mais à la condition que, dans les quatre derniers tons, le *m* soit remplacé par un -*p*, le -*n* par un -*t*, le -*ŋ* par un -*k*. Ces plosives sont réduites à deux temps : l'implosion, et la tenue, sans explosion.

Maintenant nous pouvons poser les questions suivantes :

A. — Pourquoi les mots du ton *jou* **sont-ils terminés toujours pour un -*p*, un -*t* ou -*k* ?**

B. — Pourquoi les quatre derniers tons doivent-ils correspondre aux mots dont la finale est un -*m*, ou un -*n*, ou un -*ŋ*, et non aux mots qui se terminent par une voyelle pure ?

A la première question, nous pouvons répondre d'après ce qu'ont écrit les anciens sur les tons classiques, que les tons *p'ing, chang* et *k'iu* sont longs, et le ton *jou* est bref. Or, pour rendre le ton bref, le mieux est d'ajouter une consonne momentanée à la fin du mot. Ceci explique pourquoi les mots du ton *jou* sont terminés par un -*p*, ou un -*t*, ou un -*k*.

Pour la deuxième question, nous ne trouvons pas de réponse aussi simple. En effet, nous pourrions dire qu'un mot tel que *ho* peut prendre tous les *hop, hot, hok* à ses quatre derniers tons. Mais selon le dictionnaire phonétique *Kouang-yun*, les post-phonèmes 韻 du ton *jou* correspondent à ceux dont la finale est l'une de ces nasales : -*m*, -*n*, -*ŋ*. Cela a sa raison, *m* est une liquide bilabiale, il est juste qu'elle corresponde à la consonne bilabiale *p* ; pour la même raison, le -*n* dental devient -*t*, le -*ŋ* guttural devient -*k*. De plus, cette tendance manifeste et trouve son application dans la prononciation de Po-pei ; on y dit en effet *pak* au dixième ton pour dire *oncle*, mais *paŋ* au onzième ton pour dire *petit oncle* ; c'est le même mot ; seule, la prononciation est différente, ce qui prouve que les habitants de Po-pei ont un penchant naturel à changer les consonnes nasales. Voici quelques exemples :

$œk^7$ 屋, maison ; $oŋ^{11}$, petite maison.

$hœk^7$ 哭, pleurer ; $hœk^{-7}hoŋ^{11}$, pleurer.

mat^{10} 物, chose ; man^{11}, petite chose.

$pɔt^8$ 八, huit ; a^3-pan^{11}, mon petit huitième [1].

pak^8 伯, oncle ; a^3-$paŋ^{11}$, mon petit oncle.

hak^8 㗗, menacer ; hak^8-$haŋ^{11}$, menacer un peu.

$ʃap^{10}$ 十, dixième ; a^3-$ʃam^{11}$, mon petit dixième.

$hɔp^9$ 盒, boîte ; ham^{11}, petite boîte.

Ces exemples montrent que la loi grammaticale dont le sujet parlant n'a nullement conscience s'impose à lui si intimement, qu'il se conforme de lui-même à la tradition. *Pour la commodité de notre étude, il vaut mieux adopter ce système suivi depuis longtemps, que de chercher une autre classification moins conforme à la grammaire chinoise.*

4. Le onzième ton.

Outre les dix tons cardinaux, il existe dans la prononciation de Po-pei un ton significatif qui sert à modifier le sens du mot, c'est-à-

---

1. On appelle le huitième enfant d'une famille « mon petit huitième ». C'est un terme familier.

dire signifier ce qui est petit, familier, etc... Ce ton est employé aussi pour marquer la pénurie et la surabondance. Nous pouvons donc l'appeler également *ton affectif* puisqu'il exprime des sentiments.

Je représenterai ce ton par le numéro 11.

Le onzième ton fait changer certaines finales des mots. Voici ses règles :

Mots terminés par un -*p* ; ils sont changés en -*m*.

Ex. : *lap*[10] 笠, chapeau de paille ; *lam*[11], petit chapeau de paille.

Mots terminés par un -*t* ; ils sont changés en -*n*.

Ex. : *t'sat*[7] 七 , sept ; *a*[3]-*ts'an*[11], mon petit septième.

Mots terminés par un -*k* ; ils sont changés en -*ŋ*.

Ex. : *hɔk*[9] 鶴, cigogne ; *haŋ*[11], petite cigogne.

Mots terminés par un -*u* ; ils sont changés en -*un*.

Ex. : *u*[2] 壺 , pot ; *un*, petit pot.

Mots terminés par un -*o* ; ils sont changés en -*an*.

Ex. : *ŋo*[2] 鵝 , oie ; *ŋan*, petite oie.

Mots terminés par -*e* ; ils sont changés en -*en*.

Ex. : *ie*[1] 爺 , monsieur ; *ien*, petit monsieur.

Mots terminés par un -*i* ; ils sont changés en -*in*.

Ex. : *tʃi* 豬 , cochon ; *tʃin*, petit cochon

Le onzième ton s'emploie pour n'importe quel substantif. Quel que soit le ton cardinal du mot, celui-ci peut se changer en onzième, si l'on veut exprimer la petitesse, la familiarité, etc... Par exemple :

1er ton : 貓 *meo* « chat » devient 11e ton : *meo* « petit chat » ;

2e ton : 牛 *ŋao* « bœuf » — 11e ton : *ŋao* « petit bœuf » ;

3e ton : 狗 *kao* « chien » — 11e ton : *kao* « petit chien » ;

4e ton : 弟 *t'ae* « frère » — 11e ton : *t'ae* « petit frère » ;

5e ton : 甕 *oŋ* « cruche » — 11e ton : *oŋ* « petit cruche » ;

6e ton : 妹 *mui* « sœur » — 11e ton : *mui* « petite sœur » ;

7e ton : 筆 *pat* « pinceau » — 11e ton : *pan* « petit pinceau » ;

8ᵉ ton : 客 *hak* « invité » devient 11ᵉ ton : *haŋ* « petit invité » ;

9ᵉ ton : 鑿 *ts'ɔk* « ciseau » — 11ᵉ ton : *ts'aŋ* « petit ciseau » ;

10ᵉ ton : 佛 *fat* « Bouddha » — 11ᵉ ton : *fan* « petit Bouddha ».

Et pour exprimer le mépris :

mui 妹 du 6ᵉ : *sœur* ; *mui* du 11ᵉ : *petite sœur* ou *servante* ;

pak 伯 du 8ᵉ : *oncle* ; *pak* du 11ᵉ (devenu *paŋ*) : *petit oncle*, ou titre donné aux paysans, comme en français « le *père* Goriot », « le *père* Barbeau ».

Et pour le langage enfantin :

tʃœk 粥, bouillie ; *tʃoŋ*¹¹, bouillie, en parlant aux enfants ;

*ʃui*³ 水, eau ; *ʃui*¹¹, eau, en parlant aux enfants ;

ɲœk 肉, viande ; *ɲoŋ*, viand, en parlant aux enfants.

Et aussi pour les noms propres :

A³-*tʃiaŋ*¹ 阿張 « mon Tchang » ; *a³-tʃiaŋ*¹¹ « mon petit Tchang » ;

A³-*uaŋ*² 阿王 « mon Wang » ; *a³-uaŋ*¹¹ « mon petit Wang » ;

A³-*ɲi*⁶ 阿二 « mon Deuxième » ; *a³-nin*¹¹ « mon petit Deuxième » ;

A³-*lœk* 阿六 « mon Sixième » ; *a³-loŋ* « mon petit Sixième ».

Le onzième ton s'emploie aussi pour les adjectifs. Par exemple :
Première série.

  *sae*⁵ 細, petit ; *sae*⁵-*sae*¹¹, un peu petit ;

  *k'iep*⁹ 狹, étroit ; *kiep*⁹-*kiem*¹¹, un peu étroit ;

  *tun*³ 短, court ; *tun*³-*tun*¹¹, un peu court ;

  *ʃiu*³ 少, peu ; *ʃiu*-³*ʃiu*¹¹, pas beaucoup.

Deuxième série.

  *tun*³ 短, court ; *tun*¹¹-*tun*³, très court ;

  *ʃiu*³ 少, peu ; *ʃiu*¹¹*ʃiu*³, très peu ;

  *tʃiaŋ*³ 長, long ; *tʃiaŋ*¹¹-*tʃiaŋ*², bien long ;

  *t'ae*⁶ 大, grand ; *t'ae*¹¹-*t'ae*⁶, très grand.

En répétant deux fois un adjectif, le sens du mot se trouve diminué ou renforcé. Mais c'est surtout grâce au onzième ton que le sentiment s'exprime. Il y a deux façons de répéter le même mot : garder le ton cardinal d'abord, et changer le ton ensuite (comme la première série) ; ou changer le ton d'abord, et garder le ton cardinal ensuite (comme la deuxième série). Dans le premier cas, les mots comme « long », « grand » ne peuvent être employés, car le onzième ton se trouvant devant une pause sert à signifier ce qui est petit, familier. Dans le deuxième cas, le sens du mot est plus ou moins fort suivant la longueur du ton. Mais, de toute façon, le onzième ton se déplaçant dans la première syllabe donne plus de force à l'adjectif que lorsqu'il se place dans la deuxième syllabe. C'est pourquoi, tun^3-tun^{11} veut dire « un peu court », mais tun^{11}-tun^3 veut dire « tout court » ; $\int iu^3$-$\int iu^{11}$ veut dire « pas beaucoup », mais $\int iu^{11}$-$\int iu^3$ veut dire « très peu ».

Pour les verbes, le onzième ton désigne une action moins forte qu'à l'ordinaire :

$ha\eta^2$ 行 , marcher ; $ha\eta^2$-$ha\eta^{11}$, marcher peu ;

$t\int'ia\eta^5$ 唱, chanter ; $t\int'ia^5\eta$-$t\int'ia\eta^{11}$, chanter un peu ;

hak^9 學, étudier ; hak^9-$ha\eta^{11}$, étudier un peu ;

$m\jmath t^9$ 抹, essuyer ; $m\jmath t^9$-man^{11}, essuyer un peu.

Pour les adverbes, le onzième ton sert d'impératif quand il se place dans la deuxième syllabe du mot répété, mais il renforce seulement le sens du mot quand il est dans la première syllabe :

$h\oe u^3$ 好, bien ; $h\oe u^3$-$h\oe u^{11}$-$ha\eta^2$, marchez attentivement ;

$h\oe u^3$ 好, bien ; $h\oe u^{11}$-$h\oe u^3$-$ha\eta^2$, marcher bien ;

man^6 慢, lent ; man^6-man^{11}-hak^7, mangez doucement ;

man^6 慢, lent ; man^{11}-man^6-hek^7, manger lentement.

Ainsi pouvons-nous dire que le onzième ton joue un grand rôle dans le parler de Po-pei, il manifeste les divers sentiments, ce qui est tout à fait étranger aux dix tons cardinaux.

5. Le onzième ton avec une implosive.

Comme je l'ai dit plus haut, lorsque le ton du mot qui termine par une de ces trois consonnes : -*p*, -*t* et -*k* passe au onzième ton, il faut qu'en même temps le -*p* devienne un -*m*, le -*t* un -*n*, et le -*k* un -*ŋ*. Par exemple :

*hɔp*⁹ 盒 boîte ;	*ham*¹¹, petite boîte.	
*pat*⁷ 筆 pinceau ;	*pan*¹¹, petit pinceau.	
*lœk*⁸ 鹿 cerf ;	*lɔŋ*¹¹, petit cerf.	

Mais il n'en est pas toujours ainsi. Dans une autre circonstance, les -*p*, -*t*, -*k* demeurent, et seul le ton change. Tel est le cas des adjectifs *répétés*. Par exemple :

*k'ep*⁹ 狹 étroit ;	*k'ep*¹¹-*k'ep*⁹,	très étroit.
*hɔp*⁹ 合 conforme ;	*hɔp*¹¹-*hɔp*⁹,	très conforme.
*ts'ɔp*⁹ 雜 complexe ;	*ts'ɔp*¹¹-*ts'ɔp*⁹,	très complexe.
*ɲit*⁹ 熱 chaud ;	*ɲit*¹¹-*ɲit*⁹,	très chaud.
*hɔt*⁸ 渴 soif ;	*hɔt*¹¹-*hɔt*⁸,	très soif.
*iat*¹⁰ 逸 oisif ;	*iat*¹¹-*iat*¹⁰,	très oisif.
*hut*⁷ 闊 large ;	*hut*¹¹-*hut*⁷,	très large.
*tʃak*⁸ 窄 étroit ;	*tʃak*¹¹-*tʃak*⁸,	très étroit.
*t'œk*¹⁰ 毒 cruel ;	*t'œk*¹¹-*t'œk*¹⁰,	très cruel.
*p'ak*⁹ 白 blanc ;	*p'ak*¹¹-*p'ak*⁹,	très blanc.
*hak*⁷ 黑 noir ;	*hak*¹¹-*hak*⁷,	très noir.

Dans ce cas, la voyelle est prononcée très longue et sur le onzième ton, la consonne implosive est ajoutée à la fin de l'émission et suivie immédiatement du deuxième mot ; de sorte que cette consonne semble devenir l'initiale du deuxième mot. Ainsi nous croyons entendre :

$$k'ep^{11}\text{-}k'ep^9 = k'e^{11}\text{-}pk'ep^9 ;$$
$$hɔp^{11}\text{-}hɔp^9 = hɔ^{11}\text{-}phɔp^9 ;$$

$$ts\text{'}\mathfrak{o}p^{11}\text{-}ts\text{'}\mathfrak{o}p^{9} \;=\; ts\text{'}\mathfrak{o}^{11}\text{-}pts\text{'}\mathfrak{o}p^{9}\;;$$

$$nit^{11}\text{-}nit^{9} \;\;\;\;\;=\; ni^{11}\text{-}tnit^{9}\;;$$

$$h\mathfrak{o}t^{11}\text{-}h\mathfrak{o}t^{8} \;\;\;\;=\; h\mathfrak{o}^{11}\text{-}th\mathfrak{o}t^{8}\;;$$

$$iat^{11}\text{-}iat^{10} \;\;\;\;=\; ia^{11}\text{-}tiat^{10}\;;$$

$$hut^{11}\text{-}hut^{7} \;\;\;\;=\; hu^{11}\text{-}thut^{7}\;;$$

$$t\!\int ak^{11}\text{-}t\!\int ak^{8} \;\;\;=\; t\!\int a^{11}\text{-}kt\!\int ak^{8}\;;$$

$$t\text{'}œk^{11}\text{-}t\text{'}œk^{10} \;=\; t\text{'}œ^{11}\text{-}kt\text{'}œk^{10}\;;$$

$$p\text{'}ak^{11}\text{-}p\text{'}ak^{9} \;=\; p\text{'}a^{11}\text{-}kp\text{'}ak^{9}\;;$$

$$hak^{11}\text{-}hak^{7} \;\;\;\;=\; ha^{11}\text{-}khak^{7}.$$

Remarquons toutefois que le -*p*, -*t*, -*k* restent toujours implosifs, par conséquent dans *hɔp-hɔp* qui devient *hɔ-phɔp* le *p* n'est pas un *p* aspiré mais seulement un *p* implosif, de même pour *t* dans *hɔ-thɔt* et *hu-thut,* et *k* dans *ha-khak.*

Prenons un autre exemple :

$$k\text{'}œk^{7}\; \text{却},\; \text{sinueux}\;; \quad\quad k\text{'}œk^{11}\text{-}k\text{'}œk^{7},\; \text{très sinueux}.$$

Et nous semblons entendre :

$$k\text{'}œk^{11}\text{-}k\text{'}œk^{7} \;=\; k\text{'}œ^{11}\text{-}kk\text{'}œk^{7}.$$

Dans le groupe *kk'œk,* le premier *k* est implosif et sert à achever le premier mot. D'où la sensation acoustique de redoublement quand l'implosion est séparée de l'explosion par un intervalle de temps appréciable. On retrouve un phénomène analogue dans les consonnes redoublées du français comme : « il est d(e)dans » où le premier *d* est implosif et le deuxième explosif.

Ce fait n'est peut-être pas étonnant pour les Européens, mais très curieux pour les Chinois. Les anciens tons chinois sont classés en deux catégories : les *p'ing, chang* et *k'iu* qui sont longs, et qui correspondent aux six premiers tons de Po-pei ; le *jou* qui est bref, et qui correspond aux quatre derniers tons de Po-pei. Pour rendre le ton bref, on a ajouté une de ces momentanées *p, t, k* à la fin du mot. Donc, les tons des mots qui se terminent par -*p*, -*t* ou -*k* doivent être brefs, mais les exemples précédents évoquent une contradiction. Le premier mot d'un adjectif répété, étant de ton *jou*, prend un ton très long, et ce ton peut être encore allongé si l'on veut exagérer la qualification de l'adjectif. Nous devons le considérer comme un fait particulier.

En deuxième lieu, rappelons-nous que les mots des quatre derniers tons, qui se terminent toujours par un -*p*, un -*t*, ou un -*k*, doivent correspondre respectivement aux mots des six premiers tons qui se terminent par une de ces nasales : -*m*, -*n*, -*ŋ*, et que le onzième ton doit rester sur la finale -*m*, -*n*, ou -*ŋ* et non pas sur la finale -*p*, -*t*, ou -*k* (voir page 72). Car le onzième ton n'est qu'une variation du deuxième ton, nous verrons cela dans la lecture (page 90). Pour cette raison, un mot tel que *hak*[7] (noir) doit changer en *haŋ* s'il est prononcé sur le onzième ton, mais l'exemple nous a montré que *hak* peut aussi être prononcé sur le onzième ton sans changer la nature de ses phonèmes, à la condition que le onzième soit chanté sur *ha*, et que la voyelle *a* soit prononcée deux ou trois fois plus longue que pour *hak* du septième ton. Ceci est aussi en contradiction avec le principe de la phonétique chinoise.

Cependant, rappelons aussi qu'il y a deux manières de répéter un adjectif : celle qui consiste à mettre le onzième ton au premier mot et celle qui consiste à le mettre au dixième mot. Dans le premier cas, si l'adjectif est un ton du mot du ton *jou*, l'implosive reste ; dans le deuxième cas, l'implosive devient une de ces nasales : -*m*, -*n*, -*ŋ*. Par exemple :

hak[7] 黑 noir ;   *hak*[11]-*hak*[7],   très noir ;   *hak*[7]-*haŋ*[11], un peu noir.

k'ep[9] 狹 étroit ;   *k'ep*[11]-*k'ep*[9], très étroit ;   *k'ep*[9]-*kem*[11], un peu étroit.

ɲit[9] 熱 chaud ;   *ɲit*[11]-*ɲit*[9],   très chaud ; *ɲi*[9]*t-ɲin*[11].   un peu chaud.

Dans cette comparaison, nous voyons que les mots du ton *jou* ont, lorsque leur ton passe au onzième, deux formes possibles. Dans le premier cas, le sens du mot se trouve renforcé ; dans le deuxième, le sens du mot est au contraire diminué.

Nous nous imaginions que tous les tons du chinois étaient tout simplement des *phonèmes phonétiques*, et que leur fonction se bornait à distinguer les différents mots de même son. *Nous nous trompions, du moins en ce qui concerne le dialecte de Po-pei*. Le onzième ton de ce dialecte est un outil grammatical qui a la valeur d'un adverbe lorsqu'il est employé sur un adjectif, et celle d'un adjectif lorsqu'il est employé sur un substantif. Cependant, si l'on remplace le onzième ton par un adverbe ou un adjectif qui a vraisemblablement le même sens que ce ton exprime, la signification ne restera pas tout à fait identique. Car le onzième ton exprime plutôt les sentiments que la pensée, tandis qu'un adverbe ou un adjectif ne manifeste qu'un concept quelconque.

6. Les résultats d'expérience.

L'enregistrement des tons a été fait sur l'appareil enregistreur de l'Institut de Phonétique. La hauteur musicale a été mesurée sur les tracés, puis transcrite sur du papier quadrillé au millimètre : les hauteurs se lisent verticalement, et les durées horizontalement.

Pour les onze tons de Po-pei, j'ai choisi quatre phrases comme sujets d'expérience :

A. 汪先生共王先生往來 $waŋ^1$ sin^1 $ʃãŋ^1$ $k'oŋ^6$ $wãŋ^2$ sin^1 $ʃaŋ^1$ $waŋ^3$ lae^2. « M. Wang fréquente M. Wang » (Wang et Wang, différents par le ton, ne sont pas le même nom. Le troisième *waŋ* veut dire *aller*).

B. 一動就痛 iat^1 $t'oŋ^4$ $t'ao^6$ $t'oŋ^5$, « ça fait mal si je remue » (*toŋ* au 4ᵉ ton : « remuer » ; au 5ᵉ ton : « douleur »).

C. 黑墨落白紙 hak^7 mak^{10} $lɔk^9$ $p'ak^9$ $tʃi^3$, l'encre noire tombe sur le papier blanc, cela veut dire : c'est convenu (*hak*, *mak* et *p'ak* sont tous des tons brefs, mais chacun prononcé d'une façon différente).

D. 客人是一隻黑人 hak^8 nan^2 $ʃi^4$ iat^1 $tʃek^1$ hak^1 nan^{11}, « l'invité est un petit nègre » (*hak⁸ ṇan²* : « invité » ; *hak⁷ ṇan²* : « négre » ; *hak⁷ ṇan¹¹* : « petit nègre »).

Dans les phrases précédentes, j'ai choisi onze mots qui représentent les onze tons. Ce sont :

    1er ton : *waŋ* 汪 , nom de famille ;

    2e ton : *waŋ* 王 , autre nom de famille ;

    3e ton : *waŋ* 往 , « aller » ;

    4e ton : *ʃi* 是 , « être » ;

    5e ton : *t'oŋ* 痛 , « douleur » ;

    6e ton : *t'ao* 就 , « aussitôt » ;

    7e ton : *hak* 黑 , « noir » ;

    8e ton : *hak* 客 , « invité » ;

    9e ton : *p'ak* 白 , « blanc » ;

  10e ton : *mak* 墨 , « encre » ;

  11e ton : *ŋan* 人 , « homme » (petit homme).

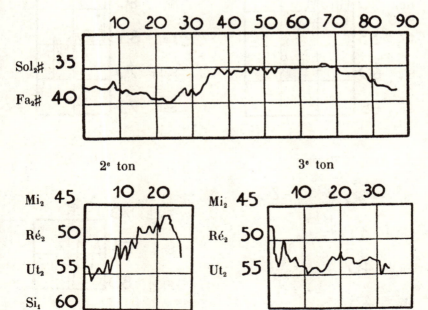

1er ton

2^e ton

3^e ton

4ᵉ ton

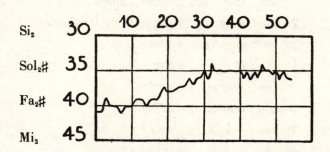

5ᵉ ton

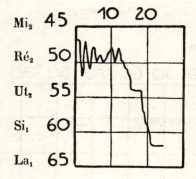

6ᵉ ton

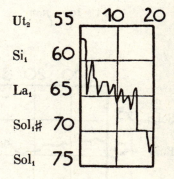

7ᵉ ton

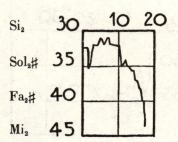

8ᵉ ton

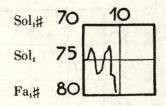

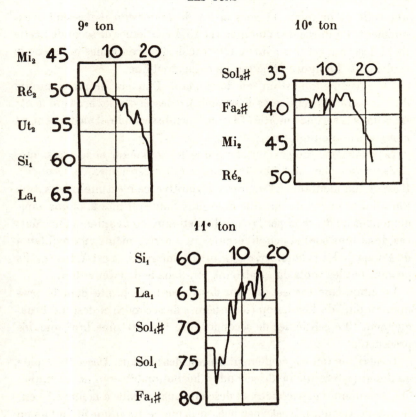

9ᵉ ton

10ᵉ ton

11ᵉ ton

Les rangs horizontaux de chiffres au-dessus des carrés du tableau indiquant l'ordre des vibrations dans leur succession, et les verticaux — à côté du tableau — le nombre des divisions du micromètre : 1 millimètre = 22 divisions ; 7304 divisions = une seconde. A côté des rangs verticaux de chiffres se trouvent les notes correspondant aux divisions micrométriques.

D'après les courbes obtenues, le premier ton de Po-pei est un ton en majeure partie ascendant (35 centièmes de seconde) ; vers la fin de l'émission, il descend un peu (8,9 centièmes de seconde). Il va très doucement sans façon brusque, c'est pour cette raison qu'on le considère comme un ton uni. La durée ordinaire de ce ton (43,9 centièmes de seconde) est plus longue que tous les autres tons.

Le deuxième ton est un ton montant ; l'ascension est plus rapide que celle du premier ; et vers la fin de l'émission il descend brusquement. La durée de la montée est 15,4 centièmes de seconde ; celle de la descente est très courte, elle est de 3,4 centièmes de seconde seulement. La figure de ce ton est caractéristique.

Le troisième ton est un ton descendant. Dans la première moitié de l'émission (11 centièmes de seconde), il descend assez brusquement ; mais dans la seconde moitié (13 centièmes de seconde) il va doucement et reste presque uniforme.

Le quatrième ton est plus long que le deuxième et le troisième, mais un peu plus bref que le premier (27,4 centièmes de seconde). Il est un ton montant ; à l'impression auditive, ce n'est que le deuxième ton allongé et chanté sur une note plus haute. Il monte moins rapidement et ne descend pas, ce qui le distingue du deuxième ton. Mais ces deux tons sont si peu différents, qu'il arrive même aux habitants de Po-pei de les prononcer de la même manière, c'est-à-dire qu'ils prononcent les mots du quatrième ton dans le deuxième ton.

Le cinquième ton est un ton descendant. Il hésite dans la première moitié de l'émission (8 centièmes de seconde) et descend brusquement (9,4 centièmes de seconde). Ce ton est plus bref que les précédents.

Le sixième ton est également un ton descendant. Descente rapide au début (1,6 centième de seconde), hésitation très longue au milieu (11,5 centièmes de seconde), et descente aussi rapide à la fin (4,8 centièmes de seconde). Il est à peu près de la même durée que le cinquième ton (5ᵉ : 17,4 centièmes de seconde ; 6ᵉ : 17,9 centièmes de seconde), mais sur une note plus basse. Il a quelque ressemblance avec celui-ci ; c'est pour cette raison que tous les deux représentent les mots du ton *k'iu*.

Le septième ton est, après les courbes obtenues, le plus bref des onze tons de Po-pei (durée : 8,5 centièmes de seconde). Il hésite au début (4,4 centièmes de seconde) et descend rapidement (4,1 centièmes de seconde). Ce n'est, paraît-il, que le cinquième ton chanté sur une note plus haute et avec une durée plus courte, et une consonne implosive à la fin.

Le huitième ton est presque aussi bref que le septième (durée :

9,3 centièmes de seconde). Il monte deux fois et descend deux fois. Il est le plus bas des onze tons de Po-pei : la note est de sol_1 jusqu'à $fa_1\sharp$.

Le neuvième ton est comme le septième, un ton descendant et bref (durée : 14,1 centièmes de seconde). Mais, comme mouvement, il ressemble au dixième ton, sauf la note qui est moins élevée ($mi_2 — si_1$), et une consonne implosive à la fin.

Le dixième ton est plutôt uni au début (7,8 centièmes de seconde); il descend brusquement vers la fin de l'émission (4 centièmes de seconde). Il est à peu près de la même durée que le neuvième ton (9e : 1,1 centième de seconde ; 10e : 11,8 centièmes de seconde), mais sur une note plus élevée (sol_2).

Le onzième ton est un ton montant. Il est hésitant, mais c'est surtout l'ascension rapide qui caractérise ce ton. Il est sujet à des variations de hauteur musicale, mais son caractère reste le même, c'est-à-dire qu'il monte toujours.

Il résulte de ce qui précède que les tons sont caractérisés non seulement par la hauteur musicale, mais aussi par la durée de la montée ou de la descente. **Certains tons peuvent être chantés sur une note plus ou moins haute sans changer de caractère, si la durée de la montée ou de la descente reste à peu près la même.**

7. Le changement de ton dans la phrase.

C'est une tendance naturelle que de changer les tons dans la phrase. Un ton n'est facile à prononcer que devant une pause ; ainsi il devient un autre ton plus bref lorsqu'il est suivi immédiatement d'un autre mot. Dans la prononciation de Po-pei, les premier, deuxième et quatrième tons sont longs, par conséquent ils sont sujets au changement. Le dixième n'est pas long, mais il change aussi ; c'est sans doute parce qu'il est trop lent pour être facilement prononcé au milieu d'une phrase. Les tons changent selon les règles suivantes :

A. — *Le premier ton passe au cinquième.*

$$1^{er} + 1^{er} = 5^e + 1^{er}.$$

Ex.: *tʃiˡ-sam¹* 豬心 (cœur de porc) = *tʃiˡ⁵-sam¹*.

$$1^{er} + 2^e = 5^e + 2^e.$$

Ex.: *ʃiˡ-faŋ²* 書房 (cabinet de lecture) = *ʃiˡ⁵-faŋ²*.

$$1^{er} + 3^e = 5^e + 3^e.$$

Ex.: *tsiuˡ-tseiˡ³* 蕉子 (banane) = *tsiuˡ⁵-tseiˡ³*.

$$1^{er} + 4^e = 5^e + 4^e.$$

Ex.: *kaeˡ-m̥⁴* 雞母 (poule) = *kaeˡ⁵-m̥⁴*.

$$1^{er} + 5^e = 5^e + 5^e.$$

Ex.: *tʃimˡ-kuaˡ⁵* 占卦 (faire la réussite) = *tʃimˡ⁵-kuaˡ⁵*.

$$1^{er} + 6^e = 5^e + 6^e.$$

Ex.: *ʃiˡ-minˡ⁶* 書面 (couverture d'un livre) = *ʃiˡ⁵-minˡ⁶*.

$$1^{er} + 7^e = 5^e + 7^e.$$

Ex.: *ts'inˡ-iatˡ⁷* 千一 (mille et un) = *ts'inˡ⁵-iatˡ⁷*.

$$1^{er} + 8^e = 5^e + 8^e.$$

Ex.: *ts'inˡ-pɔtˡ⁸* 千八 (mille et huit) = *ts'inˡ⁵-pɔtˡ⁸*.

$$1^{er} + 9^e = 5^e + 9^e.$$

Ex.: *tʃiˡ-ʃitˡ⁹* 豬舌 (langue de porc) = *tʃiˡ⁵-ʃitˡ⁹*.

$$1^{er} + 10^e = 5^e + 10^e.$$

Ex.: *kaeˡ-ȵœkˡ¹⁰* 雞肉 (viande de poulet) = *kaeˡ⁵-ȵœkˡ¹⁰*.

$$1^{er} + 11^e = 5^e + 11^e.$$

Ex.: *kaeˡ-ȵinˡ¹⁰* 雞兒 (petit poulet) = *kaeˡ⁵-ȵinˡ¹¹*.

Exceptions : *toŋˡ-saeˡ* 東西 (chose) = *toŋˡ³-saeˡ*.

B. — *Le deuxième ton passe au sixième.*

$$2^e + 1^{er} = 6^e + 1^{er}.$$

Ex.: *ȵao²-kanˡ* 牛肝 (foie de veau) = *ȵao⁶-kanˡ*.

$$2^e + 2^e = 6^e + 2^e.$$

Ex.: *tʃʻui²-ɲan²* 搥人 (battre une personne) = *tʃʻuiᵉ-ɲan²*.

$$2^e + 3^e = 6^e + 3^e.$$

Ex.: *tʃʻaŋ²-tsei³* 橙子 (orange) = *tʃʻaŋᵉ-tsei³*.

$$2^e + 4^e = 6^e + 4^e.$$

Ex.: *ɲao²-m̩⁴* 牛母 (vache) = *ɲaoᵉ-m̩⁴*

$$2^e + 5^e = 6^e + 5^e.$$

Ex.: *lam²-tsʻae⁵* 淋菜 (arroser les légumes) = *lamᵉ-tsʻae⁵*.

$$2^e + 6^e = 6^e + 6^e.$$

Ex.: *haŋ²-lu⁶* 行路 (marcher sur le chemin) = *haŋᵉ-lu⁶*.

$$2^e + 7^e = 6^e + 7^e.$$

Ex.: *mo²-kœk⁷* 磨穀 (égrainer le riz) = *moᵉ-kœk⁷*.

$$2^e + 8^e = 6^e + 8^e.$$

Ex.: *ɲao²-kak⁸* 牛角 (corne de bœuf) = *ɲaoᵉ-kak⁸*.

$$2^e + 9^e = 6^e + 9^e.$$

Ex.: *ɲi²-uɔk⁹* 疑惑 (douter) = *ɲiᵉ-uɔk⁹*.

$$2^e + 10^e = 6^e + 10^e$$

Ex.: *iaŋ²-ɲœk¹⁰* 羊肉 (viande de mouton) = *iaŋᵉ-ɲœk¹⁰*.

$$2^e + 11^e = 6^e + 11^e.$$

Ex.: *iaŋ²-ɲin¹¹* 羊兒 (petit mouton) = *iaŋᵉ-ɲin¹¹*.

C. — *Le troisième ton ne change pas.*

D. — *Le quatrième ton passe au sixième.*

$$4^e + 1^{er} = 6^e + 1^{er}.$$

Ex.: *tʃʻao⁴-koŋ¹* 舅公 (oncle, frère cadet de la mère) = *tʃʻaoᵉ-koŋ¹*.

$$4^e + 2^e = 6^e + 2^e.$$

Ex.: *tʃʻao⁴-loŋ²* 舅儸 (oncle, frère aîné de la mère) = *tʃʻaoᵉ-loŋ²*.

$$4^e + 3^e = 6^e + 3^e.$$

Ex. : *lei²-tsei³* 李子 (prune) = *lei⁶-tsei³*.

$$4^e + 4^e = 6^e + 4^e.$$

Ex. : *ma⁴-m̥⁴* 馬母 (jument) = *ma⁶-m̥⁴*.

$$4^e + 5^e = 6^e + 5^e.$$

Ex. : *mae⁴-ts'ae⁵* 買菜 (acheter des légumes) = *mae⁶-ts'ae⁵*.

$$4^e + 6^e = 6^e + 6^e.$$

Ex. : *ni²-lun⁶* 議論 (discuter) = *ni⁶-lun⁶*.

$$4^e + 7^e = 6^e + 7^e.$$

Ex. : *ŋ⁴-fœk⁷* 五福 (cinq bonheurs) = *ŋ⁶-fœk⁷*.

$$4^e + 8^e = 6^e + 8^e.$$

Ex. : *ma⁴-kiak⁴* 馬脚 (pied de cheval) = *ma⁶-kiak⁸*.

$$4^e + 9^e = 6^e + 9^e.$$

Ex. : *ma⁴-ʃit⁹* 馬舌 (langue de cheval) = *ma⁶-ʃit⁹*.

$$4^e + 10^e = 6^e + 10^e.$$

Ex. : *ma⁴-nœk¹⁰* 馬肉 (viande de cheval) = *ma⁶-nœk¹⁰*.

$$4^e + 11^e = 6^e + 11^e.$$

Ex. : *ma⁴-nin¹¹* 馬兒 (petit cheval) = *ma⁶-nin¹¹*.

E. — *Les cinquième, sixième, septième, huitième, neuvième tons ne changent pas.*

F. — *Le dixième ton passe au neuvième.*

$$10^e + 1^{er} = 9^e + 1^{er}.$$

Ex. : *nœk¹⁰-t'oŋ¹* 肉湯 (consommé) = *nœk⁹-t'oŋ¹*.

$$10^e + 2^e = 9^e + 2^e.$$

Ex. : *nat¹⁰-t'ao²* 日頭 (soleil) = *nat⁹-t'ao²*.

$$10^e + 3^e = 9^e + 3^e.$$

Ex. : *lek¹⁰-ʃi³* 歷史 (histoire) = *lek⁹-ʃi³*.

$$10^e + 4^e = 9^e + 4^e.$$

Ex. : $ts'ak^{10}\text{-}\underset{.}{m}^4$ 賊母 (voleuse) $= ts'ak^9\text{-}\underset{.}{m}^4.$

$$10^e + 5^e = 9^e + 5^e.$$

Ex. : $mœk^{10}\text{-}ian^5$ 木印 (cachet en bois) $= mœk^9\text{-}ian^5.$

$$10^e + 6^e = 9^e + 6^e.$$

Ex. : $ts'at^{10}\text{-}p'eŋ^6$ 疾病 (maladie) $= ts'at^9\text{-}p'eŋ^6.$

$$10^e + 7^e = 9^e + 7^e.$$

Fx. : $mak^{10}\text{-}t\!\int\!ap^7$ 墨汁 (encre) $= mak^9\text{-}t\!\int\!ap^7.$

$$10^e + 8^e = 9^e + 8^e.$$

Ex. : $pat^{10}\text{-}kiak^8$ 日脚 (date) $= pat^9\text{-}kiak^8.$

$$10^e + 9^e = 9^e + 9^e.$$

Ex. : $mœk^{10}\text{-}ip^9$ 木葉 (feuille) $= mœk^9\text{-}ip^9.$

$$10^e + 10^e = 9^e + 10^e.$$

Ex. : $pœk^{10}\text{-}\!\int\!ek^{10}$ 玉石 (pierre précieuse) $= pœk^9\text{-}\!\int\!ek^{10}.$

$$10^e + 11^e = 9^e + 11^e.$$

Ex. : $tsak^{10}\text{-}pin^{11}$ 賊兒 (petit voleur) $= ts'ak^9\text{-}pin^{11}.$

Ces règles nous montrent que les tons clairs (selon la philologie chinoise) restent toujours clairs, de même que les tons obscurs restent toujours obscurs. Ils s'échangent selon des affinités naturelles. Les premier, deuxième, quatrième sont des tons montants, ils changent tous en sons descendants, c'est-à-dire en ton $k'iu$. Mais le premier ton est un ton haut, il change en cinquième parce que le cinquième est relativement haut ; le deuxième et le quatrième sont des tons plus bas, ils changent en sixième parce que le sixième est relativement bas. Le dixième ton est un ton lent, il change en neuvième parce que c'est un ton brusque.

Le changement de tons n'est pas obligatoire ; mais si l'on ne parle pas selon les règles précédentes, cela peut choquer l'oreille et l'on sera considéré comme étranger. Cependant, il y a certains mots dont le ton ne subit jamais de changement, tels que les mots 女 nui

(femme, du 4ᵉ ton), 母 *m̥* (mère, du 4ᵉ ton), etc. J'ai même remarqué un fait curieux :

老公 *lœuᵏ-koŋ*¹ (mari, mot vulgaire) change en *lœuᶜ-koŋ*¹, mais

老雞 *lœuᵏ-kae*¹ (vieille poule, vieux coq) ne change pas.

老婆 *lœuᵏ-pʻo*² (épouse, mot vulgaire) change en *lœuᶜ-pʻo*², mais

老人 *lœuᵏ-ɲan*² (vieil homme, vieille femme) ne change pas.

De ce fait nous pouvons dire que le changement de tons est conforme à la tradition et qu'il ne suit pas toujours les règles. Si les tons changent, ils passent toujours à un ton déterminé, à moins qu'ils ne demeurent.

Jusqu'ici nous n'avons parlé que des combinaisons simples, dans lesquelles deux mots se trouvent ensemble. Quant au changement des tons dans toute une phrase, il constitue le *rythme*. Nous devons donc parler d'abord du rythme dans la prononciation de Po-pei.

Prenons une phrase telle que :

我 不 知 何 故 /ŋo/pat/tʃi/ho ku/, je ne sais pourquoi (*ŋo* « je » ; *pat-tʃi* « ne sais » ; *ho-ku* « pourquoi »).

La division rythmique y correspond à la division logique ; chaque section contient bien un élément indépendant.

Mais il n'en est pas toujours ainsi. Dans la phrase 我讀書 *ŋo tʻœk ʃi* (*ŋo* « je » ; *tʻœk* « lire » ; *ʃi* « livre : je lis le livre), la logique demanderait trois sections, puisque chacun des mots représente un un sens indépendant. Néanmoins, le rythme produit une division en deux sections, si bien que le sujet se trouve séparé du verbe :

/ŋo/tʻœk ʃi/

Mais non : /ŋo tʻœk/ʃi/

Si nous prenons une autre phrase un peu différente de celle-ci :

我讀一本書 *ŋo tʻœk iat pun ʃi* (*ŋo* « je » ; *tʻœk* « lire » ; *iat* « un » ; *pun* « volume » ; *ʃi* « livre » : je lis un livre), nous devons la diviser comme il suit :

/ŋo tʻœk/iat pun /ʃi/.

Généralement, on peut classer les divisions rythmiques de la prononciation de Po-pei en deux catégories : celles qui ne comprennent qu'un seul mot et celles qui en comprennent deux. On les appelle divisions mineures et divisions majeures.

Dans les divisions mineures, il n'y a pas de changement de tons.

Dans les divisions majeures, si le premier mot est du premier, deuxième, quatrième ou dixième ton, le changement des tons a lieu suivant l'usage. Mais le ton du deuxième mot, quel qu'il soit, demeure toujours sans changement.

Voici des exemples :

我買酒 /ŋo/mae tsʐo/, « j'achète du vin » : le ton du mot *mae* (acheter) étant 4ᵉ, change en 6ᵉ.

我買一壺酒 /ŋo/mae/iat/u tsao/, « j'achète une bouteille de vin » : le ton du mot *mae* (acheter) ne change pas.

我買一壺酒 /ŋo/mae/iat/u tsao/, « j'achète une bouteille de vin » : le ton du mot *u* (bouteille) étant 2ᵉ, change en 6ᵉ.

我買一壺白酒 /ŋo/mae/iat u/p'ak tsao/, « j'achète une bouteille de vin blanc » : le ton du mot *u* (bouteille) ne change pas.

我作肉醬 /ŋo/tsɔk/pœk tsiaŋ/, « je fais du hachis » : le ton du mot *nœk* (viande) étant 10ᵉ, change en 9ᵉ.

我作豬肉醬 /ŋo/tsɔk/tʃipœk/tsiaŋ/, « je fais du hachis de porc » : le ton du mot *nœk* (viande) ne change pas.

開門接客 /hae mun/tsip hak/, « ouvrir la porte et aller au-devant de l'invité » : le ton du mot *hae* (ouvrir) étant premier, change en 5ᵉ.

開大門接人客 /hae/t'aemun/tsip/ŋan hak/, « ouvrir la porte d'entrée et aller au-devant de l'invité » : le ton du mot *hao* (ouvrir) ne change pas.

8. Les tons dans la lecture.

Pour donner de l'harmonie, les tons dans la lecture ne sont plus les mêmes que dans la conversation. Il y a les *tons cardinaux* et les *tons harmoniques*. Les tons harmoniques peuvent varier à l'infini. Si l'on les enregistrait toutes les fois qu'on fait la même lecture, il est probable que les courbes obtenues seraient chaque fois différentes. Néanmoins, à l'impression auditive, nous ne pouvons distinguer que les onze tons : nous nous contenterons ici de l'approximation et nous parlerons du changement des tons dans la lecture.

Dans la lecture, le onzième ton n'est plus employé pour modifier la signification du mot, mais pour remplacer le deuxième ton en cas de besoin.

Quant aux dix premiers tons, ce sont les deuxième, quatrième, dixième qui sont susceptibles de changer ; les autres peuvent changer aussi, mais les cas sont moins fréquents.

Comme chacun a une façon personnelle de lire, le changement des tons dans la lecture n'est pas aussi rigoureusement réglé que dans la conversation. Mais, par la transmission des professeurs ou des parents, il reste un modèle et tout le monde s'efforce de l'imiter. Ici je me sers de moi-même comme sujet d'expérience pour montrer à peu près ce que sont les tons dans la lecture.

A. — *Dans la poésie.*

Dans la poésie, les changements des tons sont encore plus fréquents que dans la conversation. Quelques exemples vont nous montrer les variétés.

1. Quatrain en vingt mots (cinq mots par vers).

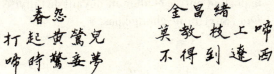

Sur tons cardinaux :

Ta³ hi³ uaŋ² eŋ¹ ɲi¹,
mɔk⁹ kao¹ tʃi¹ ʃiaŋ⁶ t'i²;
T'ae² ʃi² keŋ¹ ts'ip⁷ moŋ⁶,
pat⁷ tak⁷ tœu⁵ liu² si¹.

Sur tons harmoniques :

Ta³ hi⁵ uaŋ³ eŋ¹ ɲi¹,
mɔk⁸ kao¹ tʃi¹ ʃiaŋ⁶ t'i²;
T'ae² ʃi¹¹ keŋ¹ ts'ip⁹ moŋ³,
pat⁸ tak⁹ tœu³ liu¹¹ si¹.

TRADUCTION.

La tristesse du printemps.

Je chasse le rossignol,
Qu'il ne chante pas sur la branche ;
Mon rêve serait troublé par ses chansons,
Et je n'arriverais pas à Liao-si.

K'IN TCH'ANG-SIU.

2. Huitain en quarante mots (cinq mots par vers).

月夜

今夜鄜州月
遙憐小兒女
香霧雲鬟溼
何時倚虛幌

杜甫

閨中只獨看
未解憶長安
清輝玉臂寒
雙照淚痕乾

Sur tons cardinaux :

tʃam¹ ie⁶ ɕu¹ tʃao¹ ɲit⁹,
kuei¹ tʃoŋ¹ tʃek⁷ t'œk¹⁰ han¹;
iu² lin² siu³ ɲi¹ nui⁴,
mei⁶ kae³ ek⁷ tʃ'iaŋ² an¹.
hiaŋ¹ m̩⁶ uan² uan² ʃap⁷,
ts'eŋ¹ k'uei¹ pœk¹⁰ pei⁶ han²;
ho² ʃi² i³ hui¹ uaŋ⁴,
ʃaŋ¹ tʃiu⁵ lui⁶ han² kan¹.

Sur tons harmoniques :

tʃam¹ ie⁶ ɕu¹ tʃao¹ ɲit³,
kuei¹ tʃoŋ¹ tʃeh⁸ t'œk⁹ han¹;
iu² lin¹¹ siu⁵ ɲi¹ nui³,
mei³ kae⁶ ek⁸ tʃ'iaŋ¹¹ an¹.
hiaŋ¹ m̩⁶ uan¹¹ uan¹¹ ʃap⁸,
ts'eŋ¹ k'uei¹ pœk⁸ pei⁶ han²;
ho² ʃi¹¹ i⁶ hui¹ uaŋ³,
ʃan¹ tʃiu⁶ lui³ han¹¹ kan¹.

TRADUCTION.

La nuit de lune.

A Fou-Tchéou, on doit être seule dans le boudoir
Pour contempler la lune de ce soir ;
Car, là-bas, les pauvres petits enfants
Ne savent pas encore penser à Tch'ang-an.
La belle chevelure mouillée du brouillard parfumé,
Les bras lumineux refroidis dans la clarté.
Quand pourra-t-on se retrouver appuyés au rideau ?
Lorsque la lune éclairera le couple,
Ces larmes se seront séchées.

Tou Fo

3. Quatrain en vingt-huit mots (sept mots par vers).

贈別   杜牧

多情却似總無情

惟覺尊前笑不成

蠟燭有心還惜別

替人垂淚到天明

Sur tons cardinaux :

to[1] ts'eŋ[2] k'iak[8] ts'ei[6] tsoŋ[3] ɕu[2] ts'eŋ[2],
iui[2] kak[8] tsun[1] ts'in[2] siu[6] pat[7] ʃeŋ[2],
lɔp[9] tʃœk[7] iao[4] sam[1] uan[2] sek p'it[9],
t'ae[6] ɳan[2] ʃui[2] lui[6] tœu[6] t'in[1] meŋ[2].

Sur tons harmoniques :

to[1] ts'eŋ[11] k'iak[11] tsei[3] tsoŋ[3] ɕu[11] ts'eŋ[2],
iui[3] kak[8] tsun[1] ts'in[11] siu[3] pat[9] ʃeŋ[3] ;
lɔp[8] tʃœk[9] iao[3] sam[1] uan[11] sek[8] p'it[8],
t'aĕ ɳan[11] ʃui[2] lui[6] tœŭ t'in[1] meŋ[2].

Traduction.

Adieu.

Très ému, mais l'air indifférent,
Je ne peux pas sourire pourtant !
La bougie souffre aussi de la séparation,
Elle verse des larmes toute la nuit durant.

Tou mou.

4. Huitain en cinquante-six mots (sept mots par vers).

登 高　　　　杜 甫

風急天高猿嘯哀　　渚清沙白鳥飛迴
無邊落木蕭蕭下　　不盡長江滾滾來
萬里悲秋常作客　　百年多病獨登臺
艱難苦恨繁霜鬢　　潦倒新停濁酒杯

Sur tons cardinaux :

foŋ¹ tʃap³ t'in¹ kœu¹ in² siu⁵ ai¹,
tʃi³ ts'eŋ¹ ʃa¹ p'ak⁹ niu⁴ fei¹ ui²,
ɕu² pin¹ lɔk⁹ mœk¹⁰ siu¹ siu¹ ha⁴,
pat⁷ ts'an⁶ tʃ'iaŋ² kaŋ¹ kuan³ kuan³ lai²
man⁶ lei⁴ pei¹ ts'ao¹ ʃiaŋ² tsɔk⁸ hak⁸,
pak⁸ nin¹ to¹ p'eŋ⁶ t'œk¹⁰ taŋ¹ t'ai² ;
kan¹ nan² hu³ han⁶ fan² ʃaŋ¹ pan⁵,
liu² tœu³ san¹ t'eŋ² tʃ'ɔk⁹ tsao³ pui¹.

Sur tons harmoniques :

foŋ¹ tʃap⁸ t'in¹ kœu¹ in¹¹ siu² ai¹
tʃi³ ts'eŋ¹ ʃa¹ p'ak⁹ niu³ fei¹ ui²
ɕu¹¹ pin¹ lɔk⁸ mœk⁹ siu¹ siu¹ ha⁶
pat⁸ ts'an⁶ tʃ'iaŋ¹¹ kaŋ¹ kuan³ kuan⁶ lai²

man[6] *lei*[3] *pei*[1] *ts'ao*[1] *ſiaŋ*[11] *tsɔk*[9] *hak*[8]
pak[8] *nin*[1] *to*[1] *p'eŋ*[6] *t'œk*[8] *taŋ*[1] *t'ai*[2]
kan[1] *nan*[11] *hu*[3] *han*[6] *fan*[11] *ſaŋ*[1] *pan*[6]
liu[2] *tœu*[3] *san*[1] *t'eŋ*[2] *tʃɔk*[9] *tsao*[3] *pui*[1].

Traduction.

En montant dans la tour.

Le vent est si violent,
Le ciel est si haut,
Le cri du singe est si déchirant,
Et sur le sable errent les oiseaux.
Les feuilles tombent avec un murmure sourd,
Le fleuve s'en va à l'infini !
Pour pleurer l'automne, je monte dans la tour,
Avec ce corps malade, loin de mon pays.
Le vin ne me console pas toujours,
Trop de misère et trop de cheveux gris !

Tou-Fou.

Ces exemples nous montrent que le changement des tons dans la poésie est très complexe et nous ne trouvons pas de règle fixe. Cependant, j'ai fait quelques remarques :

1. Les quatre derniers tons ne se confondent jamais avec les six premiers tons.

2. Le premier ton ne change presque jamais.

3. Le huitième se trouve très fréquent ; le septième, neuvième et dixième changent souvent en huitième ; tandis que dans la conversation aucun ton ne change en ce dernier.

4. A chaque fin de division rythmique, le ton devient beaucoup plus long.

B. — *Dans la prose.*

Dans la prose il y a moins de changement des tons que dans la poésie. Prenons un exemple :

春夜宴桃李園序　　　　　李白

夫天地者,萬物之逆旅;光陰者,百代之過客.而浮生若夢,為歡幾
何?古人秉燭夜遊,良有以也.

況陽春召我以煙景,大塊假我以文章.會桃李之芳園,聚天倫
之樂事.羣季俊秀,皆為惠連.吾人咏歌,獨慚康樂?幽賞未已,
高談轉清.開瓊筵以坐花,飛羽觴而醉月.不有佳作,何伸雅
懷?如詩不成,罰依金谷酒數!

Sur tons cardinaux :

ꞯu¹ t'in¹ t'ei⁶ tʃe³, man⁶ mat¹⁰ tʃi¹ ŋek¹⁰ luɪ⁴; kuaŋ¹ iam¹ tʃe⁶, pak⁸
t'ae⁶ tʃi¹ ko⁵ hak⁸. ɲi² fao² ʃaŋ¹ ɲiak⁹ moŋ⁶, uei² hun¹ ki¹ ho²? ku³ ɲan²
peŋ³ tʃ'œk⁷ ie⁶ iao², liaŋ² iao⁴ i⁴ ie³.

k'uaŋ⁵ iaŋ² tʃ'an¹ tʃ'iu⁶ ŋo⁴ i⁴ in¹ ken, t'ae⁶ uae⁵ ka³ ŋo⁴ i⁴ man²
tʃiaŋ¹, uɪ¹ t'œu² lei⁴ tʃi¹ faŋ¹ in², ts'ui⁶ t'in¹ lan² tʃi¹ lɔk⁹ ʃi⁵; k'uan²
kuei⁵ tsan⁵ sao⁵, kae¹ uei² iui⁶ lin², ŋ² ɲan² ueŋ⁶ ko¹, t'œk¹⁰ ts'am²
haŋ¹ lɔk⁹ iao¹ ʃiaŋ³ mei⁶ i⁴, kœu¹ t'am² ʃin⁵ ts'eŋ¹. hae¹ k'ueŋ² in⁵ i⁴
ts'o⁴ ua¹, fei¹ i⁴ ʃiaŋ¹ ɲi² tsui⁵ ɲit⁶. pat¹ iao⁴ kae¹ tsɔk⁸, ho² ʃam¹ ŋa⁴
uae? ʃi² ʃi¹ pat ʃeŋ², fot⁹ i¹ tʃam¹ kœk⁷ tsao³ ʃu⁵.

Sur tons harmoniques :

ꞯu¹ t'in¹ t'ei⁶ tʃe², man⁶ mat⁸ tʃi¹ ŋek⁹ luɪ³, kuaŋ¹ iam¹ tʃe¹¹ pak⁸
t'ae² tʃi⁵ ko³ hak⁸. ɲi³ fao¹¹ ʃaŋ¹ ɲiak⁸ moŋ⁶, uei⁶ hun¹ ki¹ ho²? ku³
ɲan¹¹ peŋ³ t'œk⁹ ie³ iao¹¹, liaŋ² iao¹¹ i³ ie³.

k'uaŋ³ iaŋ⁶ tʃ'an¹ tʃ'iu⁶ ŋo³ i⁶ in¹ keŋ³, t'ae⁶ uae³ ka³ ŋo¹¹ i³ man⁶
tʃiaŋ¹, uɪ³ t'œu⁶ lei¹ tʃi¹ faŋ¹ in¹¹, ts'ui⁶ t'in¹ lan² tʃ³ lɔk⁶ ʃi¹; k'uan⁶
kuei¹¹ tsan¹ sao³, kae¹ uei¹¹ iui⁶ lin¹, ŋ¹¹ ɲan⁶ ueŋ³ ko¹, t'œk⁹ ts'am²
haŋ¹ lɔk⁹? iao¹ ʃiaŋ¹¹ mei⁶ i⁴, kœu¹ t'am² tʃin³ ts'eŋ¹, hae¹ k'ueŋ³ in³ i³
ts'o¹¹ ua¹, fei¹ i⁶ ʃiaŋ¹ ɲi² tsui⁵ ɲit⁹. pat¹ iao¹¹ kae¹ tsɔk⁸, ho⁶ ʃam¹ ŋa¹¹
uae²? ʃi⁶ ʃi¹ pat¹¹ ʃeŋ², fɔt⁹ i¹ tʃam¹ kœk⁸ tsao⁶ ʃu⁶.

Traduction.

Au printemps, souper dans le jardin.

Le monde, ce n'est qu'une auberge, et le temps un hôte passager. La vie est
si courte que nos anciens avaient raison de se promener la nuit, avec des
flambeaux !

Maintenant que le printemps nous charme avec son air doux, et que la nature nous attire de ses fleurs fraîches, nous sommes heureux d'avoir une réunion de famille dans le jardin, parmi les pruniers et les pêchers. Nos frères sont tous poètes, et nous chantons et nous causons. A peine goûtons-nous la belle nature, que notre conversation devient plus gaie. On mange parmi les fleurs et on trinque avec la lune. Ce serait dommage si l'on ne composait pas quelques poésies pour exprimer la gaîté. Ceux qui n'auront pas de poésie boiront trois cents verres de vin comme punition !

Li Pei.

Remarquons que dans la lecture, les tons sont plus libres que dans la conversation. Ils deviennent souvent deux ou trois fois plus longs que d'habitude. Et plus ils sont longs, plus ils sont sujets à des variations, par conséquent ils sont très différents des tons cardinaux. Si nous voulions faire des expérimentations sur ce point, il faudrait compter des années de travail et le résultat pourrait être médiocre. Car, pour une même personne, si elle répète deux fois la même lecture, il y aura des différences de tons.

Le changement des tons peut quelquefois nuire à la compréhension. Déjà dans la conversation une phrase telle que *ŋo mae tsao* 我買酒 « j'achète du vin » ne se distingue pas de *ŋo mae tsao* 我賣酒 « je vends du vin », puisque le ton du mot 買 « acheter » étant quatrième doit d'après la coutume changer en sixième, et que le ton du mot « vendre » est sixième, de sa propre vertu. Pour se faire mieux comprendre, on est obligé de prononcer le mot 買 « acheter » sur son propre ton, c'est-à-dire sur le quatrième, ou bien composer une autre phrase telle que *ŋo mae iat u tsao* 我買一壺酒 « j'achète une bouteille de vin », de façon que le ton du mot 買 « acheter » ne change pas (voir page 89).

Mais, dans la lecture, la confusion est encore beaucoup plus grande, ce qui est dû au changement des tons trop complexe et irrégulier. Les auditeurs auront bien de la peine à comprendre, à moins qu'ils n'aient lu le texte auparavant. Pour cette raison, quand un professeur apprend aux élèves à lire une poésie ou une prose, il prononce d'abord une fois sur les tons cardinaux et ensuite il répète plusieurs fois sur les tons harmoniques.

9. Quelques variétés dans certains villages.

Dans certains villages, les tons ne sont pas exactement les mêmes que dans la ville. Dans la région de l'Ouest, à une douzaine de kilomètres de la ville, les habitants ne possèdent que dix tons ; le quatrième ton manque. Les mots qui doivent être prononcés sur le quatrième ton sont prononcés par eux sur le troisième. Dans la région de l'Est, les habitants ont une tendance à prononcer les mots du quatrième ton sur le deuxième. Car ce ton est peu stable et nous voyons dans l'histoire que beaucoup de mots originairement du quatrième ton sont prononcés aujourd'hui sur le sixième (voir le chapitre « aperçu historique »).

Pour le changement des tons dans la phrase, il y a peu de variétés. Cependant, dans les environs de la ville, certains habitants changent le premier ton en troisième et non pas en cinquième. Une lecture telle que *hiaŋ*[1]*tsiu*[1] (banane) qui doit changer en *hiaŋ*[5]*tsiu*[1] est prononcée par eux : *hiaŋ*[3]-*tsiu*[1].

10. Les tons d'un autre dialecte de Po-pei.

Comme je l'ai dit dans l'introduction, il y a deux dialectes dans la même ville de Po-pei : le dialecte du pays et le dialecte étranger. Le dialecte étranger est venu à Po-pei il n'y a pas moins de trois siècles ; par les relations et les alliances, il a sans doute exercé plus ou moins d'influence sur les vieux habitants du pays. Il est bon de mentionner quelque peu la différence de tons entre les deux dialectes.

Le dialecte étranger possède six tons seulement. Ce sont : le *p'ing clair*, le *p'ing obscur*, le *chang*, le *k'iu*, le *jou clair* et *jou obscur*. Si nous ne considérons que la valeur des tons, nous pouvons dire que :

Le *p'ing clair* du « dialecte étranger »

= le *p'ing clair* du « dialecte du pays », soit le premier ton.

Le *p'ing obscur* du « dialecte étranger »

= le *p'ing obscur* du « dialecte du pays », soit le deuxième ton.

Le *chang* du « dialecte étranger »

     = le *k'iu obscur* du « dialecte du pays », soit le sixième ton.

Le *k'iu* « du dialecte étranger »

     = le *k'iu clair* du « dialecte du pays », soit le cinquième ton.

Le *jou clair* du « dialecte étranger »

         = le *jou obscur brusque* du « dialecte du pays »,
         soit le neuvième ton.

Le *jou obscur* du « dialecte étranger »

= le *jou clair brusque* du « dialecte du pays », soit le septième ton.

Ici les mots *clair* et *obscur*, appartenant aux dictionnaires anciens, ne signifient rien en ce qui concerne la valeur des tons. Ainsi pour un même mot du ton *jou clair*, les habitants du *dialecte étranger* le chantent sur une note haute, tandis que ceux du *dialecte du pays* le chantent sur une note basse.

Je dis « tel ton du *dialecte étranger* égale tel ton du *dialecte du pays* », cela ne veut pas dire que les phonèmes des mots des deux dialectes sont semblables. Les mots peuvent être prononcés sur le même ton sans avoir les mêmes phonèmes. Par exemple :

雞   « poule » est prononcé *kae* dans « le dialecte du pays», et *ke* dans « le dialecte étranger », mais sur le même ton dans les deux dialectes.

Comme « le dialecte étranger » ne possède pas autant de tons que « le dialecte du pays », les mots de mêmes phonèmes que « le dialecte du pays » peut distinguer par les tons se trouvent confondus dans « le dialecte étranger ». Par exemple :

動 *t'oŋ*, remuer, quatrième ton dans « le dialecte du pays ».

痛 *t'oŋ*, douleur, cinquième ton dans « le dialecte du pays ».

洞 *t'oŋ*, caverne, sixième ton dans « le dialecte du pays ».

Mais dans « le dialecte étranger », ces trois mots sont prononcés sur le même ton, c'est-à-dire comme le cinquième ton du « dialecte du pays », de sorte qu'il n'y a pas de différence entre les trois mots dans la prononciation.

Pour les tons du dialecte étranger, il faudrait de longs récits ; ici nous nous bornerons à un résumé.

TROISIÈME PARTIE

APERÇU HISTORIQUE

Pour l'étude de la phonétique historique, nous avons comme documents les 36 initiales combinées pour le bouddhiste Cheou-wen 守溫, du xᵉ siècle, et les 95 finales de *Kouang-yun* 廣韻, du xıᵉ siècle. Plus près de nous, nous n'avons presque aucun livre qui puisse nous servir comme document, parce que du xıı ͤ au xvıᵉ siècle il n'y avait pas de phonéticiens éminents, et que du xvıı ͤ au xıx ͤ siècle les phonéticiens s'occupaient plutôt de la phonétique ancienne.

En comparant la prononciation des initiales et des finales des xᵉ et xıᵉ siècles avec celle de Po-pei d'aujourd'hui, nous pouvons observer les évolutions phonétiques ; il est permis de noter le caractère conservateur de la prononciation de Po-pei. Dans la comparaison proposée ci-dessous, les valeurs phonétiques sont celles qu'a reconstituées M. Bernhard Kalgren[1] ; seul, l'alphabet utilisé par lui a été transcrit par l'Alphabet Phonétique International, d'après M. Yuen-ren Chao, professeur à l'Université de Tsing-hua.

En outre, nous observerons également l'évolution des tons d'après le *Kouang-yun*.

Donc nous allons étudier dans ce chapitre :

A. — L'évolution des initiales.
B. — L'évolution des finales.
C. — L'évolution des tons.

1. Bernhard Kalgren, *Études sur la phonologie chinoise, Archives d'Études orientales*, Vol. 15, Stockholm, 1915-1926.

A. — L'ÉVOLUTION DES INITIALES

Comme je l'ai dit plus haut, dans les 36 initiales de Chou-wan, il y en a quatre qui, selon M. Bernhard Karlgren, comprennent pour chacun deux initiales. Il a donc existé 40 initiales au XIᵉ siècle. Ce sont : *k, k', g', ŋ, χ, γ, ʔ, j, ṭ, ṭ', ḍ, tɕ, tɕ', dʑ, ɕ, ʑ, tʂ, ṭʂ, dʐ', ʂ, pʐ, l, t, t', d', n, nj, ts, ts', dz', s, z, p, p', b', m, f, f', v, mˮ*. Mais comme il n'existe pas d'alphabet dans la langue chinoise, Cheou-wen a été obligé de choisir un mot-exemple pour chaque consonne. Les mots-exemples sont :

Pour *k* :	見 *kien*,	aujourd'hui prononcé *tɕian*	(langue nationale).
Pour *k'* :	溪 *k'iei*,	—	*tɕ'i*	—
Pour *g'* :	羣 *g'iuən*,	—	*tɕ'un*	—
Pour *ŋ* :	疑 *ŋi*,	—	*i*	—
Pour *χ* :	曉 *χieu*,	—	*ɕiau*	—
Pour *γ* :	匣 *γap*,	—	*ɕia*	—
Pour *ʔ* :	影 *ʔiəŋ*,	—	*iŋ*	—
Pour *j* :	喻 *jiu*,	—	*ü*	—
Pour *ṭ* :	知 *ṭiɕ*,	—	*tʂ:*	—
Pour *ṭ'* :	徹 *ṭ'iæt*,	—	*tʂ'ᴇ*	—
Pour *ḍ'* :	澄 *ḍ'iəŋ*,	—	*tʂ'əŋ*	—
Pour *tɕ* :	照 *tɕiæu*,	—	*tʂau*	—
Pour *tɕ'* :	穿 *tɕ'iʷæn*,	—	*tʂ'uan*	—
Pour *dʑ'* :	乘 *dʑ'iəŋ*,	—	*tʂ'əŋ*	—
Pour *ɕ* :	審 *ɕiəm*,	—	*ʂən*	—
Pour *ʑ* :	禪 *ʑiæn*,	—	*ʂan*	—
Pour *tʂ* :	莊 *tʂiaŋ*,	—	*tʂaŋ*	—
Pour *tʂ'* :	初 *tʂ'iʷo*,	—	*tʂ'u*	—
Pour *dʐ'* :	牀 *dʐ'iaŋ*,	—	*tʂ'aŋ*	—

Pour ʂ :   山 ʂan,   aujourd'hui prononcé *san*   (langue nationale).

Pour ɲʑ :   日 nʑiĕt,   —   ʐ :   —

Pour *l* :   來 lai,   —   lae   —

Pour *t* :   端 tuan,   —   tuan   —

Pour *t'* : 透 t'əu,   —   t'ou   —

Pour *d'* : 定 d'iəŋ,   —   tiŋ   —

Pour *n* :   泥 niei,   —   ni   —

Pour *nj* : 娘 njiaŋ,   —   niaŋ   —

Pour *ts* : 精 tsi̯æŋ,   —   tsiŋ   —

Pour *ts'* : 清 ts'i̯æŋ, —   ts'iŋ   —

Pour *dʐ'* : 從 dʐ'i̯ʷoŋ, —   ts'uŋ   —

Pour *s* :   心 siəm,   —   cin   —

Pour *ʑ* :   邪 ʑia,   —   ciɛ   —

Pour *p* :   幫 paŋ,   —   paŋ   —

Pour *p'* : 滂 p'aŋ,   —   p'aŋ   —

Pour *b'* : 並 b'iəŋ,   —   piŋ   —

Pour *m* :   明 mi̯ɐŋ,   —   miŋ   —

Pour *f* :   非 fe̞i,   —   fei   —

Pour *f'* : 敷 f'i̯u,   —   fu   —

Pour *v* :   奉 vi̯ʷoŋ,   —   fuŋ   —

Pour *mᵛ* : 微 mᵛe̞i,   —   wei   —

NOTA. — Les quatre mots-exemples, suivis d'un astérisque, n'ont pas été combinés par Cheou-wen ; ils ont été ajoutés par M. Bernhärd Karlgren d'après le *Kouang-yun*.

Voyons maintenant ce que sont devenues dans le dialecte de Po-pei les 40 consonnes du XIᵉ siècle.

1. *k* reste *k*.

        Ex. : 簡 kan   (simple)   devient *kan*.
              皆 kai   (tout)   devient *kae*.

古 *ku*   (ancien)   reste   *ku*.

宄 *kiəu* (examiner)   devient *kao*.

官 *kuan* (mandarin)   —   *kun*.

界 *kai*   (limite)   —   *kae*.

甘 *kam*   (doux, sucré) reste   *kam*.

記 *ki*   (se souvenir) reste   *ki*.

甲 *kap*   (ongle)   devient *kɔp*.

結 *kiet* (lier)   devient *kit*.

Exceptions :

決 *kiʷet* (résoudre, décider) devient *k'it*.

救 *kiəu* (porter secours)   devient *tʃae*.

九 *kiəu* (neuf)   devient *tʃao*.

Il est visible que les dialectes du Nord ont influencé les mots 救 et 九 prononcés autrefois *kiəu* et qui sont devenus *tʃao*. Le dialecte de Po-pei (dialecte du pays) est du même groupe que le cantonais ; dans le cantonais, l'ancienne consonne *k* reste *k* sans exception, si bien que les cantonais prononcent les mots 救 et 九 comme *kao*, tandis que dans les dialectes du Nord l'ancien *kiən* est devenu *tçiu*. Les dialectes du Nord se parlent dans le Nord de la province de Kouang-si, il est très possible qu'elle ait exercé quelque influence sur le dialecte de Po-pei, d'autant plus que les dialectes du Nord sont considérés comme langue nationale.

2. *k'* reste *k'* en partie, devient *h* dans la plupart des mots et *u* dans quelques-uns.

Ex. : 區 *k'iu*   (arrondissement)   devient *k'uɪ*.

曲 *k'iʷok* (courbé)   —   *k'œk*.

傾 *k'iʷæŋ* (renverser)   —   *k'ueŋ*.

困 *k'uen*   (embarrassé)   —   *k'uan*.

概 *k'ai*   (résumé)   —   *k'ae*.

却 *k'iak*   (refuser)   reste   *k'iak*.

寇	*k'ẹu*	(bandit)	devient *k'ao.*
抗	*k'aŋ*	(résister)	reste *k'aŋ.*
口	*k'ẹu*	(bouche)	devient *hao.*
空	*k'uŋ*	(vide)	— *hoŋ.*
康	*k'aŋ*	(bien portant)	— *haŋ.*
氣	*k'ei*	(air)	— *hi.*
開	*k'ai*	(ouvrir)	— *hae.*
牽	*k'ien*	(traîner)	— *hin.*
欠	*k'iæm*	(manquer)	— *him.*
起	*k'i*	(se lever)	— *hi.*
怯	*k'iæp*	(intimidé)	— *hip.*
輕	*k'ieŋ*	(léger)	— *heŋ.*
刻	*k'ək*	(graver)	— *hak.*
渴	*k'at*	(soif)	— *hɔt.*
考	*k'au*	(examiner)	— *hao.*
肯	*k'ɐŋ*	(consentir)	— *haŋ.*
去	*k'iwo*	(aller)	— *hui.*
乞	*k'iət*	(mendier)	— *hat.*
哭	*k'uk*	(pleurer)	— *hœk.*
褲	*k'u*	(pantalon)	— *hu.*
快	*k'ʷa'ï*	(vite)	— *uae.*
枯	*k'u*	(fané)	— *u, ku,* ou *hu.*
科	*k'ua*	(faculté dans l'Université)	— *uo.*
課	*k'ua*	(leçon)	— *uo.*

. *g'* devient *k'.*

Ex.: 近 *g'iən* (près) devient *k'an.*

群 *g'iuən* (groupe) — *k'uan.*

件 *g'iæn* (chose) devient *k'in.*

僸 *g'iæm* (économe) devient *k'im*.

巨 *g'i̯wo* (colossal)   —   *k'ui*.

窮 *g'i̯uŋ* (pauvre)   —   *k'oŋ*.

奇 *g'i̯ę* (bizarre)   —   *k'i*.

竭 *g'i̯æt* (épuisé)   —   *k'it*.

局 *g'i̯ʷok* (bureau)   —   *k'œk*.

狂 *g'i̯ʷaŋ* (fou)   —   *k'uaŋ*.

Exceptions :

求 *g'i̯ęu* (chercher)   devient *tʃao*

舅 *g'i̯ęu* (oncle, frère de la mère)   —   *tʃao*.

及 *g'i̯əp* (et)   —   *tc'ap*.

Ces exceptions tiennent aux mêmes causes que l'ancien *kᵊi̯u* devenu *tʃao*.

4. *ŋ* reste *ŋ* pour la plupart des mots et devient *ɲ* pour quelques-uns.

Ex. : 五 *ŋu*   (cinq)   devient *ŋ*.

我 *ŋa*   (je, me, moi)   —   *ŋo*.

危 *ŋʷi̯ę*   (danger)   —   *ŋuei*.

愚 *ŋi̯u*   (stupide)   —   *ŋui*.

瓦 *ŋʷa*   (tuile)   —   *ŋa*.

牙 *ŋa*   (dent)   reste *ŋa*.

咬 *ŋau*   (mordre)   devient *ŋao·*

傲 *ŋau*   (orgueilleux)   —   *ŋœu*.

硬 *ŋᵚŋ*   (dur)   —   *ŋaŋ*.

銀 *ŋi̯én*   (argent)   —   *ŋan*.

魚 *ŋi̯wo* (poisson)   —   *ɲi*.

牛 *ŋi̯əu* (bœuf)   devient *ɲao*.

疑 *ŋi* (douter) devient *ɲi*.

王 *ŋįʷok* (pierre précieuse) — *ɲœk*.

Exceptions :

研 *ŋien* (étudier) — *nin*.

嚴 *ŋįæm* (sévère) — *nim* ou *ɲim*.

5. χ devient *h* pour la plupart des mots, et *u* dans quelques uns.

Ex. : 虎 *χu* (tigre) devient *hu*.

海 *χai* (mer) — *hae*.

灰 *χuai* (cendre) — *hui*.

希 *χęi* (espérer) — *hi*.

虛 *χįwo* (vide) — *hui*.

好 *χau* (bien) — *hœu*.

朽 *χįəu* (pourri) — *heo*.

香 *χįaŋ* (parfumé) — *hiaŋ*.

興 *χįəŋ* (prospère) — *heŋ*.

喊 *χam* (crier) — *ham*.

呼 *χu* (crier) — *u*.

荒 *χuaŋ* (non cultivé) — *uaŋ*.

火 *χua* (feu) — *uo* ou *ho*.

Exceptions :

況 *χuaŋ* (d'ailleurs) devient *k'uaŋ*.

輝 *χʷęi* (lumière) — *k'uei*.

6. γ devient *h* devant *o, a, œ, e* ; *u* devant *u* ; *i* devant *i*.

Ex. : 河 *γa* (fleuve) devient *ho*.

號 *γau* (nommer) — *hœu*.

寒 ɣ*an* (froid)   devient *han.*

行 ɣ*ᵉŋ* (marcher)   —   *haŋ.*

含 ɣ*am* (garder dans la bouche) —   *ham.*

合 ɣ*ap* (unir)   —   *hɔp.*

戶 ɣ*u* (porte)   —   *u.*

黃 ɣ*uaŋ* (jaune)   —   *uaŋ.*

懷 ɣ*ʷai* (penser à)   —   *uae.*

禍 ɣ*ua* (malheur)   —   *uo.*

繫 ɣ*iei* (attacher)   —   *i.*

縣 ɣ*ɪʷen* (département)   —   *in.*

丸 ɣ*uan* (balle)   —   *in.*

穴 ɣ*ʷiet* (trou)   —   *it.*

惠 ɣ*ɪ̣ʷei* (bienfait)   —   *iui.*

Exceptions :

肴 ɣ*au*   (mets)   —   *ŋao.*

攜 ɣ*ɪʷeɪ*   —   *k'uei.*

7. ˀ devient voyelle.

Ex. : 哀 ˀ*ai* (triste)   devient *ae.*

屋 ˀ*uk* (maison)   —   *œk.*

握 ˀ*ɔk* (empoigner)   —   *ak.*

安 ˀ*an* (pacifique)   —   *an.*

阿 ˀ*a* (colline)   —   *o.*

一 ˀ*ɪĕt* (un, une)   —   *iat.*

衣 ˀ*ɪ̣i* (vêtement)   —   *i.*

煙 ˀ*ien* (fumée)   —   *in.*

憂 ˀ*iɘu* (s'inquiéter)   —   *iao.*

憶 ˀ*iɘk* (se souvenir)   —   *ek.*

烏 *ʔu*   (nom d'oiseau)   devient *u*.

彎 *ʔʷan* (golfe)   —   *uan*.

Exceptions :

於 *ʔi̯wo* (préposition)   —   *hui*.

邑 *ʔi̯əp* (pays, département)   —   *hep*.

謁 *ʔi̯et* (faire une visite)   —   *hit*.

8. *j* devient voyelle.

Ex. : 雲 *ji̯uen* (nuage)   devient *uan*.

用 *ji̯ʷoŋ* (employer)   —   *ioŋ*.

王 *ji̯ʷaŋ* (roi)   —   *uaŋ*.

爲 *jʷi̯e̯*   (faire)   —   *uei*.

榮 *ji̯ʷeŋ* (gloire)   —   *ueŋ*.

惟 *jʷi*   (seulement)   —   *iui*.

油 *ji̯əu* (huile)   —   *iao*.

淫 *ji̯əm* (débauché)   —   *iam*.

鹽 *ji̯æm* (sel)   —   *im*.

易 *ji̯e̯*   (facile)   —   *i*.

Exceptions :

翼 *ji̯ək* (aile)   devient *hek*.

易 *ji̯æk* (changer)   —   *hek*.

勇 *ji̯ʷoŋ* (brave)   —   *ɲoŋ*.

9. *ȶ* devient *tʃ* ou *tʃ*.

Ex. : 中 *ȶi̯uŋ* (milieu)   devient *tʃoŋ*.

貞 *ȶi̯eŋ* (vertueux)   —   *tʃeŋ*.

追 *ȶʷi* (poursuivre)   —   *tʃui*.

竹 *ȶi̯uk* (bambou)   —   *tʃœk*.

張 *ȶi̯aŋ* (nom de famille)   —   *tʃiaŋ*.

知 *ȶi̯e̯* (savoir)   —   *tʃi*.

Exceptions :

啄 *ṭɔk* (becqueter)   devient *tɔk*.

卓 *tɔk* (éminent)   —   *tʃ'ɔk*.

輟 *tⁱᵘet* (cesser)   —   *tʃ'it*.

10. *ṭ'* devient *tʃ'* ou *tʃ*.

    Ex. : 超 *ṭ'iæu* (dépasser) devient *tʃ'iu*.

        龐 *ṭ'uoŋ* (favoriser)   —   *tʃ'oŋ*.

        癡 *ṭ'i*   (stupide)   —   *tʃ'i*.

        抽 *ṭ'əu* (arracher)   —   *tʃ'ao*.

        畜 *ṭ'ĭuk* (bête)   —   *tʃ'œk*.

11. *ḍ'* devient *tʃ'* ou *tʃ*.

    Ex. : 陳 *ḍ'ĭĕn*   (étaler)   devient *tʃ'an*.

        直 *ḍ'iək* (droit)   —   *tʃek*.

        傳 *ḍ'iʷæŋ* (légende)   —   *tʃ'in*.

        茶 *ḍ'a*   (thé)   —   *tʃa*.

        宅 *ḍ'ɐk* (maison)   —   *tʃak*.

        姪 *ḍ'ĭĕt* (neveu)   —   *tʃat*.

        場 *ḍ'iaŋ* (terrain)   —   *tʃiaŋ*.

        墜 *ḍ'ʷi* (tomber)   —   *tʃui*.

12. *tɕ* devient *tʃ* ou *tʃ*.

    Ex. : 周 *tɕĭəu* (nom de famille) devient *tʃao*.

        專 *tɕiʷæn* (attentif)   —   *tʃin*.

        照 *tɕiæu* (éclairer)   —   *tʃiu*.

        之 *tɕi*   (préposition)   —   *tʃi*.

        職 *tɕiək* (fonction)   —   *tʃek*.

13. *tɕ'* devient *tʃ'* ou *tʃ'*.

> Ex. : 穿 *tɕ'iʷæn* (percer)   devient *tʃ'in*.
> 昌 *tɕ'iaŋ* (prospère)   reste *tʃ'iaŋ*.
> 吹 *tɕ'ʷiẹ* (souffler)   devient *tʃ'ui*.
> 春 *tɕ'iuĕn* (printemps)   —   *tʃ'an*.
> 充 *tɕiuŋ* (remplir)   —   *tʃ'oŋ*.

14. *dʐ* devient *ʃ* ou *ʃ*.

> Ex. : 繩 *dʐ'iəŋ* (corde)   devient *ʃeŋ*.
> 食 *dʐ'iək* (manger)   —   *ʃek*.
> 船 *dʐ'iʷæn* (bateau)   —   *ʃin*.
> 順 *dʐ'iuĕn* (aller bien)   —   *ʃan*.
> 術 *dʐ'iuĕt* (moyen)   —   *ʃat*.

Exception :

> 盾 *dʐiuĕn* (armure)   devient *t'an*.

15. *ç* devient *ʃ* ou *ʃ*.

> Ex. : 式 *çiək* (modèle)   devient *ʃek*.
> 審 *çiəm* (examiner)   —   *ʃam*.
> 少 *çiæu* (peu)   —   *ʃiu*.
> 書 *çiwo* (livre)   —   *ʃi*.

16. *ʑ* devient *ʃ* ou *ʃ*.

> Ex. : 晨 *ʑiĕn* (matin)   devient *ʃan*.
> 常 *ʑiaŋ* (toujours)   —   *ʃiaŋ*.
> 成 *ʑiæŋ* (réussir)   —   *ʃeŋ*.
> 十 *ʑiəp* (dix)   —   *ʃap*.
> 瑞 *ʑʷiẹ* (bon signe)   —   *ʃui*.
> 樹 *ʑiu* (arbre)   —   *ʃi*.

17. *tʂ* devient *tʃ*.

Ex. : 莊 *tʂiaŋ* (sérieux)   devient *tʃaŋ*.

    責 *tʂɐk* (reprocher)   —   *tʃak*.

    爭 *tʂɐŋ* (lutter)   —   *tʃaŋ*.

    阻 *tʂu*   (faire obstacle)   —   *tʃu*.

    政 *tʂiæŋ* (politique)   —   *tʃeŋ*.

18. *tʂ'* devient *tʃ*.

Ex. : 初 *tʂ'iwo* (commencement)   devient *tʃ'u*.

    瘡 *tʂ'iaŋ* (maladie de la peau)   —   *tʃ'aŋ*.

    懺 *tʂ'am* (confesser)   --   *tʃ'am*.

    惻 *tʂ'iək* (plaindre)   —   *tʃ'ak*.

    插 *tʂ'ap* (introduire dans)   —   *tʃ'ɔp*.

19. *dʐ'* devient *tʃ*, *ʃ* ou *ʃ*.

Ex. : 助 *dʐ'iwo* (aider)   devient *tʃ'u*.

    查 *dʐ'a*   (s'informer)   —   *tʃ'a*.

    巢 *dʐ'au*   (nid)   —   *tʃ'ao*.

    牀 *dʐ'iaŋ* (lit)   —   *ʃaŋ*.

    犲 *dʐ'ai* (loup)   —   *ʃae*.

    士 *dʐ'i*   (lettré)   —   *ʃi*.

    事 *dʐ'i*   (chose)   —   *ʃi*.

Exception :

    俟 *dʐ'i*   (attendre)   devient *ts'ei*.

20. *ʂ* devient *ʃ*.

Ex. : 山 *ʂʷan* (montagne) devient *ʃan*.

    稍 *ʂʷau* (un peu)   —   *ʃao*.

    數 *ʂiu* (nombre)   —   *ʃu*.

縮 *ṣiuk* (rétrécir)   devient *ʃœk*.

所 *ṣiwo* (mot vide)   —   *ʃu*.

21. *nẓ* devient *n*.

Ex. : 日 *nẓiêt*   (soleil)   devient *nat*.

人 *nẓiĕn*   (homme, femme)   —   *nan*.

兒 *nẓiẹ*   (enfant)   —   *ni*.

乳 *nẓiu*   (seins, lait)   —   *nui*.

肉 *nẓiuk*   (chair)   —   *nœk*.

入 *nẓiap*   (entrer)   —   *nap*.

熱 *nẓiæt*   (chaud)   —   *nit*.

任 *nẓiam*   (confier)   —   *nam*.

惹 *nẓia*   (provoquer)   —   *ne*.

若 *nẓiak*   (si)   —   *niak*.

Exceptions :

仍 *nẓiən* (encore, toujours) devient *ŋeŋ*.

柔 *nẓiụu* (souple)   —   *iao*.

如 *nẓiwo* (comme)   —   *ʃi*.

染 *nẓiæm* (teindre)   —   *nim* ou *nim*.

Mon grand-père, né en 1855, prononçait le mot 染 (teindre) comme *nim*, mais mon père, né en 1880, prononce comme *nim*, ainsi que mes professeurs et mes amis.

22. *l* reste *l*.

Ex. : 龍 *lʲʷoŋ*   (dragon)   devient *loŋ*.

李 *li*   (prune)   —   *lei*.

路 *lu*   (chemin)   reste *lu*.

來 *lai*   (venir)   devient *lae*.

輪 *lịuén*   (roue)   —   *lan*.

料 *lĭĕu* (deviner)   devient *liu*.

懶 *lan* (paresseux)   reste *lan*.

靈 *lieŋ* (àme)   devient *leŋ*.

林 *lĭəm* (forêt)   — *lam*.

藍 *lam* (bleu)   reste *lam*.

簾 *lĭæm* (store)   devient *lim*.

綠 *lĭwok* (vert)   — *lœk*.

律 *lĭwet* (règle, loi)   — *lat*.

列 *lĭəet* (ranger)   — *lit*.

畧 *lĭak* (abréger)   reste *lĭak*.

立 *lĭəp* (debout)   devient *lap*.

蠟 *lap* (cire)   — *lɔp*.

獵 *lĭæp* (aller à la chasse) devient *lip*.

23. *t* reste *t*.

Ex. : 東 *tuŋ* (est)   devient *toŋ*.

當 *taŋ* (devoir)   reste *taŋ*.

燈 *təŋ* (lampe)   devient *taŋ*.

單 *tan* (seul)   reste *tan*.

典 *tien* (document)   devient *tin*.

膽 *tam* (bile)   reste *tam*.

點 *tiem* (point)   devient *tim*.

都 *tu* (capitale)   reste *tu*.

弔 *tieu* (témoigner la condoléance) devient *tiu*.

得 *tək* (obtenir)   — *tak*.

的 *tiek* (but)   — *tek*.

Exception :

鳥 *tieu* (oiseau) devient *niu* dans la lecture, mais *tiao* dans le langage courant.

24. *t'* reste *t'*.

Ex.: 土 *t'u* (terre)   reste   *t'u*.

挑 *t'ieu* (soulever avec un bàton, etc...) devient *t'iu*.

通 *t'uŋ* (sans obstacle)   —   *t'oŋ*.

湯 *t'aŋ* (soupe)   reste   *t'aŋ*.

歎 *t'an* (pousser des soupirs)   —   *t'an*.

天 *t'ien* (ciel)   devient *tin*

添 *t'iem* (ajouter)   —   *t'im*.

探 *t'am* (guetter)   reste   *t'am*.

禿 *t'uk* (chauve)   devient *t'æk*.

鐵 *t'iet* (fer)   —   *t'iet*.

榻 *t'ap* (divan)   devient *t'ɔp*.

25. *d'* devient *t'*.

Ex.: 同 *d'uŋ* (pareil)   devient *t'oŋ*.

糖 *d'aŋ* (sucre)   —   *t'aŋ*.

但 *d'an* (mais)   —   *t'an*.

田 *d'ien* (champ)   —   *t'in*.

甜 *d'iem* (sucré)   —   *t'im*.

潭 *d'am* (gouffre)   —   *t'am*.

圖 *d'u* (dessin)   —   *t'u*.

毒 *d'uok* (poison)   —   *tæk*.

達 *d'at* (atteindre)   —   *t'ɔt*.

踏 *d'ap* (piétiner)   —   *t'ɔp*.

26. *n* reste *n*.

Ex.: 泥 *niei* (boue)   devient *nai*.

農 *nuoŋ* (cultivateur)   —   *noŋ*.

奴 *nu* (esclave)   reste   *nu*.

難 *nan* (difficile) reste *nan*.

年 *nien* (année) devient *nin*.

南 *nam* (sud) — *nam*.

念 *niem* (penser à) — *nim*.

諾 *nwak* (promettre) — *nɔk*.

納 *nap* (accepter) devient *nɔp*.

27. *nj* devient *n*.

Ex.: 娘 *njiaŋ* (maman) devient *niaŋ*.

尼 *nji* (religieuse) — *nae*.

女 *njiwo* (fille, femme) — *nui*.

拏 *nja* (prendre) — *na*.

獰 *njɐŋ* (horrible) — *neŋ*.

28. *ts* reste *ts*.

Ex.: 祖 *tsu* (ancêtres) reste *tsu*.

總 *tsuŋ* (total) devient *tsoŋ*.

葬 *tsaŋ* (enterrer) reste *tsaŋ*.

贊 *tsan* (complimenter) — *tsan*.

箭 *tsien* (flèche) devient *tsin*.

尖 *tsiæm* (pointu) — *tsim*.

浸 *tsiəm* (tremper) — *tsam*.

足 *tsiʷok* (pied) — *tsœk*.

卒 *tsuĕt* (soldat) — *tsat*.

接 *tsiæp* (recevoir) — *tsip*.

29. *ts'* reste *ts'*.

Ex.: 醋 *ts'u* (vinaigre) reste *ts'u*.

蔥 *ts'uŋ* (oignon) devient *ts'oŋ*.

清 *ts'iæŋ* (net, clair) devient *ts'eŋ*.

餐 *ts'an* (repas) reste *ts'an*.

親 *t'siĕn* (parents) devient *ts'an*.

侵 *tsiəm* (envahir) — *ts'am*.

惨 *t'sam* (misérable) reste *ts'am*.

促 *ts'io^wk* (hâter) devient *ts'œk*.

七 *tsiĕt* (sept) — *ts'at*.

妾 *tsiæp* (concubine) — *ts'ip*.

30. *dz'* devient *ts'*.

Ex.: 字 *dz'i* (mot) devient *ts'ei*.

從 *dz'i^woŋ* (suivre) — *ts'oŋ*.

藏 *dz'aŋ* (cacher) — *ts'aŋ*.

殘 *dz'an* (débris) — *ts'an*.

錢 *dz'iæn* (monnaie) — *ts'in*.

蠶 *dz'am* (ver à soie) — *ts'am*.

漸 *dz'iæm* (peu à peu) — *ts'im*.

族 *dz'uk* (parenté) — *ts'œk*.

疾 *dz'iĕt* (maladie) — *ts'at*.

捷 *dz'iæp* (vite) — *ts'ip*.

31. *s* reste *s*.

Ex.: 素 *su* (sans couleur) reste *su*.

送 *suŋ* (reconduire) devient *soŋ*.

裳 *saŋ* (deuil) reste *saŋ*.

散 *san* (disperser) — *san*.

信 *siĕn* (croire) devient *san*.

心 *siəm* (cœur) — *sam*.

三 *sam* (troit) reste *sam*.

速 *suk* (vite)   devient *sœk.*

雪 *siʷet* (neige)   —   *sit.*

西 *siei* (ouest)   —   *sae.*

32. *z* devient *tsʾ.*

Ex. : 徐 *zʾiwo* (lentement) devient *tsʾui.*

隨 *zʷiẹ*   (suivre)   —   *tsʾui.*

似 *zi*   (sembler)   —   *tsʾei.*

詳 *ziaŋ*   (détails)   —   *tsʾiaŋ.*

旬 *ziuĕn* (dix jours)   —   *tsʾan.*

尋 *ziəm*   (chercher)   —   *tsʾam.*

松 *ziʷoŋ* (sapin)   —   *tsʾoŋ.*

夕 *ziæk* (soir)   —   *tsʾek.*

33. *p* reste *p.*

Ex. : 補 *pu*   (réparer)   reste   *pu.*

幫 *paŋ*   (aider)   devient *paŋ.*

邦 *pɔŋ*   (État)   —   *paŋ.*

班 *pan*   (classe)   reste   *pan.*

變 *piæn* (varier)   devient *pin.*

拜 *pai*   (saluer)   —   *pae.*

蔽 *piei*   (couvrir)   —   *pae.*

卜 *puk*   (deviner)   —   *pœk.*

筆 *piĕt*   (pinceau)   —   *pat.*

必 *piĕt* (certainement) —   *pit.*

34. *pʾ* reste *pʾ.*

Ex. : 鋪 *pʾu*   (étaler)   reste   *pʾu.*

拋 *pʾau* (jeter)   devient *pʾœu.*

烹 *p'ɐŋ* (cuire) devient *p'aŋ*

攀 *p'an* (se hisser pour prendre) — *p'an.*

片 *p'ien* (morceau) — *p'in.*

品 *p'iəm* (catégorie) — *p'am.*

拍 *p'ɐk* (taper) — *p'ak.*

匹 *p'iet* (couple) — *p'at.*

35. *b'* devient *p'*.

    Ex.: 步 *b'u* (pas, marcher) devient *p'u.*

      平 *b'iɐŋ* (plat, uni) — *p'eŋ.*

      龐 *b'ɔŋ* (nom de famille) –– *p'aŋ.*

      貧 *b'iĕn* (pauvre) — *p'an.*

      辦 *b'an* (faire, arranger) — *p'an.*

      拔 *b'at* (arracher) — *p'ɔt.*

      弼 *b'iĕt* (assistant) — *p'at.*

      薄 *b'ʷak* (mince) — *p'ɔk.*

36. *m* reste *m*.

    Ex.: 母 *məu* (mère) devient *m̩.*

      民 *mi̯ĕn* (peuple) — *man.*

      慢 *man* (lent) — *man.*

      明 *mi̯ɐŋ* (clair) — *meŋ.*

      夢 *muŋ* (rêve) — *moŋ.*

      磨 *ma* (aiguiser) — *mo.*

      罵 *ma* (gronder, maudire) — *ma.*

      木 *muk* (bois) — *mœk.*

      墨 *mək* (encre) — *mak.*

      滅 *mi̯æt* (faire disparaître) — *mit.*

37. *f* reste *f*, mais devient *φ* devant *u*.

    Ex.: 夫 *fiu* (mari) devient *φu.*

富 *fi̯əu* (riche)   devient *ɸu.*

飛 *fei* (voler)   — *fei.*

風 *fuŋ* (vent)   — *foŋ.*

方 *fi̯ʷaŋ* (carré)   — *faŋ.*

分 *fi̯uan* (partager)   — *fan.*

反 *fi̯ʷɐn* (contraire)   — *fan.*

福 *fuk* (chance, bonheur)   — *fœk.*

弗 *fi̯uet* (ne pas)   — *fat.*

法 *fap* (loi)   — *fɔp.*

38. *f'* devient *f,* ou *p'.*

Ex.: 梵 *f'am* (sanscrit)   devient *fam.*

番 *f'i̯ɐn* (fois)   — *fan.*

費 *f'ʷei* (dépenser)   — *fei.*

豐 *f'uŋ* (abondant)   — *foŋ.*

斐 *f'ʷei* (magnifique)   — *fei.*

捧 *f'i̯ʷoŋ* (soutenir de deux mains)   — *p'oŋ* ou *poŋ.*

敷 *f'u* (suffisant)   — *p'u.*

甫 *f'iu* (aussitôt)   — *p'u*

39. *v* devient *f,* et *ɸ* devant *u.*

Ex.: 扶 *vi̯u* (soutenir)   devient *ɸu.*

父 *vi̯u* (père)   — *ɸu.*

肥 *vʷei* (gras)   — *fei.*

奉 *vi̯ʷoŋ* (offrir)   — *foŋ.*

房 *vi̯ʷaŋ* (chambre)   — *faŋ.*

憤 *vi̯uən* (s'indigner)   — *fan.*

飯 *vi̯ʷɐn* (riz)   — *fan.*

服 *vuk* (vêtement)   — *fœk.*

佛 *vi̯uet* (Bouddha)   — *fat.*

40. m_v devient m pour la plupart des mots et φ dans quelques-uns.

Ex. : 文 $m_v i u ə n$ (littérature) devient *man*.

開 $m_v i u ə n$ (entendre) — *man*.

微 $m_v^w e i$ (menu, minime) — *mei*.

霧 $m_v i u$ (brouillard) — $\underset{.}{m}$.

望 $m_v u a \eta$ (regarder) — *maŋ*.

晩 $m_v i^w ɐ n$ (soir) — *man*.

物 $m_v i u ə t$ (chose) — *mat*.

尾 $m_v e i$ (queue) — *mei*.

萬 $m_v i^w ɐ n$ (dix mille) — *man*.

無 $m_v u$ (il n'y a pas) — φu.

武 $m_v u$ (brave, militaire) — φu.

Dans les exemples précédents nous voyons que les consonnes *l*, *m*, *n* sont les plus résistantes ; elles n'ont pas subi de changement. Les consonnes sonores *g'*, *d'*, *b'*, *v* ont été assourdies ; *dȥ'* a également changé en *ts'*. La plupart des consonnes sont devenues celles de la même position ou d'une position voisine. Par exemple, nasale : $\eta > n$; dentale : $t > tʃ$; labiale : $m_v > \varphi$; aspirée : $x < h$; etc. Mais le *k* aspiré a, dans la plupart des mots, perdu son occlusion et gardé seulement son aspiration, c'est-à-dire $k' > h$; il a encore perdu son aspiration lorsqu'il était devant un groupe tel que *ua*, c'est-à-dire *k'ua* 科 $> hua > ua > uo$; tandis que le *k* non aspiré est plus dur que le *k* aspiré, par conséquent il n'a pas subi de changement. Les consonnes aspirées x, γ ont perdu l'aspiration dans certains mots, si bien que $xuaŋ$ est devenu *uaŋ* ; $\gamma uaŋ > uaŋ$; $xu > u$; $\gamma u > wu$; $xua > uo$; $\gamma ua > ua > uo$; etc. Nous pouvons dire qu'il y a peu de cas inexplicables dans les évolutions des consonnes chez les habitants de Po-pei.

B. — ÉVOLUTION DES FINALES

Pour les finales, nous avons à noter d'abord qu'en chinois on
appelle *finales* les voyelles, les semi-voyelles, les diphtongues et
les voyelles nasales. En un mot, on appelle finale tout ce qui n'est
pas initiale ; ainsi une finale peut être composée d'un ou de plusieurs phonèmes. Dans le *Kouang-yun* il y a 206 séries de mots
qui se terminent par le même son et qui sont chantés sur le
même ton. Mais, si nous laissons la question de tons, nous ne trouvons que 95 séries de finales. Cependant, selon la reconstruction de
M. Bernhard Karlgren, les 95 séries de finales peuvent encore être
subdivisées en 118. Ce sont : *a, ia, ᵂa, a, ua, au, au, a'i, ᵂa'i, ai,*
ᵂai, a'i, ua'i, i̯ᵂɐi, uai, ai, i̯e, ᵂi̯e, i, ᵂi, ɐi, ᵂei, iei, i̯ᵂei, i̯ɐi, i̯ᵂæi,
i̯ɐu, ɐu, i̯eu, ieu, i̯æu, i̯wo, iu, u; ɪen, i̯ᵂen, i̯æn, i̯ᵂæn, i̯ĕn, i̯ᵂĕn,
i̯uĕn, ɐn, i̯uən, i̯ən, i̯ɐn, i̯ᵂɐn, uen, ən, an, uan, an, ᵂan; uŋ, i̯uŋ,
uoŋ, i̯ᵂoŋ, ɔŋ, i̯aŋ, i̯ᵂaŋ, aŋ, uaŋ, ɐŋ, i̯eŋ, ᵂɐŋ, i̯ᵂɐŋ, i̯æŋ, i̯ᵂæŋ, ieŋ,
i̯ᵂeŋ, i̯əŋ, əŋ; am, am, i̯əm, i̯æm, iem, i̯ɐm, i̯ᵂɐm; iet, i̯ᵂet, i̯æt,
i̯ᵂæt, i̯ĕt, i̯ᵂĕt, i̯uĕt, ɐt, i̯uət, i̯ət, i̯ɐt, i̯ᵂɐt, uət, at, uat, at, ᵂat, uk,
i̯uk, uok, i̯ᵂok, ɔk, i̯ak, ak, ᵂak, ɐk, i̯ɐk, ᵂɐk, i̯æk, iek, i̯ək, ək,
wək, ap, ap, i̯əp, i̯æp, iep, i̯ɐp, i̯ᵂɐp.

Les 95 mots-exemples pour les finales dans le *Kouang-yun*
sont :

麻 (ancien : *ma*, aujourd'hui dans la langue nationale :

mʌ) représentant les finales : *a, ia, ᵂa* .

歌 (*ka* > *ko*)	—	*a.*
戈 (*kua* > *ko*)	—	*ua.*
肴 (*ɣau* > *çiau*)	—	*au.*
豪 (*ɣau* > *χao*)	—	*au.*
佳 (*ka'i* > *tçie*)	—	*a'i, ᵂa'i.*
皆 (*kai* > *tçie*)	—	*ai, ᵂai.*

泰 (*t'a'i* > *t'æe*) représentant les finales : *a'i, ua'i.*
夬 (*kʷa'i* > *kuæe*) — *a'i₂ᵂa'i₂.*
廢 (*fi̯ʷɐ'i* > *fei*) — *i̯ʷɐi.*
灰 (*χuai* > *χuɛi*) — *uai.*
咍 (*χai* > *χæe*) — *ai.*
支 (*tɕi̯e̯* > *tʂ:*) — *i̯e̯, ᵂi̯e̯.*
脂 (*tɕi* > *tʂ:*) — *i, ᵂi.*
之 (*tɕi̯* > *tʂ:*) — *i̯₂.*
微 (*mv̥ʷe̯i* > *uei*) — *e̯i, ᵂei.*
齊 (*dẓ'iei* > *tɕi*) — *iei, i̯ʷei.*
祭 (*tsi̯æi* > *tɕi*) — *i̯æi, i̯ʷæi.*
尤 (*ji̯ə̯u* > *iu*) — *i̯ə̯u.*
侯 (*χə̯u* > *χœu*) — *ə̯u.*
幽 (*i̯ə̯u* > *iu*) — *i̯ə̯u.*
蕭 (*sieu* > *ɕiau*) — *i̯ə̯u.*
宵 (*si̯æu* > *ɕiau*) — *ieu.*
魚 (*ŋi̯wo* > *ü*) — *i̯wo.*
虞 (*ŋi̯u* > *ü*) — *i̯u.*
模 (*mu* > *mu*) — *u.*

先 (*sien* > *ɕiɛn*) — *ien, i̯ʷen.*
仙 (*si̯æn* > *ɕiɛn*) — *i̯æn, i̯ʷæn.*
真 (*tci̯ĕn* > *tsən*) — *i̯ĕn, i̯ʷĕn.*
諄 (*tci̯uĕn* > *tsun*) — *i̯uĕn.*
臻 (*tcɐn* > *tsən*) — *ɐn.*
文 (*m.i̯uən* > *uən*) — *i̯uən.*
欣 (*χi̯ən* > *ɕin*) — *i̯ən.*
元 (*ŋi̯ʷan* > *üan*) — *i̯æn, i̯ʷan.*
魂 (*ɣuen* > *χuən*) — *uen.*

痕 (ɣən   > χən) représentent les finales : ən.

寒 (ɣan   > χan)   —   an.

桓 (ɣuan   > χuan)   —   uan.

删 (ʂan   > ʂan)   —   an, ʷan.

山 (ʂan   > ʂan)   —   an₂, ʷan₂.

東 (tuŋ   > tuŋ)   —   uŋ, i̯uŋ.

冬 (tuoŋ   > tuŋ)   —   uoŋ.

鍾 (tɕi̯ʷoŋ   > tʂuŋ)   —   i̯ʷoŋ.

江 (kɔŋ   > tɕiaŋ)   —   ɔŋ.

陽 (ji̯aŋ   > iaŋ)   —   iaŋ, i̯ʷaŋ.

唐 t'aŋ   > t'aŋ)   —   aŋ, uaŋ.

庚 (kɐŋ   > kəŋ)   —   ɐŋ, i̯ɐŋ, ʷaŋ, i̯ʷɐŋ.

耕 (kɐŋ   > kəŋ)   —   ɐŋ₂, i̯ʷɐŋ₂.

清 (ts'i̯ɐŋ   > tɕ'iŋ)   —   i̯æŋ, i̯æŋ.

青 (ts'ieŋ   > tɕ'iŋ)   —   ieŋ, i̯ʷeŋ.

蒸 (tɕi̯eŋ   > tʂəŋ)   —   i̯əŋ.

登 (təŋ   > təŋ)   —   əŋ.

覃 (d'am   > t'an)   —   am.

談 (d'am   > t'an)   —   am₂.

咸 (ɣam   > ɕiɛn)   —   am.

銜 (ɣam   > ɕiɛn)   —   am₂.

侵 (ts'i̯əm   > tɕ'in)   —   i̯əm.

鹽 (ji̯æm   > iɛn)   —   i̯æm.

添 (t'iem   > t'iɛn)   —   iem.

嚴 (ŋi̯ɐm   > iɛn)   —   i̯ɐm.

凡 (vi̯ʷɐm   > fan)   —   i̯ʷɐm.

屑 (siet   > cie)   iet, i̯ʷet.

薛 (*s'i̯æt* > *çie*) représentant les finales : *i̯æt, i̯ʷæt.*

覩 (*tçi̯ĕt* > *tʂ:*) — *i̯ĕt, i̯ʷĕt.*

術 (*dʐ'i̯uĕt* > *ʂu*) — *i̯uĕt.*

櫛 (*tʂet* > *tʂ:*) — *et.*

物 (*m,i̯uət* > *u*) — *i̯uət.*

迄 (*χi̯ət* > *çi*) — *i̯ət.*

月 (*ŋi̯ʷɐt* > *üɛ*) — *i̯ɐt, i̯ʷɐt.*

沒 (*muət* > *mo*) — *uət.*

曷 (*γɑt* > *χɔ*) — *ɑt.*

末 (*muɑt* > *mo*) — *uɑt.*

黠 (*γat* > *çia*) — *at, ʷat.*

鎋 (*γat* > *çia*) — *at₂, ʷat₂.*

屋 (*ʔuk* > *u*) — *uk, i̯uk.*

沃 (*ʔuok* > *u*) — *uok.*

燭 (*tçi̯ʷok* > *tʂu*) — *i̯ʷok.*

覺 (*kɔk* > *tçüɛ*) — *ɔk.*

藥 (*ji̯ak* > *iau*) — *i̯ak, i̯ʷak.*

鐸 (*d'uak* > *t'o*) — *ak, uak.*

陌 (*mɐk* > *mɔ*) — *ɐk, i̯ɐk.*

麥 (*mʷɐk* > *mɔ*) — *ɐk, ʷɐk.*

昔 (*si̯æk* > *ci*) — *i̯æk.*

錫 (*siek* > *ci*) — *iek.*

職 (*tçi̯ək* > *ts:*) — *i̯ək.*

德 (*tək* > *tə*) — *ək.*

合 (*γɑp* > *χɔ*) — *ɑp.*

盍 (*γɑp* > *χɔ*) — *ɑp₂.*

洽 (*γap* > *cia*) — *ap.*

狎 (γap $> \varphi ia$) représentant les finales : ap_2.

緝 ($ts'i\partial p$ $> t\varphi 'i$)   — $i\partial p$.

葉 ($ji\text{æ}p$ $> i\text{E}$)   — $i\text{æ}p$.

帖 ($t'iep$ $> t'i\text{E}$)   — iep.

業 ($\eta i\textit{v} p$ $> i\text{E}$)   — $i\textit{v} p$.

乏 ($fi^w\textit{v} p$ $> fa$)   — $i^w\textit{v} p$

Voyons maintenant ce que sont devenues dans le dialecte de Po-pei les 118 finales du xᵉ siècle.

1. *a* devient *a*.

    Ex : 加 *ka* (ajouter)   devient *ka*.

         牙 *ŋa* (dent)   —   *ŋa*.

         鴉 *ʔa* (corbeau)   —   *a*.

         麻 *ma* (lin)   —   *ma*.

         蝦 *ɣa* (langouste)   —   *ha*.

2. *ia* devient *e* ou *ie*.

    Ex : 斜 *ɛia* (non droit)   devient *ts'e*.

         車 *tɕ'ia* (voiture)   —   *tʃe*.

         遮 *tɕia* (couvrir)   —   *tʃe*.

         嗟 *tsia* (pousser un soupir)   —   *tse*.

         蛇 *dʑ'ia* (serpent)   —   *ʃe*.

         夜 *jia* (nuit)   —   *ie*.

3. *wa* devient *ua*.

    Ex : 花 *xʷa* (fleur)   devient *ua*.

         瓜 *kʷa* (fruit oblong)   —   *kua*.

         誇 *k'ʷa* (se vanter)   —   *k'ua*.

         寡 *kʷa* (peu, rare)   —   *kua*.

Exceptions :

         瓦 *ŋʷa* (tuile) devient *ŋa*.

4. *a* devient *o*.

> Ex : 哥 *ka* (frère aîné)   devient *ko*.
> 多 *ta* (beaucoup)   —   *to*.
> 駝 *d'a* (chameau)   —   *t'o*.
> 我 *ŋa* (moi)   —   *ŋo*.
> 賀 *ɣa* (féliciter)   —   *ho*.
> 左 *tsa* (gauche)   —   *tso*.
> 可 *k'a* (pouvoir être)   —   *ho*.

5. *ua* devient *uo*, ou *o*.

> Ex : 鍋 *kua* (marmite)   devient *kuo*.
> 裸 *lua* (nu)   —   *lo*.
> 火 *ɣua* (feu)   —   *uo*.
> 禍 *ɣua* (malheur)   —   *uo*.
> 婆 *b'ua* (vieille femme) —   *p'o*.

6. *au* devient *ao*, mais *œu* après *p*, *p'*.

> Ex : 教 *kau* (enseigner)   devient *kao*.
> 咬 *ŋau* (mordre)   —   *ŋao*.
> 敲 *k'au* (frapper sur)   —   *hao*.
> 孝 *ɣau* (filiale)   —   *hao*.
> 飽 *pau* (rassasié)   —   *pœu*.
> 拋 *p'au* (jeter)   —   *p'œu*.

7. *au* devient *œu*.

> Ex : 好 *ɣau* (bien, bon)   devient *hœu*.
> 高 *kau* (haut)   —   *kœu*.
> 勞 *lau* (fatigué)   —   *lœu*.
> 毛 *mau* (poil)   —   *mœu*.

到 *tau* (arriver)   devient *tœu*.

袍 *b'au* (robe)   —   *p'œu*.

道 *d'au* (chemin, moyen)   —   *t'œu*.

造 *dzʻau* (créer, fabriquer)   —   *ts'œu*.

寶 *pau* (précieux)   —   *pœu*.

Exceptions :

考 *kau* (examiner) devient *hao*.

8. *a'i* devient *ae*, et *ua* dans certains mots.

     Ex. : 街 *ka'i* (rue)   devient *kae*.

        柴 *dʐa'i* (bois à brûler)   —   *ʃae*.

        蟹 *ɣa'i* (crabe)   —   *hae*.

        買 *ma'i* (acheter)   —   *mae*.

        敗 *b'a'i* (vaincre)   —   *p'ae*.

        掛 *ka'i* (accrocher)   —   *kua*.

        畫 *ɣa'i* (dessiner)   —   *ua*.

9. *ʷa'i* devient *uo*, ou *ua*.

     Ex. : 蝸 *kʷa'i* (escargot)   devient *uo*.

       蛙 *ʔʷa'i* (grenouille)   —   *ua*.

       話 *ɣʷa'i* (parole)   —   *ua*.

10. *ai* devient *ae*.

     Ex. : 階 *kai* (perron)   devient *kae*.

       諧 *ɣai* (harmonique)   —   *hae*.

       埋 *mai* (enterrer)   —   *mae*.

       獃 *tai* (stupide)   —   *tae*.

       排 *b'ai* (ranger)   —   *p'ae*.

11. *ʷai* devient *uae*, ou *ae*.

     Ex. : 怪 *kʷai* (bizarre)   devient *kuae*.

懷 γ^wai (penser à) devient *uae*.

拜 p^wai (saluer) — *pae*.

12. *a'i* devient *ae*, mais *ui* après *p, p'*.

Ex.: 太 *t'a'i* (trop) devient *t'ae* (5ᵉ ton).

大 *d'a'i* (grand) — *t'ae* (6ᵉ ton).

害 γ*a'i* (nuire) — *hae*.

蔡 *ts'a'i* (nom de famille) — *ts'ae*.

帶 *ta'i* (ceinture) — *tae*.

貝 *pa'i* (coquillage) — *pui*.

霈 *p'a'i* (pluie abondante) — *p'ui*.

13. *ua'i* devient *ui, ae,* ou *uae*.

Ex 會 γ*a'i* (se réunir) devient *ui*.

兌 *d'ua'i* (change) — *t'ui*.

最 *tsua'i* (surtout) — *tsui*.

酹 *lua'i* (verser du vin par terre) — *lui*.

外 *ŋua'i* (extérieur, dehors) — *ŋae*.

儈 *kua'i* (agent de commerce) — *kuae*.

14. *i̯^wɐi* devient *ei*.

Ex.: 廢 *fi̯^wɐi* (en désuétude) devient *fei* (5ᵉ ton).

肺 *f'i̯^wɐi* (poumon) — *fei* (5ᵉ ton).

吠 *vi̯^wɐi* (aboyer) — *fei* (6ᵉ ton).

穢 *i̯^wɐi* (sale) — *uei*.

15. *uai* devient *ui*.

Ex.: 回 γ*uai* (revenir) devient *ui*.

煤 *muai* (suie) — *mui*.

雷 *luai* (foudre, tonnerre) — *lui*.

對 *tuai* (répondre)   devient   *tui.*

內 *nuai* (intérieur)   —   *nui.*

罪 *dʑ'uai* (crime)   —   *ts'ui.*

16. *ai* devient *ae.*

    Ex. : 開 *k'ai*   (ouvrir)   devient *hae* (1ᵉʳ ton).

        哀 *ʔai*   (triste)   —   *ae.*

        才 *dʑ'ai* (talent)   —   *ts'ae.*

        來 *luai* (venir)   —   *lae.*

        海 *χai*   (mer)   —   *hae* (3ᵉ ton).

        代 *d'ai* (remplacer)   —   *t'ae.*

        再 *tsai* (encore une fois)   —   *tsae.*

        戴 *tai*   (porter sur la tête)   —   *tae.*

17. *iẹ* devient *i, ei,* ou *ai.*

    Ex. : 紙 *tṣiẹ* (papier)   devient *tʃi.*

        是 *ʑ'iẹ* (être)   —   *ʃi.*

        智 *ţiẹ* (intelligence)   —   *tʃi.*

        宜 *ŋiẹ* (devoir)   —   *ɲi.*

        奇 *g'iẹ* (bizarre)   —   *k'i.*

        皮 *b'iẹ* (peau)   —   *p'ei.*

        卑 *piẹ* (bas)   —   *pei.*

        斯 *siẹ* (ceci)   —   *sei.*

        資 *tsiẹ* (bien, argent)   —   *tsei.*

        離 *liẹ* (séparer)   —   *lei.*

        雌 *ts'iẹ* (femelle)   —   *ts'ei.*

        羈 *kiẹ* (entrave)   —   *kae.*

        荔 *liẹ* (nom d'un fruit)   —   *lae.*

        徙 *siẹ* (déplacer)   —   *sae.*

Exception :

賜 *się* (gratifier) devient *sui*.

18. *ʷię* devient *uei, ei,* ou *ui*.

    Ex. : 為 *jʷię* (faire)   devient *uei*.

        糜 *mʷię* (bouillie)   —   *mei*.

        窺 *kʷię* (guetter)   —   *ǩuei*.

        危 *ŋʷię* (danger)   —   *ŋuei*.

        吹 *tɕʻʷię* (souffler)   —   *tʃʻui*.

        隨 *zʻʷię* (suivre)   —   *tsʻui*.

        衰 *ʃʷię* (déchoir)   –   *ʃui* (1ᵉʳ ton).

        睡 *zʻʷię* (se coucher)   —   *ʃui* (6ᵉ ton).

19. *i* reste *i* ou devient *ei, ae*.

  姨 *ji* (tante, sœur de la mère) devient *i*.

  師 *ɕi* (professeur)   —   *ʃi*.

  飢 *ki* (faim)   reste   *ǩi*.

  遲 *ḍi* (en retard)   devient *tʃʻi*.

  私 *si* (privé)   —   *sei*.

  咨 *tsi* (demander conseil)   —   *tsei*.

  利 *li* (profit)   —   *lei*.

  詞 *dzʻi* (mot, parole)   —   *tsʻei* (2ᵉ ton).

  字 *tsʻi* (mot)   —   *tsʻei* (6ᵉ ton).

  尼 *ni* (religieuse)   —   *nae*.

20. *ʷi* devient *ui* ou *uei*.

    Ex. : 追 *ťʷi* (poursuivre) devient *tʃui*.

        遂 *zʻʷi* (réussir)   —   *tsʻui*.

        惟 *jʻʷi* (seulement)   —   *jui*.

        雖 *sʷi* (quoique)   —   *sui*.

誰 ᶎʷi (qui)   devient ʃui.

龜 ki (tortue)   —   kuei.

21. ẹi devient ei ou i.

Ex.: 非 fẹi   (n'être pas) devient fei (1ᵉʳ ton).

肥 vẹi   (gras)   —   fei (2ᵉ ton).

味 m.ẹi (goût)   —   mei.

衣 ʔẹi   (vêtement)   —   i.

祈 g'ẹi (prier)   —   k'i.

氣 k'ẹi (air)   —   hi.

22. ʷẹi devient uei ou ei.

Ex.: 歸 kʷẹi (être de retour) devient kuei (1ᵉʳ ton).

貴 kʷẹi (noble)   —   kuei (5ᵉ ton).

幃 jʷẹi (rideau)   —   uei.

巍 ŋʷẹi (très haut)   —   ŋuei.

輝 χʷẹi (lumière)   —   k'uei.

23. iei devient ae, et i dans certains mots.

Ex.: 低 tiei (bas)   devient tae.

雞 kiei (poule, coq)   —   kae.

西 siei (ouest)   —   sae.

泥 niei (boue)   —   nae.

梯 t'iei (échelle)   —   t'ae.

閉 piei (fermer)   —   pae.

禮 liei (politesse)   —   lae.

妻 ts'iei (épouse)   —   ts'ae.

繼 kiei (succéder)   —   ki.

繫 γiei (attacher)   —   i.

溪 k'iei (petite rivière) — hi.

24. *i^wei* devient *uei* ou *ui*.

> Ex. : 桂 *ki^wei* (laurier)   devient *kuei*.
>
> 攜 *i^wei* (apporter)   — *k'uei*.
>
> 慧 *i^wei* (intelligent)   — *iui*.

25. *iæi* devient *ai*.

Ex. : 例 *liæi* (usage)   devient *lai*.

祭 *tsiæi* (faire des offrandes aux ancêtres)   — *tsae*.

制 *tsiæi* (dominer)   — *tʃae*.

藝 *ŋiæi* (talent)   — *ŋae*.

勢 *si^wæi* (monde) devient *ʃae* (mais dans la lecture *ʃi*).

26. *i^wæi* devient *ui* ou *uei*.

> 歲 *si^wæi* (an)   devient *sui*.
>
> 贅 *tɕi^wæi* (prolixe)   — *tʃui*.
>
> 脆 *ts'i^wæi* (fragile)   — *ts'ui*.
>
> 衛 *ji^wæi* (protéger)   — *uei*.

27. *iəu* devient *ao* ou *iao*.

Ex. : 留 *liəu* (retenir)   devient *lao*.

秋 *ts'iəu* (automne)   — *ts'ao*.

牛 *ŋiəu* (bœuf, vache)   — *ɲao*.

周 *tɕiəu* (nom de famille)   — *tʃao*.

收 *ɕiəu* (ramasser)   — *ʃao*.

休 *χiəu* (se reposer)   — *jao* ou *hiao*.

謀 *miəu* (faire des projets)   — *mao* ou *mœu*.

有 *jiəu* (avoir)   — *ɩao*

久 *kiəu* (long, en parlant du temps) — *ts'ao*.

繡 *siəu* (broder)   — *sao*.

Exceptions :

婦 *viəu* (femme)   devient *ɕu*.

富 *fiəu* (riche)   —   *ɕu*.

副 *fʿiəu* (secondaire)   —   *ɕu*.

肘 *tiəu* coude)   —   *tʃao*.

28. *əu* devient *ao*.

Ex. : 厚 *ɤəu* (épais)   devient *hao*.

口 *kʿəu* (bouche)   —   *hao*.

樓 *ləu* (maison de plusieurs étages) —   *lao*.

頭 *dʿəu* (tête)   —   *tʿao* (2ᵉ ton).

偷 *tʿəu* (voler, dérober)   —   *tʿao* (1ᵉʳ ton).

貿 *məu* (échanger)   —   *mao*.

Exceptions :

母 *məu* (mère)   devient *m̥*.

走 *tsəu* (courir)   —   *tsao*.

藕 *ŋəu* (nom d'un légume) —   *ŋao*.

Nota. — Le mot 走 (courir) est prononcé *tsao* dans certain villages, mais *tsao* dans la ville. Le mot 藕 (nom d'un légume) es prononcé *ŋao* dans certains villages, mais *ŋao* dans la ville.

29. *iəu* devient *iao* ou *ao*.

Ex. : 幼 *ʔiəu* (petit, en parlant de l'âge) devient *iao* (5ᵉ ton).

謬 *miəu* (erreur)   —   *mao*.

糾 *kiəu* (surveiller)   —   *kʿao*.

幽 *iəu* (paisible)   —   *iao* (1ᵉʳ ton).

30. *ieu* devient *iu*.

Ex. : 簫 *sieu* (flûte)   devient *siu*.

弔 *tieu* (présenter ses condoléances) —   *tiu*.

調 *d'ieu* (ton, note)   devient *t'iu.*

料 *lieu* (deviner)   — *liu.*

鳥 *tieu* (oiseau) devient *niu* dans la lecture, mais *teo*
　　　　dans le langage courant.

堯 *ŋieu* (nom d'un empereur)   devient *piu.*

31. *iæu* devient *iu.*

Ex. : 笑 *siæu* (rire)   devient *siu.*

熙 *tçiæu* (éclairer)   — *tʃiu.*

要 *ŋiæu* (vouloir)   — *iu.*

廟 *miæu* (temple)   — *miu.*

少 *çiæu* (peu)   — *ʃiu.*

擾 *nʑiæu* (déranger)   — *piu.*

朝 *dʑiæu* (cour)   — *tʃiu.*

驕 *kiæu* (orgueilleux)   — *kiu.*

飄 *i iæu* (enlever par le vent)   — *p'iu.*

Exception : 貓 *miæu* (chat) devient *meo.*

32. *iwo* devient *i, ui* ou *u.*

Ex. : 書 *çiwo* (livre)   devient *ʃi.*

魚 *ŋiwo* (poisson)   — *pi.*

餘 *jiwo* (reste)   — *i.*

汝 *nʑiwo* (toi)   — *pi.*

去 *k'iwo* (s'en aller)   — *hui.*

慮 *liwo* (s'inquiéter)   — *lui.*

女 *njiwo* (fille, femme)   — *nui.*

廬 *liwo* (maison)   — *lu.*

阻 *tʂu* (faire obstacle)   — *tʃu.*

助 *dʐiwo* (aider)   — *tʃ'u.*

33. *i̯u* devient *i, ui* ou *u*.

Ex. : 雨 *ji̯u* (pluie)   devient *i*.

柱 *d'i̯u* (colonne)   —   *tʃ'i*.

株 *ʈi̯u* (tronc)   —   *tʃi*.

遇 *ŋi̯u* (rencontrer)   —   *ŋui*.

軀 *k'i̯u* (corps)   —   *k'ui*.

趣 *ts'i̯u* (attrait)   —   *ts'ui*.

務 *m̯i̯u* (besogne)   —   *m̥*.

數 *ʂu* (nombre)   —   *ʃu*.

夫 *fi̯u* (mari)   —   *φu*.

34. *u* reste *u*.

路 *lu* (chemin)   reste *lu*.

兔 *t'u* (lapin, lièvre)   —   *t'u*.

奴 *nu* (esclave)   —   *nu*.

屠 *d'u* (boucher)   devient *t'u*.

Exception : 暮 *mu* (soir, crépuscule)   —   *m̥*.

35. *ien* devient *in*.

Ex. : 千 *ts'ien* (mille)   devient *ts'in*

天 *t'ien* (ciel)   —   *t'in*.

犬 *k'ien* (chien)   —   *hin*.

宴 *ʔien* (banquet)   —   *in*.

片 *p'ien* (morceau)   —   *p'in*.

36. *i̯ʷen* devient *in*.

玄 *ɣi̯ʷen* (noir)   devient *in* (2ᵉ ton).

縣 *ɣi̯ʷen* (département)   —   *in* (6ᵉ ton).

涓 *ki̯ʷen* (petit ruisseau)   —   *kin*.

37. *iæn* devient *in*.

> Ex. : 線 *siæn*   (fil)   devient *sin*.
>
> 然 *pʐiæn* (oui)   —   *ʃin*.
>
> 延 *jiæn*   (durer)   —   *in*.
>
> 淺 *-ts'iæn* (superficiel)   —   *ts'in*.
>
> 善 *ɕ'iæn* (bon, bien)   —   *ʃin*.

Exceptions :

> 蟬 *ɕiæn*   (cigale)   devient *ʃim*.
>
> 遷 *ts'iæn* (déplacer)   —   *ts'im*.
>
> 羨 *ɛ'iæn* (envier)   —   *ts'im*.
>
> 唁 *ŋ'iæn* (condoléance)   —   *nim*.

38. *i̯ᵂæn* devient *in*.

> Ex. : 戀 *li̯ᵂæn* (s'éprendre) devient *lin*.
>
> 卷 *ki̯ᵂæn* (volume)   —   *kin*.
>
> 宣 *si̯ᵂæn* (déclarer)   —   *sin*.
>
> 圓 *ji̯ᵂæn* (rond)   —   *in*.
>
> 拳 *g'i̯ᵂæn* (poing)   —   *k'in*.

39. *i̯ĕn* devient *an* ou *ian*.

> Ex. : 因 *ʔi̯ĕn*   (cause)   devient *an*.
>
> 新 *si̯ĕn*   (nouveau)   —   *san*.
>
> 神 *dʑ'i̯ĕn* (dieux)   —   *ʃan*.
>
> 仁 *pʐ'i̯ĕn* (philanthropie) —   *ɲan*.
>
> 賓 *pi̯ĕn*   (invité, hôte)   —   *pan*.
>
> 慎 *ɕ'i̯ĕn* (prudent)   —   *ʃan*.
>
> 印 *ʔi̯ĕn*   (sceau)   —   *ian*.

40. *i̯ᵂén* devient *uan* ou *an*.

> Ex. : 窘 *gi̯ᵂén* (embarrassé) devient *kuan* (4° ton).

殞 *ji̯ᵂén* (périr)   —   *uan*

囷 *gi̯ᵂén* (grenier)   —   *kuan* (2ᵉ ton).

41. *i̯uén* devient *an*.

> Ex. : 純 *ʐi̯uén* (pur)   devient *ʃan*.
>
> 春 *tɕ'i̯uén* (printemps)   —   *tʃ'an*.
>
> 旬 *ʑi̯uén* (dix jours)   —   *ts'an*.
>
> 準 *tɕ'i̯uén* (en règle)   —   *tʃan*.

42. *ɐn* devient *an*.

> Ex. : 臻 *tsɐn* (parvenir) devient *tʃan*.
>
> 帘 *dʑɐn* (rideau)   —   *ʃan*.

43. *i̯uən* devient *an* ou *uan*.

> Ex. : 問 *m̥i̯uən* (demander) devient *man*.
>
> 分 *fi̯uən* (partager)   —   *fan*.
>
> 軍 *ki̯uən* (soldat)   —   *kuan*.
>
> 羣 *g'i̯uən* (groupe)   —   *k'uan*.
>
> 雲 *ji̯uən* (nuage)   —   *uan*.

44. *i̯ən* devient *an*.

> Ex. : 欣 *χi̯ən* (content)   devient *han*.
>
> 筋 *ki̯ən* (muscle)   —   *kan*.
>
> 近 *g'i̯ən* (près, proche)   —   *k'an*.
>
> 隱 *i̯ən* (dissimuler)   —   *ian*.

45. *i̯ɐn* devient *in*.

> Ex. : 言 *ŋi̯ɐn* (parole)   devient *ŋin*.
>
> 獻 *χi̯ɐn* (offrir)   —   *hin*.
>
> 焉 *ʔi̯ɐn* (mot vide)   —   *in*.

Exception :

偃 ŋi̯ɛn (couché)   devient *im*.

46. *i̯ᵂɛn* devient *an* ou *in*.

　　Ex. : 飯 *vi̯ᵂɛn*　(riz)　　　devient *fan* (6ᵉ ton).

　　　　翻 *fi̯ᵂɛn*　(renverser)　—　*fan* (1ᵉʳ ton).

　　　　萬 *m.i̯ᵂɛn* (dix mille)　—　*man*.

　　　　源 *ŋi̯ᵂɛn*　(source)　　—　*ŋin*.

　　　　援 *ji̯ᵂɛn*　(au secours)　—　*in*.

　　　　券 *ki̯ᵂɛn*　(contrat)　　—　*kin*.

Exception :

　　　　婉 ŋi̯ᵂɛn　(docile)　　devient *un*.

47. *uen* devient *un, an,* ou *uan*.

　　Ex. : 魂 ɣ*uen*　(âme)　　devient *un*.

　　　　門 *muen*　(porte)　　—　*mun*.

　　　　孫 *suen*　(petit-fils)　—　*sun*.

　　　　存 *dz'uen* (exister)　—　*ts'un*.

　　　　昆 *kuen*　(frère)　　—　*k'an*.

　　　　温 *uen*　(tiède)　　—　*uan*.

　　　　奔 *puen*　(courir)　　—　*pan*.

48. *ən* devient *an*.

　　Ex. : 恨 ɣ*ən* (garder rancune) devient *han* (6ᵉ ton).

　　　　痕 ɣ*ən*　(trace)　　　—　*han* (2ᵉ ton).

　　　　懇 *k'ən* (prier)　　　—　*han* (3ᵉ ton).

　　　　根 *kən*　(racine)　　—　*kan*.

　　　　恩 ʔ*ən* (grâce, bienfait)　—　*an*.

　　　　吞 *t'ən* (avaler)　　—　*t'an*.

49. *an* reste *an*.

Ex.: 單 *tan* (seul)　　　reste　　*tan*.

安 ʔ*an* (tranquille) devient *an*.

難 *nan* (difficile)　　reste　　*nan*.

乾 *kan* (sec)　　　　—　　*kan*.

汗 ɣ*an* (sueur)　　devient *han*.

炭 *t'an* (charbon)　reste　*t'an*.

爛 *lan* (pourri)　　　—　　*lan*.

散 *san* (disperser)　—　　*san*.

50. *uan* devient *un*.

Ex.: 半 *puan* (moitié)　　　　devient *pun*.

換 ɣ*uan* (échanger)　　—　　*un*.

算 *suan* (compter)　　—　　*sun*.

短 *tuan* (court)　　　—　　*tun*.

斷 *d'uan* (coupé, cassé)　—　*t'un*.

官 *kuan* (magistrat)　　—　　*kun*.

酸 *suan* (acide)　　　—　　*sun*.

Exception:

玩 ŋ*uan* (jouer)　　　—　　ŋ*an* ou *uan*.

完 ɣ*uan* (achever)　　—　　*in*.

51. *an* devient *an*.

Ex.: 顏 ŋ*an* (visage)　　devient ŋ*an* (2ᵉ ton).

奸 *kan* (sournois)　　—　　*kan*.

山 ʂ*an* (montagne)　　—　　ʃ*an*.

閒 ɣ*an* (oisif)　　　　—　　*han*.

眼 ŋ*an* (œil)　　　　—　　ŋ*an* (4ᵉ ton).

52. ʷ*an* devient *uan* ou *an*.

Ex.: 還 ɣʷ*an* (rendre)　　　　devient *uan*.

關 $k^w an$ (fermer la porte) devient *kuan* (1ᵉʳ ton).

慣 $k^w an$ (habitude) — *kuan* (5ᵉ ton).

慢 $m^w an$ (lentement) — *man*.

班 $p^w an$ (classe) — *pan*.

53. $u\eta$ devient $o\eta$.

Ex. : 孔 $k'u\eta$ (trou) devient $ho\eta$.

動 $d'u\eta$ (remuer) — $t'o\eta$.

凍 $tu\eta$ (glacé) — $to\eta$.

公 $ku\eta$ (commun) — $ko\eta$.

聾 $lu\eta$ (sourde) — $lo\eta$.

紅 $\gamma u\eta$ (rouge) — $ho\eta$.

通 $t'u\eta$ (correspondre) — $to'\eta$.

54. $\underset{.}{i}u\eta$ devient $o\eta$.

Ex. : 風 $f\underset{.}{i}u\eta$ (vent) devient $fo\eta$.

窮 $g'\underset{.}{i}u\eta$ (pauvre) — $k'o\eta$.

弓 $k\underset{.}{i}u\eta$ (arc) — $ko\eta$.

中 $t\underset{.}{i}u\eta$ (milieu) — $t\int o\eta$.

充 $tc'\underset{.}{i}u\eta$ (remplir) — $t\int'o\eta$.

55. $uo\eta$ devient $o\eta$.

Ex. : 冬 $tuo\eta$ (hiver) devient $to\eta$.

攻 $kuo\eta$ (attaquer) — $ko\eta$.

農 $nuo\eta$ (cultivateur) — $no\eta$.

宋 $suo\eta$ (nom de famille) — $so\eta$.

56. $\underset{.}{i}^wo\eta$ devient $o\eta$ ou $io\eta$.

Ex. : 松 $z\underset{.}{i}^wo\eta$ (sapin) (vient $t'so\eta$.

用 $j\underset{.}{i}^wo\eta$ (se servir de) — $io\eta$.

共 $g'\underset{.}{i}^wo\eta$ (ensemble) — $k'o\eta$.

胸 $\chi i^w o\eta$ (poitrine)   —   *ho\eta*.

逢 $v i^w o\eta$ (rencontrer)   —   *fo\eta*.

57. $o\eta$ devient *a\eta*, *o\eta*, ou *a\eta*.

       Ex.: 江 $k o\eta$ (fleuve)   devient *ka\eta*.

          龐 $b'o\eta$ (nom de famille)   —   *p'a\eta*.

          巷 $\gamma o\eta$ (rue, passage)   —   *ha\eta*.

          橦 $d'o\eta$ (coudoyer)   —   *tʃ'o\eta*.

          棒 $v o\eta$ (bâton)   —   *fo\eta*.

          窗 $ts'o\eta$ (fenêtre)   —   *tʃ'a\eta*.

          傻 $s o\eta$ (deux, paire)   —   *ʃa\eta*.

58. $i a\eta$ reste $i a\eta$, mais devient *a\eta* après *ts*, *ts'*, *dʐ*.

      Ex.: 亮 $l i a\eta$ (clair)   reste *li a\eta*.

          唱 $t\varsigma'i a\eta$ (chanter)   devient *tʃ'i a\eta*.

          養 $j i a\eta$ (nourir)   —   *i a\eta*.

          想 $s i a\eta$ (penser)   reste *si a\eta*.

          牆 $d\ʐ'i a\eta$ (mur)   devient *ts'i a\eta*.

          張 $t\varsigma i a\eta$ (nom de famille) —   *tʃi a\eta*.

          創 $t\varsigma'i a\eta$ (créer)   —   *tʃ'a\eta*.

          妝 $ts i a\eta$ (se parer)   —   *tʃa\eta*.

          牀 $d\ʐ'i a\eta$ (lit)   —   *ʃa\eta*.

59. $i^w a\eta$ devient *ua\eta* ou *a\eta*.

        Ex.: 王 $j i^w a\eta$ (roi)   devient *ua\eta*.

          狂 $g'i^w a\eta$ (fou)   —   *kua\eta*.

          方 $f i^w a\eta$ (carré)   —   *fa\eta*.

          網 $m_v i^w a\eta$ (filet)   —   *ma\eta*.

60. $a\eta$ reste *a\eta*.

        Ex.: 堂 $d'a\eta$ (salon) devient *t'a\eta*.

當 *taŋ*   (devoir)   reste   *taŋ*.

蒼 *ts'aŋ* (bleu)   —   *ts'aŋ*.

浪 *laŋ*   (vague)   —   *laŋ*.

61. *uaŋ* reste *uaŋ* ou devient *aŋ*.

      Ex. : 光 *kuaŋ* (lumière)   reste   *kuaŋ*.

          黃 *ɤuaŋ* (jaune)   devient *uaŋ*.

          旁 *b'uaŋ* (côté)   —   *p'aŋ*.

          廣 *k'uaŋ* (vaste)   reste   *k'uaŋ*.

62. *vŋ* devient *aŋ*.

      Ex. : 羹 *kvŋ* (potage) devient *kaŋ*.

          盲 *mvŋ* (aveugle)   —   *maŋ*.

          杏 *ɤvŋ* (amande)   —   *haŋ*.

          爭 *tṣvŋ* (lutter)   —   *tʃaŋ*.

63. *ivŋ* devient *eŋ*.

      Ex. : 驚 *kivŋ* (s'étonner) devient *keŋ*.

          兵 *pivŋ* (soldat)   —   *peŋ*.

          明 *mivŋ* (clair)   —   *meŋ*.

          慶 *k'ivŋ* (fêter)   —   *heŋ*.

64. *ʷvŋ* devient *uaŋ*.

      Ex. : 橫 *ɤʷvŋ* (horizontal)   devient *uaŋ*.

          觥 *kʷvŋ* (tasse en corne)   —   *kuaŋ*.

65. *iʷvŋ* devient *ueŋ*.

      Ex. : 榮 *jiʷvŋ* (gloire)   devient *ueŋ*.

          兄 *χiʷvŋ* (frère aîné)   —   *ueŋ*.

66. *iæŋ* devient *eŋ*.

      Ex. : 靜 *ts'iæŋ* (tranquille) devient *ts'eŋ*.

井 *tsi̯æŋ* (puits)   —   *tseŋ*.

盈 *ji̯æŋ* (plein)   —   *heŋ*.

城 *ȿi̯æŋ* (cité)   —   *ʃeŋ*.

67. *i̯ᵘæn* devient *uen*.

    Ex. : 傾 *k'i̯ᵘæŋ* (verser, renverser) devient *k'ueŋ*.

       營 *ji̯ᵘæŋ* (caserne)   —   *ueŋ*.

       煢 *g'i̯ᵘæŋ* (sans frère)   —   *k'ueŋ*.

68. *ien* devient *en*.

       Ex. : 青 *tsieŋ* (vert)   devient *tseŋ*.

          經 *kieŋ* (passer par)   —   *keŋ*.

          形 *ɣieŋ* (forme)   —   *heŋ*.

          星 *sieŋ* (étoile)   —   *seŋ*.

69. *i̯ᵘeŋ* devient *ueŋ*.

       Ex. : 螢 *ɣieŋ* (luciole)   devient *ueŋ*.

          扃 *kieŋ* (verrou)   —   *k'ueŋ*.

70. *i̯əŋ* devient *eŋ*.

  Ex. : 應 *ʔi̯əŋ*   (devoir)   devient *eŋ*.

      冰 *pi̯əŋ*   (glace, eau congelée)   —   *peŋ*.

      蠅 *ji̯əŋ*   (mouche)   —   *heŋ*.

      繩 *dʑ'i̯əŋ* (corde)   —   *ʃeŋ* (2ᵉ ton).

      勝 *ȿi̯əŋ*   (vaincre)   —   *ʃeŋ* (5ᵉ ton).

71. *əŋ* devient *aŋ*.

    Ex. : 燈 *ləŋ* (lampe)   devient *taŋ*.

        增 *tsəŋ* (augmenter)   —   *tsaŋ*.

        朋 *b'əŋ* (camarade)   —   *p'aŋ*.

        能 *nəŋ* (pouvoir)   —   *naŋ*.

        恆 *ɣəŋ* (toujours)   —   *haŋ* (2ᵉ ton).

        肯 *k'əŋ* (consentir)   —   *haŋ* (3ᵉ ton).

72. *am* reste *am*.

Ex. : 感 *kam* (être reconnaissant) reste *k'am*.

惨 *ts'am* (misérable) — *ts'am*.

南 *nam* (sud) — *nam*.

探 *t'am* (rechercher) — *t'am*.

堪 *k'am* (comporter) devient *ham*.

三 *sam* (trois) reste *sam*.

藍 *lam* (bleu) — *lam*.

73. *am* devient *am*.

Ex. : 鹹 ɣ*am* (salé) devient *ham*.

衫 ʂ*am* (veste) — ʃ*am*.

監 *kam* (surveiller) — *kam*.

暗 *jam* (sombre) — *am*.

74. *iəm* devient *am* ou *iam*.

Ex. : 尋 ʐ*iəm* (chercher) devient *ts'am*.

林 *liəm* (forêt) — *lam*.

欽 *k'iəm* (respecter) — *hem*,

音 ʔ*iem* (voix, bruit) — *iam*.

沈 *d'iəm* (tomber dans l'eau) — *tʃ'am*.

針 *tɕiəm* (aiguille) — *tʃam*.

甚 ʑ*iem* (très) — ʃ*am*.

75. *iæm* devient *im*.

Ex : 艷 *jiæm* (joli, magnifique) devient *im*.

簾 *liæm* (store) — *lim*.

黏 *njiæm* (coller) — *nim*.

尖 *tsiæm* (pointu) — *tsim*.

儉 *g'iæm* (économe) — *k'im*.

Exception :

鉗 *giæm* (pince) devient *k'em*.

76. *iem* devient *im*.

Ex : 添 *t'iem* (ajouter)   devient *t'im*.

兼 *kiem* (faire deux choses en même temps)   —   *kim*.

嫌 *ɣiem* (avoir de la répugnance pour)   —   *him*.

店 *tiem* (magasin)   —   *tim*.

77. *i̯em* devient *im*.

Ex. : 嚴 *ŋi̯em* (sévère) devient *nim*.

醃 *ʔi̯em* (saler)   —   *im* (mais vulgairement *ip*).

78. *i̯ʷem* devient *am* ou *im*.

Ex : 帆 *vi̯ʷem* (la voile) devient *fam* (2ᵉ ton).

範 *vi̯ʷem* (modèle)   —   *fam* (6ᵉ ton).

劍 *k'i̯ʷem* (épée)   —   *kim*.

欠 *ki̯ʷem* (manquer) —   *him*.

79. *iet* devient *it*.

Ex : 切 *ts'iet* (couper, trancher) devient *ts'it*.

結 *kiet* (nouer)   —   *kit*.

鐵 *t'iet* (fer)   —   *t'it*.

瞥 *p'iet* (apercevoir)   —   *p'it*.

80. *i̯ʷet* devient *it*.

Ex : 血 *χi̯ʷet* (sang)   devient *hit*.

決 *ki̯ʷet* (décider)   —   *k'it*.

穴 *ɣʷiet* (trou)   —   *it*.

81. *i̯æt* devient *it*.

Ex : 列 *li̯æt* (ranger)   devient *lit*.

傑 *g'ịæt* (éminent) — *k'it.*

舌 *dzịæt* (langue) — *ſit.*

滅 *mịæt* (disparaître) — *mit.*

別 *bịæt* (distinguer) — *p'it.*

82. *ị^{w}æt* devient *it.*

Ex : 雪 *sị^{w}æt* ('neige) devient *sit.*

悅 *jị^{w}æt* (content) — *it.*

說 *çị^{w}æt* (parler) — *ſit.*

83. *ịět* devient *at.*

Ex : 質 *tcịět* (qualité) devient *tſat.*

日 *nʐịět* (soleil) — *nat.*

實 *ʐịět* (plein) — *ſat.*

一 *ịět* (un, une) — *iat.*

七 *ts'ịět* (sept) — *ts'at.*

蜜 *mịět* (miel) — *mɪt.*

Exception :

必 *p'ịet* (certainement) devient *pit.*

84. *ị^{w}ét* devient *at.*

Ex : 率 *sị^{w}ét* (diriger) devient *sat.*

蟀 *sị^{w}et* (grillon) — *sat.*

85. *ịụét* devient *et* ou *uet.*

Ex : 術 *dʐịụét* (moyen) devient *ſat.*

橘 *kịụét* (orange) — *kuat.*

卒 *tsịụét* (soldat) — *tsat.*

律 *lịụét* (loi) — *lat.*

出 *tcịụét* (sortir) — *tſat.*

86. *ɐt* devient *at*.

> Ex : 櫛 *tʂɐt* (peigner) devient *tʃat*.
>
> 瑟 *ʂɐt* (lyre) — *ʃat*.
>
> 蝨 *sɐt* (puce) — *ʃat*.

87. *i̯uɐt* devient *at* ou *uat*.

> Ex : 物 *m.i̯uət* (chose) devient *mat*.
>
> 佛 *vi̯uət* (Bouddha) — *fat*.
>
> 屈 *k'i̯uet* (courber) — *kuat*.
>
> 鬱 *j'i̯uət* (mélancolique) — *uat*.

88. *i̯et* devient *ɐt*.

> Ex : 迄 *χi̯ət* (jusque) devient *ŋat*.
>
> 乞 *k'i̯ət* (mendier) — *hat*.

89. *i̯at* devient *it*.

> Ex : 竭 *g'i̯ɐt* (épuisé) devient *k'it*.
>
> 歇 *χi̯ɐt* (cesser) — *hit*.
>
> 訐 *ki̯ɐt* (blâmer méchamment) — *kit*.

90. *i̯ʷɐt* devient *at* ou *it*.

> Ex : 髮 *fi̯ʷɐt* (cheveux) devient *fɔt*.
>
> 襪 *m.i̯ʷɐt* (bas, chaussette) — *mɔt*.
>
> 曰 *ji̯ʷɐt* (dire) — *jɔt*.
>
> 月 *i̯ʷɐt* (lune) — *nit*.
>
> 越 *ji̯ʷɐt* (dépasser) — *it*.

91. *uɐt* devient *ut* ou *uat*.

> Ex : 沒 *muət* (tomber dans l'eau) devient *mut*.
>
> 悖 *b'uət* (contrarier) — *p'ut*.
>
> 骨 *kuət* (os) — *kuat*.
>
> 忽 *χuət* (subitement) — *k'uat*.

92. *at* reste *ɔt*.

Ex : 曷 ɣ*at* (pourquoi)   devient *ɔt*.

閾 *t'at* (intérieur d'un appartement) reste *t'ɔt*.

辣 *lat* (qui sent fort)   devient *lɔt*.

渴 *k'at* (avoir soif)   —   *hɔt*.

93. *uat* devient *ut*.

Ex : 末 *muat* (bout)   devient *mut*.

撥 *puat* (démêler)   —   *put*.

活 ɣ*uat* (vivre)   —   *ut*.

奪 *d'uat* (se saisir de)   —   *t'ut*.

94. *at* devient *ɔt*.

Ex : 瞎 x*at* (aveugle)   devient *hɔt*.

札 *tʂat* (lettre, papier)   —   *tʃɔt*.

殺 *ʂat* (tuer)   —   *ʃɔt*.

95. *ʷat* devient *uat* ou *at*.

Ex. : 滑 x*ʷat* (glissant) devient *uɔt*.

刮 *kʷat* (écorcer)   —   *kuɔt*.

刷 *ʂʷat* (brosser)   —   *ʃɔt*.

96. *uk* devient *œk*.

Ex. : 屋 ʔ*uk* (maison) devient *œk*.

獨 *d'uk* (seul)   —   *t'œk*.

谷 *kuk* (vallée)   —   *kœk*.

鹿 *luk* (cerf)   —   *lœk*.

97. *i̯uk* devient *œk*.

Ex. : 六 *li̯uk* (six)   devient *lœk*.

菊 *ki̯uk* (chrysanthème)   —   *kœk*.

熟 *dẓiuk* (cuit, mûr)　　— 　　*ʃœk*.

肉 *pẓiuk* (chair, viande)　 —　 *pœk*.

98. *uok* devient *œk*.

Ex. : 毒 *d'uok* (poison)　　　devient *t'œk*.

督 *tuok*　(diriger)　　　 —　　*tœk*.

酷 *k'uok* (cruel)　　　　 —　　*hœk*.

僕 *b'uok* (domestique, valet)　 —　 *p'œk*.

99. *i̯ᵘok* devient *œk* ou *i̯œk*.

Ex. : 燭 *tɕi̯ᵘok* (bougie)　　devient *tʃœk*.

獄 *ŋi̯ᵘok* (prison)　　　 —　　*ɲœk*.

浴 *ji̯ᵘok* (se baigner)　 —　　*i̯œk*.

足 *tsi̯ᵘok* (pied, assez)　 —　　*tsœk*.

錄 *li̯ᵘok*　(enregistrer)　 —　　*lœk*.

100. *ɔk* reste *ɔk* ou devient *ak, i̯ak*.

Ex. : 嶽 *ŋɔk* (haute montagne)　　reste　*ŋɔk*.

樂 *nɔk* (musique)　　　　devient *pi̯ak*.

朔 *sɔk* (le premier du mois)　 —　 *ʃɔk*.

剝 *pɔk* (écorcher)　　　　reste　*pɔk*.

覺 *kɔk* (se réveiller)　　　devient *kak*.

101. *i̯ak* reste *i̯ak*

Ex. : 藥 *ji̯ak*　(médicament) devient *i̯ak*.

畧 *li̯ak*　(abrégé)　　　reste　*li̯ak*.

脚 *ki̯ak*　(pied)　　　 —　　*ki̯ak*.

若 *pẓi̯ak* (comme)　　　devient *pi̯ak*.

102. *ak* devient *ɔk*.

Ex. : 落 *lak*　(tomber)　　devient *lɔk*.

託 *t'ak* (confier)　　　 --　　*t'ɔk*.

作 *tsak* (faire) — *tsɔk*.

博 *pak* (vaste) — *pɔk*.

諾 *nak* (promettre) — *nɔk*.

Exception :

昨 *dɛ'ak* (hier) devient *ts'œk*.

103. *uak* devient *uɔk* ou *ɔk*.

Ex.: 郭 *kuak* (banlieue) devient *kuɔk*.

霍 *χuak* (nom de famille) — *hɔk*.

廓 *k'uak* (vide) — *k'uɔk*.

鑊 *ɣuak* (grande marmite) — *uɔk*.

104. *ɐk* devient *ak*.

Ex.: 白 *b'ɐk* (blanc) devient *p'ak*.

額 *ŋɐk* (front) — *ŋak*.

客 *k'ɐk* (invité, étranger) — *hak*.

澤 *ɳ'ɐk* (mare) — *tʃak*.

麥 *mɐk* (blé) — *mak*.

105. *iɐk* devient *ek*.

Ex.: 逆 *ŋiɐk* (contrarier) devient *ŋek*.

屐 *g'iɐk* (sabot) — *k'ek* (10ᵉ ton).

劇 *g'iɐk* (violent) — *k'ek* (10ᵉ ton).

戟 *kiɐk* (hallebarde) — *kek*.

106. *ʷɐk* devient *uak*.

Ex.: 獲 *ɣʷɐk* (obtenir) devient *uak*.

畫 *ɣʷɐk* (projet) — *uak*.

幗 *kʷɐk* (coiffe de femme en deuil) — *kuak*.

107. *iæk* devient *ek*.

Ex.: 昔 *siæk* (autrefois) devient *sek*.

積 *tsi̯æk* (entasser)   —   *tsek.*

譯 *ji̯æk* (traduire)   —   *hek.*

石 *ʐi̯æk* (pierre)   —   *ʃek.*

夕 *ʑi̯æk* (soir)   —   *ts'ek.*

108. *iek* devient *ek.*

Ex. : 錫 *siek* (étain)   devient *sek.*

擊 *kiek* (frapper, attaquer)   —   *kek.*

歷 *liek* (passer)   —   *lek.*

寂 *ts'iek* (silence)   —   *ts'ek.*

壁 *piek* (mur)   —   *pek.*

109. *i̯ək* devient *ek.*

Ex. : 職 *tɕi̯ək* (fonction)   devient *tʃek.*

力 *li̯ək* (force)   —   *lek.*

息 *si̯ək* (cesser, se reposer)   —   *sek.*

識 *ɕi̯ək* (connaître)   —   *ʃek.*

即 *tsi̯ək* (aussitôt)   —   *tsek.*

Exception :

域 *ji̯ək* (frontière)   —   *uek.*

側 *tsi̯ək* (côté)   —   *tʃ'ak.*

110. *ək* devient *ak.*

Ex. : 德 *tək* (vertu)   devient *tak.*

北 *pək* (nord)   —   *pak.*

塞 *sək* (boucher, remplir)   —   *sak.*

黑 *xək* (noir)   —   *hak.*

111. *ʷək* devient *uɔk.*

Ex. : 國 *kʷək* (nation) devient *kuɔk.*

或 *ɣʷək* (ou)   —   *uɔk* (9ᵉ ton).

惑 *ɣʷek* (doute)   —   *uɔk* (9ᵉ ton)

112. *ap* devient *ɔp*.

> Ex. : 合 ɣ*ap* (conforme) devient *hɔp*.
>
> 鴿 *kap* (pigeon) — *kɔp*.
>
> 答 *tap* (répondre) — *tɔp*.
>
> 雜 *ts'ap* (mélange) —· *ts'ɔp*.
>
> 蠟 *lap* (cire) — *lɔp*.

113. *ap* devient *ɔp*.

> Ex. : 插 *ts'ap* (introduire dans) devient *tʃ'ɔp*.
>
> 鴨 ʔ*ap* (canard) — *ɔp*.
>
> 甲 *kap* (armure) — *kɔp*.
>
> 匣 ɣ*ap* (boîte) — *hɔp*.

Exception :

> 狹 ɣ*ap* (étroit) — *k'ep*.

114. *iəp* devient *ap* ou *iap*.

> Ex. : 邑 ʔi*əp* (département) devient *iap*.
>
> 泣 *k'iəp* (sangloter) — *hep*.
>
> 十 ʐ*iəp* (dix) — *ʃap*.
>
> 執 *tɕiəp* (tenir) — *tʃap*.
>
> 習 ʑ'*iəp* (apprendre, étudier) — *ts'ap* (10ᵉ ton).
>
> 集 *dz'iəp* (réunir) — *ts'ap* (10ᵉ ton).
>
> 入 *ɲʑiəp* (entrer) — *ɲan.*
>
> 立 *liəp* (debout) — *lap*.

115. *iæp* devient *ip*.

> Ex. : 葉 *jiæp* (feuille) devient *ip*.
>
> 接 *tsiæp* (aller au-devant de) — *tsip*.
>
> 涉 ʑ*iæp* (traverser une rivière) — *ʃip*.
>
> 獵 *liæp* (aller à la chasse) — *lip*.

116. *iep* devient *ip*.

> Ex. : 帖 *t'iep* (carte)   devient *t'ip*.
>
> 協 *ɣiep* (coopérer)   —   *hip*.
>
> 愜 *k'iep* (content)   —   *hip*.
>
> 疊 *d'iep* (empiler)   —   *t'ip*.

117. *i̯ɐp* devient *ip*.

> Ex. : 業 *ŋi̯ɐp* (besogne)   devient *ɲip*.
>
> 慊 *k'i̯ɐp* (craindre)   —   *hip*.
>
> 劫 *ki̯ɐp* (prendre de force)   —   *kip*.

118. *i̯ᵘɐp* devient *ɔp* ou *ɔt*.

> Ex. : 法 *fi̯ᵘɐp* (loi, moyen) devient *fɔp*.
>
> 乏 *vi̯ᵘɐp* (besoin)   —   *fɔt*.

Dans les exemples précédents nous voyons trois groupes de finales qui ne se confondent jamais. Ce sont :

> 1. Les finales *vocaliques* ;
> 2. Les finales *nasales* ;
> 3. Les finales *implosives*.

Dans *les finales vocaliques,* les *i, e* font un groupe, les *o, u* font un autre groupe, et les deux groupes ne se confondent pas ; tandis que les *a, ɐ* sont intermédiaires ; aussi le *a* devient *o,* et le *ia* devient *e.*

Quant *aux finales nasales,* il y en a trois groupes : *-n, -ɳ, -m.* Ces trois groupes se distinguent bien les uns des autres ; seuls cinq mots font l'exception : 遷 (déplacer) *ts'in > t'im ;* 蟬 (cigale) *ʑi̯æn > ʃim ;* 羨 (envier) *zi̯æn > ts'im ;* 唁 (offrir ses condoléances) *ŋi̯æn > nim ;* 偃 (couché) *i̯ɐn > im.*

Pour *les finales implosives,* il y a aussi trois groupes : *-t, -k, -p.* Ces trois groupes ne se confondent pas non plus ; seul un mot fait l'exception : 乏 (besoin) *vi̯ᵘɐp > fɔt.*

Nous constatons en outre qu'il existe seulement 61 finales dans la prononciation de Po-pei. Ce sont :

> Voyelles pures : *u, o, a, e, i.*
> Semi-voyelle + voyelle : *iu, ie, ua, uo, ui.*
> Diphtongues : *ao, ao, œu, ae, ae, eo, ei.*
> Semi-voyelle + diphtongue : *uae, uei.*
> Voyelle + *n* : *un, an, an, in.*
> Semi-voyelle + voyelle + *n* : *ian, uan, uan.*
> Voyelle + *ŋ* : *oŋ, aŋ, aŋ, eŋ.*
> Semi-voyelle + voyelle + *ŋ* : *ioŋ, iaŋ, uaŋ, uaŋ, ueŋ.*
> Voyelle + *m* : *am, am, em, im.*
> Semi-voyelle + voyelle + *m* : *iam.*
> Voyelle + *t* : *ut, ɔt, at, it.*
> Semi-voyelle + voyelle + *t* : *iat, uɔt, uat.*
> Voyelle + *k* : *œk, ɔk, ak, ek.*
> Semi-voyelle + voyelle + *k* : *iœk, iak, uɔk, uak, uek.*
> Voyelle + *p* : *ɔp, ap, ip, ep.*
> Semi-voyelle + voyelle + *p* : *iap.*

C. — L'ÉVOLUTION DES TONS.

Nous ne savons pas ce qu'ont été les hauteurs musicales des tons chez nos anciens. Ce que nous pouvons connaître en ce qui concerne l'évolution des tons, ce sont les changements historiques d'après le dictionnaire. Par exemple, un mot, marqué du ton *p'ing* dans le dictionnaire, est prononcé aujourd'hui sur le ton *k'iu*, nous savons donc que le ton de ce mot a changé. Dans les dialectes du Nord, tous les mots du ton *jou* ont changé en ton *k'iu* ou rarement en ton *p'ing* ; mais dans la prononciation de Po-pei, cette série de mots est prononcée sur le ton *jou*, sans exception.

D'une façon générale, dans tous les dialectes chinois, ce sont les mots du ton *chang* qui se prononcent souvent sur un autre ton. Ces mots, dont le ton change, avaient autrefois comme initiale une consonne sonore ; ils sont prononcés aujourd'hui dans les dialectes du Midi et ceux de l'Extrême Sud sur un ton dit *obscur*. Donc, ce sont les mots du ton *chang obscur* qui ont subi des changements de tons. Dans la prononciation de Po-pei, le *chang obscur* est plus stable que dans celle de Canton, mais il y a tout de même dans le dictionnaire certains mots marqués de ce ton prononcés sur le *k'iu obscur*. Ce sont :

咎	*g'i̯əu*	> *tʃˤao*	(reproche).
件	*g'i̯æn*	> *k'in*	(chose).
儉	*g'i̯æm*	> *k'im*	(économe).
項	*kɔŋ*	> *haŋ*	(cou).
浩	*ɣau*	> *hœu*	(large et profond, en parlant des eaux).
幸	*ɣɐŋ*	> *haŋ*	(bonheur).
下	*ɣa*	> *ha*	(en bas).
限	*ɣan*	> *han*	(limite).
漸	*dz'i̯æm*	> *ts'im*	(peu à peu).
聚	*dz'i̯u*	> *ts'ui*	(ramasser).
盡	*dz'i̯ĕn*	> *ts'an*	(épuisé, fini).
祀	*zi*	> *tsui*	(faire des offrandes aux ancêtres).
敘	*zi̯ʷo*	> *ts'ui*	(classer).
象	*zi̯an*	> *ts'iaŋ*	(éléphant).
俟	*dʐi*	> *ts'ei*	(attendre).
士	*dʐi*	> *ʃi*	(intellectuel).
盾	*dʐi̯uĕn*	> *t'an*	(armure).
氏	*ʑi̯e*	> *ʃi*	(nom).
甚	*ʑi̯əm*	> *ʃam*	(très).
善	*ʑi̯æm*	> *ʃin*	(bon).
受	*ʑi̯əu*	> *ʃao*	(accepter).
誕	*d'an*	> *tan*	(naissance).
但	*d'an*	> *t'an*	(mais).
待	*d'ai*	> *t'ae*	(attendre).

隳	d'a	> t'o	(tomber).
道	d'au	> t'œu	(chemin).
杜	d'u	> t'u	(nom de famille).
篆	d'iæn	> tʃ'in	(genre d'écriture).
趙	d'iæu	> tʃ'iu	(nom de famille).
紂	d'iǝu	> tʃ'ao	(nom d'un ancien empereur).
杖	d'iaŋ	> tʃ'iaŋ	(canne).
牡	mǝu	> mao	(mâle).
部	b'u	> p'u	(division).
陛	b'iei	> p'ei	(escalier d'un palais).
辨	b'iæn	> p'in	(discerner).
奉	viʷoŋ	> foŋ	(offrir).
父	viu.	> ɕu	(père).
憤	viuǝn	> fan	(s'indigner, s'offenser).
負	viǝu	> ɕu	(trahir).
阜	viǝu	> fao	(coteau).
犯	viʷem	> fam	(offenser).
朗	laŋ	> laŋ	(clair).
壤	ɳʑiaŋ	> ɲiaŋ	(terre).
愈	jiu	> i	(guérir).

Les 44 mots précédents, étant du ton *chang obscur* d'après le dictionnaire, sont prononcés par les habitants de Po-pei sur le ton *k'iu obscur*, c'est-à-dire le sixième ton.

Ainsi nous pouvons dire que le *chang obscur*, soit le quatrième ton, est un ton instable. Quant aux autres tons, il n'y a pas de changement historique, excepté quelques mots dont le ton classique est devenu un autre ton dans tous les dialectes chinois. Par exemple, 跳 *t'iau* (prononciation de Po-pei : *t'iu*), signifiant « sauter », étant du ton *ping obscur* d'après le dictionnaire, se prononce sur le ton *k'iu clair* à Po-pei, Canton, Changhaï, et sur le ton *k'iu* dans la langue mandarine, autrement dit dans les dialectes du Nord.

Vu le 18 avril 1932.
Le Doyen de la Faculté des Lettres
de l'Université de Paris,
H. DELACROIX.

VU ET PERMIS D'IMPRIMER :
Le Recteur de l'Académie de Paris,
S. CHARLÉTY.

TABLE DES MATIÈRES

TROISIÈME PARTIE

IMPRIMERIE DES PRESSES UNIVERSITAIRES DE FRANCE. — CHARTRES-PARIS (6-1932).

广州话浅说

目　录

序

1951 年 8 月，我写了《广东人学习国语法》(现在改名为《广东人怎样学习普通话》)之后，广东省教育厅长杜国庠同志对我说："你写了一本书教广东人学普通话，还应该写一本书教外省人学广东话。"解放以后，外省干部到广东的很多，大家希望学一点广州话，杜老的话是有道理的。于是我着手写了一本《广州话课本》，准备交给华南人民出版社出版。

当时正是速成识字法盛行的时候，华南人民出版社编辑部希望我把《广州话课本》里面的拉丁字母改成注音字母。我因为对广州话注音字母不满意，所以不肯改动。这本稿子一直保留到现在。

现在政府大力推广普通话，我们当然不再鼓励大家去学习方言了。但是，我想这本小册子还有一些用处：第一，这里面所着重讲的类推法，也就是广州话和北京话的对应规律，外省人掌握了这个规律固然可以学习广州话，但是广州人和粤方言区的人掌握了这个规律也可以学习普通话。因此，这本小册子对于推广普通话还是有点用处的。第二，现在领导上鼓励调查方言，这本小册子对于粤方言的调查也许还有参考的价值。第三，将来为了辅助普通话的推行，方言的拼音方案还是用得着的。这本小册子所用的拼音字母，可以作为将来拟订粤方言拼音方案的参考。

经过了一番考虑，我决定把它修订一下，交给文字改革出版社出版。书名改为《广州话浅说》；里面的拉丁字母本来是依照北方话拉丁化新文字的拼法，现在改为依照中国文字改革委员会公布的《汉语拼音方案（草案）》。此外，为了语言学工作者的兴趣，我还加上一个《本书所用拼音字母与国际音标对照表》。

希望这一本小册子能在推广普通话工作中起一点小小的作用。

王　力

1956 年 2 月 16 日，北京大学

附注：本书手稿承冯志超先生赐阅，并指正多处，特此志谢。

第一课　声母和韵母

(一)声母 19 个

1. b 博　　p 朴　　m 莫　　f 霍　　w 获
2. d 铎　　t 托　　n 诺　　l 落　　j 药
3. g 各　　k 确　　gw 国　　kw 廓　　ng 鄂　　h 壳
4. z 作　　c 错　　s 索

(二)韵母 51 个

1. a 鸦　　e 耶*　　j 衣　　o 柯　　u 乌　　y 于　　oe 靴*
2. ai 隘　　ae 罷　　ei 希*　　ey 虚*　　oi 哀　　ui 煨
3. ao 拗　　au 欧　　ou 奥　　iu 腰
4. am 咸*　　em 庵　　im 淹
5. an 晏　　en 痕*　　on 安　　oen 伦　　un 桓　　in 烟　　yn 渊
6. ang 罌　　eng 莺　　eing 轻*　　ong 康*　　oeng 香*　　ung 瓮　　ing 英
7. ap 鸭　　ep 合*　　ip 叶
8. at 压　　et 乞*　　ot 渴*　　oet 律*　　ut 活　　it 热　　yt 月
9. ak 客*　　eh 握　　eik 吃*　　ok 恶　　oek 约　　uk 屋　　ik 益

$$\boxed{\text{说　明}}$$

1. "错"字该读如"犬牙交错"和"错综变化"的"错"。

2. 加星号的字表示要除开声母念出,如"耶",本字念 je,这里只念 e;"靴"本字念 hoe,这里只念 oe,"衣、乌、于、淹、烟、渊、英、叶、热、月、益"实际上带声母 j,"煨、桓、活"实际上带声母 w,因所差无几,且不与他音混,故未加星号。

练 习

1.北方人注意分别:"咸"和"闲"(ham：han)、"含"和"痕"(hem：hen)、"淹"和"烟"(im：in)。又应注意韵母7、8、9 三类,这些尾音 p、t、k,颇像英语的尾音 p、t、k(广州人学英文,索性就用来替代它们),但是唇舌只有 p、t、k 的姿势,不能像英语那样让人清楚地听出 p、t、k 的声音来。

2.江浙人注意分别:"咸"和"闲"、"含"和"痕"、"淹"和"烟"。又应该注意分别:"鸭"和"压"、"叶"和"热"、"乞"和"黑"。

3.客家人注意:益韵勿读与热韵混。

4.潮州人注意:an 勿读与 ang 混,en 勿读与 eng 混,on 勿读与 ong 混,un 勿读与 ung 混,in 勿读与 ing 混,"霍"勿读与"壳"混。

5.海南人注意:"朴"勿读与"霍"混,"托"勿读与"壳"混,"确"勿读与"壳"混,"错"勿读与"索"混。

第二课　拼音(一)

(1)鸦韵

ba 巴	pa 怕	ma 妈	fa 花	wa 华
da 打	ta 他	na 拿	la 罅	ja 也
ga 家	ka 卡	gwa 瓜	kwa 夸	nga 牙
ha 虾	a 鸦	za 诈	ca 茶	sa 沙

(2)耶韵

be 啤	me 背	de 爹	ne 呢	le 咧
je 爷	ge 嘅	ke 茄	ze 遮	ce 车
se 赊				

(3)衣韵

zi 知	ci 辞	si 思	ji 衣

(4)柯韵

bo 波	po 婆	mo 磨	fo 科	wo 窝
do 多	to 拖	no 挪	lo 罗	go 歌
gwo 过	ngo 我	ho 何	o 柯	zo 左
co 坐	so 所			

(5)乌韵

gu 姑	ku 箍	fu 夫	wu 乌	(附)ng 吾
m 晤(不)				

（6）于韵

zy 朱　　　　cy 处　　　　sy 书　　　　jy 鱼

（7）靴韵

doe 朵（白话音）　　　　toe 唾（白话音）

goe 锯（动词，白话）　　　　hoe 靴

（8）隘韵

bai 败	pai 排	mai 买	fai 快	dai 大
tai 太	nai 奶	lai 拉	jai 踹	gai 街
kai 楷	gwai 怪	ngai 涯	hai 蟹	ai 隘
zai 斋	cai 柴	sai 晒		

（9）翳韵

bae 闭	pae 批	mae 米	fae 挥	wae 威
dae 低	tae 梯	nae 泥	lae 黎	jae 曳
gae 鸡	kae 稽	gwae 归	kwae 规	ngae 危
hae 系	ae 翳	zae 际	cae 妻	sae 西

（10）希韵

bei 卑	pei 皮	mei 眉	fei 非	dei 地
nei 尼	lei 梨	gei 机	kei 旗	hei 希
sei 死				

（11）虚韵

dey 堆	tey 推	ney 女	ley 吕	jey 锐
gey 居	key 驱	hey 虚	zey 追	cey 吹
sey 衰				

（12）哀韵

doi 代	toi 台	noi 内	loi 来	goi 该
koi 概	ngoi 外	hoi 开	oi 哀	zoi 灾
coi 才	soi 腮			

（13）煨韵

bui 杯	pui 培	mui 梅	fui 灰	wui 回
kui 桧				

(14)拗韵

bao 包	pao 抛	mao 猫	nao 闹	gao 交
kao 靠	ngao 咬	hao 敲	ao 拗	zao 嘲
cao 抄	sao 稍			

(15)欧韵

mau 谋	fau 浮	dau 斗	tau 偷	nau 扭
lau 留	jau 优	gau 九	kau 求	ngau 牛
hau 候	au 欧	zau 周	cau 抽	sau 修

(16)奥韵

bou 煲	pou 袍	mou 无	dou 刀	tou 徒
nou 奴	lou 劳	gou 高	ngou 傲	hou 豪
ou 奥	zou 租	cou 操	sou 须	

(17)腰韵

biu 标	piu 飘	miu 苗	diu 雕	tiu 挑
niu 鸟	liu 聊	jiu 腰	giu 骄	kiu 桥
hiu 嚣	ziu 招	ciu 超	siu 消	

说　明

　　"衣、乌、鱼、回、腰"的实际读音是 ji、wu、jy、wui、jiu,将来拟订广州拼音方案时,建议这样写。

练　习

1.一般人注意分别:

也野(ja：je)　助住(zo：zy)　疏书(co：cy)

败弊	买米	快费	大弟	太替	赖丽	街鸡	楷稽	怪贵
涯危	械系	隘嗌	齐剂	柴斋	晒细	茅谋	闹耨	饺久
靠扣	咬偶	巧口	拗呕					

2.一般人注意不须分别：

瓦雅	佳街	考巧	季桂	规亏	危倪	伪艺	婿细	毁委
讳伟	遗为	惠位	邹周	九狗	救够	休忧	丘优	柔游
刘楼	谬茂	修收	秀瘦	秋抽	起喜	气戏	微眉	弥尼
惹野	而夷	儿仪	拟以	耳矣	兹支	子纸	自治	司师
肆试	雌痴	词池	此齿	次翅	饶尧	焦招	小少	萧烧
补保	布报	步暴	都刀	赌倒	妒到	度道	租遭	祖早
做造	芦劳	鲁老	路涝	无毛	母冇	努脑	葡袍	须骚
素扫	图陶	土讨	吐套	粗操	醋燥	课货	柯阿	卧饿
最赘	序罪	叙坠	吕垒	虑类	须虽	绪髓	绥衰	垂谁
瑞睡	徐随	趣翠	催吹	乎夫	虎府	库富	奎灰	如余
汝雨	厦夏							

3.客家人注意分别：次醋　思苏　雌粗

4.潮州人注意："机基"等字念 gei 勿念 gi，"旗奇"等字念 kei 勿念 ki，"希喜"等字念 hei 勿念 hi。

第三课　拼音(二)

(1)咸韵

dam 担	tam 贪	nam 南	lam 蓝	gam 减
ngam 岩	ham 咸	zam 站	cam 参	sam 三

(2)庵韵

nem 稔	lem 林	jem 音	gem 今	kem 襟
hem 堪	em 庵	zem 针	cem 侵	sem 心

(3)淹韵

dim 点	tim 添	nim 念	lim 廉	jim 盐
gim 兼	kim 箝	him 谦	zim 尖	cim 签
sim 禅				

(4)晏韵

ban 班	pan 攀	man 蛮	fan 翻	wan 湾
dan 单	tan 滩	nan 难	lan 兰	gan 间
gwan 关	ngan 颜	han 闲	an 晏	zan 盏
can 餐	san 山			

(5)痕韵

ben 奔	pen 贫	men 文	fen 分	wen 温
den 燉	ten 吞	nen 撚	jen 因	gen 根
ken 勤	gwen 军	kwen 坤	ngen 银	hen 痕

zen 真　　　cen 亲　　　sen 新

(6) 安韵

gon 干　　　ngon 岸　　　hon 寒　　　on 安

(7) 伦韵

doen 敦　　　toen 湍　　　loen 伦　　　joen 润　　　zoen 津

coen 春　　　soen 唇

(8) 桓韵

bun 搬　　　pun 潘　　　mun 门　　　fun 宽　　　wun 桓

gun 官

(9) 烟韵

bin 边　　　pin 偏　　　min 眠　　　din 癫　　　tin 天

nin 年　　　lin 连　　　jin 烟　　　gin 坚　　　kin 虔

hin 牵　　　zin 笺　　　cin 缠　　　sin 先

(10) 渊韵

dyn 端　　　tyn 团　　　nyn 暖　　　lyn 联　　　jyn 渊

gyn 捐　　　hyn 圈　　　zyn 尊　　　cyn 村　　　syn 孙

(11) 罌韵

bang 绷　　　pang 烹　　　mang 盲　　　wang 横　　　gang 耕

kwang 框　　　ngang 硬　　　hang 坑　　　ang 罌　　　zang 争

cang 撑　　　sang 生　　　lang 冷

(12) 莺韵

beng 崩　　　peng 朋　　　meng 盟　　　weng 宏　　　deng 登

teng 腾　　　neng 能　　　geng 更　　　keng 髁　　　gweng 轰

heng 行　　　eng 莺　　　zeng 曾　　　ceng 层

(13) 轻韵(轻韵都是白话音)

being 病　　　peing 平　　　meing 名　　　deing 顶　　　teing 厅

leing 灵　　　jeing 赢　　　geing 惊　　　heing 轻　　　zeing 精

ceing 青　　　seing 腥

(14)康韵

bong 帮	pong 旁	mong 忙	fong 方	wong 黄
dong 当	tong 汤	nong 囊	long 狼	gong 刚
kong 抗	gwong 光	kwong 狂	ngong 昂	hong 康
zong 庄	cong 仓	song 桑		

(15)香韵

noeng娘	loeng良	joeng羊	goeng姜	koeng强
hoeng香	zoeng张	coeng昌	soeng相	

(16)瓮韵

bung 捧	pung 篷	mung 蒙	fung 风	dung 东
tung 通	nung 农	lung 龙	jung 翁	gung 公
kung 穷	hung 空	ung 瓮	zung 中	cung 充
sung 松				

(17)英韵

bing 兵	ping 评	ming 明	wing 荣	ding 丁
ting 亭	ning 宁	ling 零	jing 英	ging 京
king 倾	gwing 炯	hing 兄	zing 征	cing 情
sing 声				

说　明

“盐、桓、烟、渊、英”实际读 jim、wun、jin、jyn、jing，将来拟订拼音方案时，建议这样写。

练　习

1.一般人注意分别：

蓝林	监今	减锦	鉴禁	咸含	斩枕	参侵	三心	班奔
蛮文	翻分	繁坟	饭份	湾温	患运	旦炖	滩吞	赧撚
间根	关君	颜银	闲痕	盏诊	赞振	餐亲	山身	囊娘
狼良	刚姜	康香	庄张	疮窗	床长	干间	岸雁	寒闲

敦端　津真　春亲　唇神　般班　潘攀　桓还　换患　官关
联连　绷崩　彭明　争曾　耕庚　坑亨　橙层　盲盟　横宏
罂莺

2. 一般人注意不须分别：

今甘　三衫　蝉蟾　文民　万慢　散汕　还顽　寻沉　分勋
斤根　很垦　人寅　困窘　吻敏　新身　云魂　云匀　运混
朋凭　然言　笺毡　剪展　箭战　牵轩　遣显　线扇　仍盈
兄卿　精贞　星声　成绳　性圣　青称　请拯　颖泳　侃罕
看汉　赃庄　赃状　荒方　况放　江刚　匡康　亡忙　网莽
嗓爽　仓疮　藏床　黄王　进俊　伦邻　信逊　秦巡　将张
蒋掌　酱帐　象匠　像丈　让样　双商　窗昌　相伤　枪昌
桓垣　援桓　玩换　宽欢　盆盘　门瞒　宗中　总肿　颂仲
空胸　雄红　翁雍　戎容　松从　葱充　从虫　丸元　完原
悬园　软远　县愿　专尊　联鸾　孙宣　损选　存全

3. 北方人和江浙人注意分别：

担单　贪滩　南难　蓝兰　减简　岩颜　咸闲　站栈　参餐
衫山　林邻　音因　今巾　琴勤　庵安　针真　侵亲　心新
点典　添天　廉连　盐延　兼坚　箝干　谦牵　尖煎　签千

4. 江浙人、客家人、潮州人注意分别：

英烟　兵边　拼偏　丁颠　听天　宁年　灵连　精笺　情钱
星先

5. 潮州人注意分别：

班绷　攀烹　蛮盲　还横　间耕　雁硬　铿坑　餐撑　山生
懒冷　奔崩　贫朋　民盟　云宏　炖凳　根庚　军轰　痕行
真曾　陈层

第四课　拼音(三)

(1) 鸭韵(注:字加括号者,表示又读。下仿此)

dap 答	tap 塔	nap 纳	lap 猎	gap 甲
ngap(鸭)	hap 匣	ap 鸭	zap 杂	cap 插
sap 飒				

(2) 合韵

nep 粒	lep 笠	jep 邑	gep 急	kep 吸
hep 合	zep 执	cep 葺	sep 湿	

(3) 叶韵

dip 蝶	tip 贴	nip 聂	lip 猎	jip 叶
gip 劫	hip 协	zip 接	cip 妾	sip 涉

(4) 压韵

bat 八	mat 抹	fat 法	wat 挖	dat 达
tat 挞	nat 捺	lat 辣	gat 戛	gwat 刮
ngat 唷	at 压	zat 札	cat 察	sat 杀

(5) 乞韵

bet 不	pet 匹	met 物	fet 忽	wet 屈
det 突	net 讷	let 甩	jet 一	get 吉
ket 咳	gwet 骨	nget 讫	het 乞	zet 质
cet 七	set 膝			

（6）渴韵

　　got 割　　　　hot 渴

（7）律韵

　　doet 咄　　　noet（讷）　　loet 律　　　zoet 卒　　　coet 出
　　soet 术

（8）活韵

　　but 钵　　　put 泼　　　mut 末　　　fut 阔　　　wut 活
　　kut 括

（9）热韵

　　bit 必　　　pit 撇　　　mit 灭　　　dit 跌　　　tit 铁
　　lit 列　　　jit 热　　　git 结　　　kit 揭　　　ngit 啮
　　hit 歇　　　zit 节　　　cit 澈　　　sit 泄

（10）月韵

　　dyt 夺　　　tyt 脱　　　lyt 劣　　　jyt 月　　　gyt 橛
　　kyt 决　　　hyt 血　　　zyt 绝　　　cyt 撮　　　syt 雪

（11）客韵

　　bak 百　　　pak 拍　　　mak 嚜　　　wak 或　　　lak（肋）
　　jak（吃）　　gak 隔　　　gwak 掴　　　ngak 额　　　hak 客
　　zak 窄　　　cak 策

（12）握韵

　　bek 北　　　mek 墨　　　dek 得　　　lek 勒　　　hek 黑
　　ek 握　　　ngek 握　　　zek 则　　　cek 测　　　sek 塞

（13）吃韵（吃韵都是白话音）

　　beik 壁　　　peik 劈　　　deik 籴　　　teik 踢　　　leik 疬
　　keik 屐　　　heik 吃　　　zeik 只　　　ceik 尺　　　seik 锡

（14）恶韵

　　bok 博　　　pok 扑　　　mok 莫　　　fok 霍　　　wok 获
　　dok 铎　　　tok 托　　　nok 诺　　　lok 洛　　　gok 角

kok 确　　　gwok 国　　　kwok 廓　　　ngok 鄂　　　hok 鹤

ok 恶　　　zok 作　　　cok 错　　　·sok 索

(15)约韵

doek 啄　　　loek 略　　　joek 约　　　goek 脚　　　koek 却

zoek 酌　　　coek 卓　　　soek 削

(16)屋韵

buk 卜　　　puk 仆　　　muk 木　　　fuk 福　　　duk 督

tuk 秃　　　nuk 忸　　　luk 禄　　　juk 郁　　　guk 谷

kuk 曲　　　huk 哭　　　uk 屋　　　zuk 足　　　cuk 促

suk 叔

(17)益韵

bik 碧　　　pik 僻　　　mik 觅　　　wik 域　　　dik 的

tik 剔　　　nik 匿　　　lik 力　　　jik 益　　　gik 击

gwik 隙　　　zik 织　　　cik 戚　　　sik 式

＊　　　＊　　　＊

双音词或平行语

-p-p：zip nap 接纳　　sip lip 涉猎　　zip dip 折叠　　gap zap 夹杂

　　　lap sap 垃圾

-p-t：zep git 集结　　gep cit 急切

-p-k：dap fuk 答复　　gep cuk 急促　　zip cuk 接触　　hap zak 狭窄

-t-t：jit lit 热烈　　wut put 活泼　　fat gwet 发掘　　got lit 割裂

　　　git set 结实　　cit set 切实

-t-p：git hep 结合　　cyt jep 出入

-t-k：fat gok 发觉　　hyt juk 血肉　　git guk 结局　　git cuk 结束

　　　git zok 杰作　　at pik 压迫　　gwet gak 骨骼　　syt fuk 说服

-k-k：zik gik 积极　　zik cuk 积蓄　　luk zuk 陆续　　cuk bok 束缚

　　　dik kok 的确　　mok soek 剥削　　hek wak 刻画　　cak loek 策略

　　　　zik zak 职责　　　bok joek 薄弱　　　muk dik 目的　　　mok sok 摸索
-k-p：hok zep 学习　　　huk jap 哭泣
-k-t：coek jyt 卓越　　　suk set 熟悉　　　hok soet 学术　　　hok syt 学说
　　　　loek dyt 掠夺　　　kok set 确实　　　dek set 得失

说　明

　　"叶、活、热、月、益"实际上读 jip、wut、jit、jyt、jik，将来拟订拼音方案时，建议这样写。

练　习

1.一般人注意分别：

腊立	甲急	插葺	八不	法忽	挖屈	达突	刮骨	啮讫
札质	察七	杀失	脱铁	劣列	月热	决揭	血歇	绝截
撮撤	雪泄	百北	客黑	窄则	策测	脚角	却确	酌作
削索

2.北方人注意分别：

纳那	甲假	匣霞	鸭鸦	插叉	笠利	邑意	吸西	合何
湿诗	接嗟	涉社	八巴	钵波	百摆	笔比	必闭	不部
迫破	劈批	仆葡	莫磨	麦卖	木暮	滴低	督都	塌他
踢梯	托拖	突途	溺逆	挖蛙	捺那	刮瓜	啮聂	杀沙
察茶	物务	忽呼	屈区	骨鼓	讫气	乞起	七妻	膝西
律绿	卒族	出初	术数	括刮	歇些	或祸	作做	索所
约日	哭枯	屋乌	式试	织枝	力厉	域愈

3.江浙人注意分别：

塌达	纳捺	腊辣	甲脚	鸭压	插察	飒杀	笠力	邑益
急吉	急击	邑一	合核	执质	执责	葺戚	七戚	湿式
蝶敌	贴踢	聂孽	猎列	叶亦	劫结	接节	妾戚	涉舌
袜麦	滑或	匹僻	物佛	屈阙	乞吃	割革	渴刻	律力
卒则	出撤	术入	末墨	必壁	撇辟	灭觅	跌滴	铁踢

列力　热日　结激　酌札　测出　卜博　木莫　秃托　鹿洛

谷各　曲确　屋恶　足作　叔索

4.客家人注意分别：

碧必　僻匹　益一　积织　戚七　式失

第五课　声调(一)

广州话里共有 9 个声调:

1. 阴平声,如"诗";
2. 阳平声,如"时";
3. 阴上声,如"史";
4. 阳上声,如"市";
5. 阴去声,如"试";
6. 阳去声,如"事";
7. 阴入甲声,如"昔";
8. 阴入乙声,如"锡";
9. 阳入声,如"食"。

阴平、阴上、阴去、阴入,总称阴调类;阳平、阳上、阳去、阳入,总称阳调类。广州向来调平仄就是把阴调类和阳调类分别开来的。

(甲)阴调四声:阴平、阴上、阴去、阴入

一、用阴入甲声相配者

1. 以-m 配-p:

金锦禁急　$gem^1\ gem^3\ gem^5\ gep^7$

音饮荫邑　$jem^1\ jem^3\ jem^5\ jep^7$

2. 以-n 配-t:

宾品鬓不　$ben^1\ ben^3\ ben^5\ bet^7$

真诊振质　$zen^1\ zen^3\ zen^5\ zet^7$

分粉粪拂　$fen^1\ fen^3\ fen^5\ fet^7$

斤谨艮吉　$gen^1\ gen^3\ gen^5\ get^7$

君滚棍骨　gwen^1 gwen^2 gwen^5 gwet^7

因隐印一　jen^1 jen^3 jen^5 jet^7

温稳愠屈　wen^1 wen^3 wen^5 wet^7

边扁变必　bin^1 bin^3 bin^5 bit^7

津俊进卒　zoen^1 zoen^3 zoen^5 zoet^7

荀笋信恤　soen^1 soen^3 soen^5 soet^7

3. 以-ng 配-k：

登等凳得　deng^1 deng^3 deng^5 dek^7

英影应益　jing^1 jing^3 jing^5 jik^7

兵丙柄碧　bing^1 bing^3 bing^5 bik^7

丁顶订的　ding^1 ding^3 ding^5 dik^7

征整正职　zing^1 zing^3 zing^5 zik^7

京景敬激　ging^1 ging^3 ging^5 gik^7

星醒性昔　sing^1 sing^3 sing^5 sik^7

称拯秤斥　cing^1 cing^3 cing^5 cik^7

东董冻笃　dung^1 dung^3 dung^5 duk^7

中种众竹　zung^1 zung^3 zung^5 zuk^7

公拱贡菊　gung^1 gung^3 gung^5 guk^7

空孔控哭　hung^1 hung^3 hung^5 huk^7

嵩耸送宿　sung^1 sung^3 sung^5 suk^7

通桶痛秃　tung^1 tung^3 tung^5 tuk^7

二、用阴入乙声相配者

1. 以-m 配-p：

耽胆担答　dam^1 dam^3 dam^5 dap^8

监减鉴甲　gam^1 gam^3 gam^5 gap^8

淹掩水腌　jim^1 jim^3 jim^5 jip^8

兼检剑劫　gim^1 gim^3 gim^5 gip^8

谦险欠怯　him^1 him^3 him^5 hip^8

2. 以-n 配-t：

班板扮八　ban¹ ban³ ban⁵ bat⁸

番反贩法　fan¹ fan³ fan⁵ fat⁸

烟偃燕咽　jin¹ jin³ jin⁵ jit⁸

边扁变鳖　bin¹ bin³ bin⁵ bit⁸

癫典垫跌　din¹ din³ din⁵ dit⁸

笺剪箭节　zin¹ zin³ zin⁵ zit⁸

毡展战折　zin¹ zin³ zin⁵ zit⁸

牵显献歇　hin¹ hin³ hin⁵ hit⁸

先癣线薛　sin¹ sin³ sin⁵ sit⁸

干赶幹割　gon¹ gon³ gon⁵ got⁸

刊罕汉渴　hon¹ hon³ hon⁵ hot⁸

注："刊"字依字典该读平声，但一般广州人读入上声，与"罕"同音。

般本半钵　bun¹ bun³ bun⁵ but⁸

渊苑怨乙　jyn¹ jyn³ jyn⁵ jyt⁸

圈犬劝血　hyn¹ hyn³ hyn⁵ hyt⁸

孙损算雪　syn¹ syn³ syn⁵ syt⁸

3. 以-ng 配-k：

方仿放霍　fong¹ fong³ fong⁵ bok⁸

江讲降觉　gong¹ gong³ gong⁵ gok⁸

汤倘趟托　tong¹ tong³ tong⁵ tok⁸

桑嗓丧索　song¹ song³ song⁵ sok⁸

将奖酱雀　zoeng¹ zoeng³ zoeng⁵ zoek⁸

张掌帐酌　zoeng¹ zoeng³ zoeng⁵ zoek⁸

（乙）阳调四声：阳平、阳上、阳去、阳入

1. 以-m 配-p：

蓝榄滥腊　lam² lam⁴ lam⁶ lap⁹

盐染验叶　　$jim^2 \ jim^4 \ jim^6 \ jip^9$

廉脸敛猎　　$lim^2 \ lim^4 \ lim^6 \ lip^9$

2. 以 -n 配 -t：

兰懒烂辣　　$lan^2 \ lan^4 \ lan^6 \ lat^9$

蛮晚万抹　　$man^2 \ man^4 \ man^6 \ mat^9$

颜眼雁咭　　$ngan^2 \ ngan^4 \ ngan^6 \ ngat^9$

还挽幻滑　　$wan^2 \ wan^4 \ wan^6 \ wat^9$

坟奋份佛　　$fen^2 \ fen^4 \ fen^6 \ fet^9$

人引刃日　　$jen^2 \ jen^4 \ jen^6 \ jet^9$

文敏问物　　$men^2 \ men^4 \ men^6 \ met^9$

神肾慎实　　$sen^2 \ sen^4 \ sen^6 \ set^9$

云尹运核　　$wen^2 \ wen^4 \ wen^6 \ wet^9$

言演现热　　$jin^2 \ jin^4 \ jin^6 \ jit^9$

连辇练列　　$lin^2 \ lin^4 \ lin^6 \ lit^9$

棉免面灭　　$min^2 \ min^4 \ min^6 \ mit^9$

伦卵论律　　$loen^2 \ loen^4 \ loen^6 \ loet^9$

桓皖换活　　$wun^2 \ wun^4 \ wun^6 \ wut^9$

门满闷末　　$mun^2 \ mun^4 \ mun^6 \ mut^9$

原远院月　　$jyn^2 \ jyn^4 \ jyn^6 \ jyt^9$

联恋乱劣　　$lyn^2 \ lyn^4 \ lyn^6 \ lyt^9$

3. 以 -ng 配 -k：

盲猛孟麦　　$mang^2 \ mang^4 \ mang^6 \ mak^9$

灵领令历　　$ling^2 \ ling^4 \ ling^6 \ lik^9$

明茗命觅　　$ming^2 \ ming^4 \ ming^6 \ mik^9$

荣永咏域　　$wing^2 \ wing^4 \ wing^6 \ wik^9$

郎朗浪落　　$long^2 \ long^4 \ long^6 \ lok^9$

忙网望莫　　$mong \ mong \ mong \ mok$

羊养样药　　$joeng^2 \ joeng^4 \ joeng^6 \ joek^9$

良两亮略　　loeng² loeng⁴ loeng⁶ loek⁹
王往旺获　　wong² wong⁴ wong⁶ wok⁹
容勇用欲　　jung² jung⁴ jung⁶ juk⁹
蒙懵梦木　　mung² mung⁴ mung⁶ muk⁹

（丙）阴调三声：阴平、阴上、阴去

巴把霸　　ba¹ ba³ ba⁵
家假价　　ga¹ ga³ ga⁵
瓜寡挂　　gwa¹ gwa³ gwa⁵
街解界　　gai¹ gai³ gai⁵
包饱爆　　bao¹ bao³ bao⁵
交狡教　　gao¹ gao³ gao⁵
敲巧孝　　hao¹ hao³ hao⁵
低底帝　　dae¹ dae³ dae⁵
西洗细　　sae¹ sae³ sae⁵
兜斗鬥　　dau¹ dau³ dau⁵
沟狗救　　gau¹ gau³ gau⁵
碑彼秘　　bei¹ bei³ bei⁵
基几纪　　gei¹ gei³ gei⁵
披鄙譬　　pei¹ pei³ pei⁵
衣椅意　　ji¹ ji³ ji⁵
雌此次　　cei¹ cei³ cei⁵
招沼照　　ziu¹ ziu³ ziu⁵
消小笑　　siu¹ siu³ siu⁵
租早灶　　zou¹ zou³ zou⁵
褒保布　　bou¹ bou³ bou⁵
须嫂素　　sou¹ sou³ sou⁵
哀蔼爱　　oi¹ oi³ oi⁵

居举句　　gey^1 gey^3 gey^5
催取趣　　cey^1 cey^3 cey^5
夫虎库　　fu^1 fu^3 fu^5
姑古故　　gu^1 gu^3 gu^5
朱主注　　zy^1 zy^3 zy^5
书鼠庶　　sy^1 sy^3 sy^5

（丁）阳调三声：阳平、阳上、阳去

麻马骂　　ma^2 ma^4 ma^6
牙雅迓　　nga^2 nga^4 nga^6
鞋蟹械　　hai^2 hai^4 hai^6
埋买卖　　mai^2 mai^4 mai^6
矛卯貌　　mao^2 mao^4 mao^6
黎礼丽　　lae^2 lae^4 lae^6
为伟谓　　wae^2 wae^4 wae^6
侯厚后　　hau^2 hau^4 hau^6
由友右　　jau^2 jau^4 jau^6
谋某茂　　mau^2 mau^4 mau^6
梨里利　　lei^2 lei^4 lei^6
眉美味　　mei^2 mei^4 mei^6
而耳二　　ji^2 ji^4 ji^6
移以异　　ji^2 ji^4 ji^6
尧绕耀　　jiu^2 jiu^4 jiu^6
苗秒妙　　miu^2 min^4 miu^6
劳老路　　lou^2 lou^4 lou^6
模母冒　　mou^2 mou^4 mou^6
俄我饿　　ngo^2 ngo^4 ngo^6
符妇父　　fu^2 fu^4 fu^6

梅每妹　　mui^2 mui^4 mui^6

如语预　　jy^2 jy^4 jy^6

吾五误　　ng^2 ng^4 ng^6

说　明

1. 古代汉语共有四声,即平、上、去、入。由四声分化为八声,即平、上、去、入各分阴、阳。阴入又分甲、乙两种,有人把乙种称为中入。

2. 严格说来,入声和平、上、去三声的音素是不相同的,因为它们的尾音是-p、-t 或-k。但是,依传统的习惯,入声总应该配平、上、去三声,凑足四声。入声配其他三声,有两个可能的配合法:第一,是像“诗史试昔”si^1 si^3 si^5 sik^7;第二,是像“星醒性昔” sing^1 sing^3 sing^5 sik^7。后一种配合法是汉语传统的配合法,从前广州的读书人教人调四声就是用这一种方法的。

练　习

1. 一般人注意分别:

必鳖　即脊　织炙　惜锡　剥(剥花生)　博剥(剥削)

摸(摸索)　竹捉　兰烂　蛮慢　颜雁　还幻　坟份　人刃

文问　神慎　云运　言现　连练　棉面　伦论(议论)　桓换

门闷　原愿　联乱　盲猛　蓝滥　盐验　廉敛　灵令　明命

荣咏　郎浪　忙望　羊样　良亮　王旺　容用　蒙梦　麻骂

牙迓　鞋械　埋卖　矛貌　黎丽　为位　侯后　由右　谋茂

梨利　眉味　而二　移异　尧耀　苗妙　劳路　模墓　俄饿

符父　梅妹　余预

2. 新会、中山等处的人注意分别:

金禁　音荫　宾鬓　真振　分粪　斤艮　君棍　因印　温愠

边变　津进　荀信　登凳　英应(答应)　兵柄　丁订　征正

京敬　星性　称秤　东冻　中众　公贡　空控　松送　通痛

淹厌　兼剑　谦欠　班扮　番贩　癫垫　笺箭　毡战　牵献
先线　干斡　刊汉　般半　渊怨　圈劝　孙算　方放　江降
汤趟　将酱　张帐　巴霸　家价　瓜挂　街界　交教　包爆
敲孝　低帝　西细　沟救　碑秘　基纪　披譬　衣意　雌次
招照　消笑　褒报　哀爱　居句　催趣　夫库　姑故　朱注
书庶

3. 北方人注意分别：

市事　似寺　柱住　肚度　倍背　愤份　旱汗　社射　抱暴
践贱　诱右　厚后　绪遂　妇父　舅旧　婢备　恃(ci⁴)视
拒具　署树　墅(sey⁴)树　霸罢　报暴　半伴　臂避　变辨
柄病　布部　费吠　贩饭　粪份　富负　带代　到道　斗豆
旦蛋　凳邓　帝弟　钓调　订定　妒度　剁坠　对队　栋洞
耗号　汉汗　化话　记忌　叫轿　建健　救旧　进尽　酱匠
句具　孝效　至治　照赵　振阵　正郑　哨绍　再在　灶造
最罪　碎遂　意异　要耀　燕砚

第六课　声调(二)

　　广州话里还有第十、第十一两个声调；但这不是字的本调，而是一种变调。第十声和阴上(第三声)的声调很近似，只是比阴上更高些，等于北京话的阳平，例如"排"字在广州话里本来是一个低调(广州话的阳平是低调)；但若念变调(例如"前个排"：前些时候)，就和北京的"排"字完全一样了。第十一声就是以第十声为基础，再加上入声的尾音-p、-t 或-k。因此，我们可以说：第十声是平、上、去声的变调；第十一声是入声的变调。下文简单称为变调就行了，因为平、上、去声不变则已，变则必为第十声；入声不变则已，变则必为第十一声。

　　在什么情形之下发生变调？这并没有严格的规律。普通叫人的姓，在"阿"字或"老"字后面，如果是阳调类的字(阳平、阳上、阳去、阳入)，就一定说成变调，例如：

亚陈　　亚何　　老冯　　老胡　　老林　　老柳

老吕　　亚李　　老赵　　老邓　　老陆　　老莫

其他就很难找出规律来了。只有一点是可以说明的，就是一切变调都只用于名词。

　　1. 阳平的变调

天台　　tin¹ toi² : tin¹ toi¹⁰

晒棚　　sai⁵ pang² : sai⁵ pang¹⁰

公园　　gung¹ jyn² : gung¹ jyn¹⁰

厨房　cey² fong² ：cey² fong¹⁰

黄皮（果名）　wong² pei² ：wong² pei¹⁰

杨桃　joeng² tou² ：joeng² tou¹⁰

马蹄（荸荠）　ma⁴ tae² ：ma⁴ tae¹⁰

甜橙　tim² cang² ：tim² cang¹⁰

沙梨　sa¹ lei² ：sa¹ lei¹⁰

番石榴　fan¹ seik⁹ lau² ：fan¹ seik⁹ lau¹⁰

面盆　min⁶ pun² ：min⁶ pun¹⁰

暖水壶（热水瓶）　nyn⁴ sey³ wu² ：nyn⁴ sey³ wu¹⁰

书台　sy¹ toi² ：sy¹ toi¹⁰

拖鞋（但"皮鞋"不变）　to¹ hai² ：to¹ hai¹⁰

葡萄　pu² tou² ：pu² tou¹⁰

琵琶　pei² pa² ：pei² pa¹⁰

禾虫　wo² cung² ：wo cung¹⁰

盐蛇（壁虎）　jim² se² ：jim² se¹⁰

重阳　cung² joeng² ：cung² joeng¹⁰

清明　cing¹ ming² ：cing¹ ming¹⁰

番薯　fan¹ sy² ：fan¹ sy¹⁰

芋头　wu⁶ tau² ：wu⁶ tau¹⁰

水龙头　sey³ lung² tau² ：sey³ lung² toug¹⁰

椰子糖　je² zi³ tong² ：je² zi³ tong¹⁰

二胡　ji⁶ wu² ：ji⁶ wu¹⁰

秦琴　coen² kem² ：coen² kem¹⁰

上楼　soeng⁴ lau² ：soeng⁴ lou¹⁰

着皮（穿皮袍等）　zoek⁸ pei² ：zoek⁸ pei¹⁰

捐钱　gyn¹ cin² ：gyn¹ cin¹⁰

番茄　fan¹ ke² ：fan¹ ke¹⁰

药丸　joek⁹ jyn² ：joek⁹ jyn¹⁰

澳门　ou^5 mun^2 ：ou^5 mun^{10}

十三行　sep^9 sam^1 hong^2 ：sep^9 sam^1 hong^{10}

南洋　nam^2 joeng^2 ：nam^2 joeng^{10}

伯爷婆　bak^8 je^1 po^2 ：bak^8 je^1 po^{10}

新娘　sen^1 noeng^2 ：sen^1 noeng^{10}

咸鱼　ham^2 jy^2 ：ham^2 jy^5

腊肠　lap^9 coeng^2 ：lap^9 coeng^{10}

乌龙（糊涂）　wu^1 lung^2 ：wu^1 lung^{10}

黄沙（地名）　wong^2 sa^1 ：wong^{10} sa^1

事头（老板）　si^6 tau^2 ：si^6 tau^{10}

2. 阳上的变调

白毛女　pak^9 mou^2 ney^4 ：pak^9 mou^2 ney^{10}

老母　lou^4 mou^4 ：lou^4 mou^{10}

书友（同学）　sy^1 jau^4 ：sy^1 jau^{10}

鸡心柿　gae^1 sem^1 ci^4 ：gae^1 sem^1 ci^{10}

南华李　nam^2 wa^2 lei^4 ：nam^2 wa^2 lei^{10}

龙眼（桂圆）　lung^2 ngan^4 ：lung^2 ngan^{10}

龙津里（里名）　lung^2 zoen^1 lei^4 ：lung^2 zoen^1 lei^{10}

3. 阴去的变调

相片　soeng^5 pin^5 ：soeng^5 pin^{10}

映相　jing^3 soeng^5 ：jing^3 soeng^{10}

铜线　tung^2 sin^5 ：tung^2 sin^{10}

书架　sy^1 ga^5 ：sy^1 ga^{10}

女婿　ney^4 sae^5 ：ney^4 sae^{10}

鱼片　jy^2 pin^5 ：jy^2 pin^{10}

大概　dai^6 koi^5 ：dai^6 koi^{10}

状况　zong^6 fong^5 ：zong^6 fong^{10}

担担　dam^1 dam^5 ：dam^1 dam^{10}

4. 阳去的变调

海味　hoi^3 mei^6 : hoi^3 mei^{10}

行李袋　hang^2 lei^4 doi^6 : hang^2 lei^4 doi^{10}

领事　ling^4 si^6 : ling^4 si^{10}

舅父　kau^4 fu^6 : kau^4 fu^{10}

姨丈　ji^2 zoeng^6 : ji^2 zoeng^{10}

拐杖　gwai^3 zoeng^6 : gwai^3 zoeng^{10}

横水渡　wang^2 sey^3 dou^6 : wang^2 sey^3 dou^{10}

倾偈(谈天)　king^1 gae^6 : king^1 gae^{10}

画画　wak^9 wa^8 : wak^9 wa^{10}

画报　wa^6 bou^5 : wa^{10} bou^5

笑话　siu^5 wa^6 : siu^5 wa^{10}

被面　pei^4 min^6 : pei^4 min^{10}

烧卖　siu^1 mai^6 : siu^1 mai^{10}

鸡蛋　gae^1 dan^6 : gae^1 dan^{10}

碌柚(柚子)　luk^7 jau^6 : luk^7 jau^{10}

地下(楼下)　dei^6 ha^6 : dei^6 ha^{10}

腊味　lap^9 mei^6 : lap^9 mei^{10}

有料(有学问)　jau^4 liu^6 : jau^4 liu^{10}

随便　cey^2 bin^6 : cey^2 bin^{10}

华林寺　wa^2 lem^2 zi^6 : wa^2 lem^2 zi^{10}

杨巷　joeng^2 hong^6 : joeng^2 hong^{10}

5. 阴入乙声的变调

花塔　fa^1 tap^8 : fa^1 tap^{11}

烧鸭　siu^1 ap^8 : siu^1 ap^{11}

牙擦　nga^2 cat^8 : nga^2 cat^{11}

请帖　cing^3 tip^8 : cing^3 tip^{11}

禾花雀　wo^2 fa^1 zoek^8 : wo^2 fa^1 zoek^{11}

胭脂脚（柚之一种）　jin^1 zi^1 goek^8 : jin^1 zi^1 goek^{11}

6. 阳入的变调

木盒　muk^9 hap^9 : muk^9 hap^{11}

白鹤　bak^9 hok^9 : bak^9 hok^{11}

风栗　fung^1 loet^9 : fung^1 loet^{11}

赏月　soeng^3 jyt^9 : soeng^3 jyt^{11}

文教局　man^2 gao^5 guk^9 : man^2 gao^3 guk^{11}

公安局　gung^1 on^1 guk^9 : gung^1 on^1 guk^{11}

一般说来，变调都是在第二个字（如共三字，则在第三字），但也有例外，如上面所举的"黄沙、画报"。

有些字，简直是以念变调为常，例如"画、橙、柿、偈"等；有些双音词，第二字也必须念变调，例如"事头、沙梨、杨桃、番石榴、腊肠、地下、碌柚"等。但也有些名词是两可的，例如"公园"的"园"虽念变调，"粤秀公园"的"园"却念本调；"南洋"的"洋"虽有变调的念法，但"南洋华侨"的"洋"却不能变为第十声。至于"大概"的"概"、"状况"的"况"等，更不是非念变调不可的了。

＊　　＊　　＊

同声字

阴 平	中苏	东方	根基	光辉	千秋	翻身
	今天	欢呼				
阳 平	人民	和平	完全	完成	前途	无穷
	洪炉	陶镕				
阴 上	土改	好彩	请酒	打狗	主体	左手

早觉（zou^3 tau^{3}是晚上分别的客气话，等于祝晚安，按字解释则是"早些休息"）　点解（为什么）

阳 上	妇女	老母（母亲）	五里	两码	冇米（无米）

有引（有趣）　抱我　似你　厚被　上市

阴 去	战胜	放弃	判断	试探	贡献	意见
	细致	故障				
阳 去	运动	现象	部份	近代	道路	限量
	辩论	混乱				
阴入甲	七一	夙昔	即刻	急迫	不必	积谷
	祝福	甩色(let^7 sik^{7}即褪色)				
阴入乙	剥削	作恶	百尺	八国	阔绰	
	接驳(驳,接也)	鸽脚				
阳 入	学习	沐浴	合力	落力(努力)	十月	
	六日	食药	独特			

练 习

1. 另找一些变调的例子。
2. 另找一些同声字。

第七课　类推法(一)

这里所谓类推法,是由北京话推知广州话的方法。北京的语音系统和广东的语音系统比较起来,有四种可能的情形:

第一,北京话甲音等于广州话甲音,这是最容易推知的;

第二,北京话甲音等于广州话乙音,这也是容易推知的;

第三,北京话甲音和乙音都等于广州话甲音,这也是容易推知的;

第四,北京话甲音等于广州话甲音或乙音(或丙音),这是不容易推知的,就有赖于记忆了。

(甲)声母的类推

1.北京话的 b(ㄅ)——广州话的 b(ㄅ)

例字:巴 ba¹ : ba¹　　　　　　八 ba¹ : bat⁸

包 bau¹ : bao¹　　　　　报 bau⁴ : bou⁵

办 ban⁴ : ban⁶　　　　　本 ben³ : bun³

榜 bang³ : bong³　　　　笔 bi³ : bet⁷

别 bie² : bit⁹　　　　　表 biau³ : biu³

变 bian⁴ : bin³　　　　　宾 bin¹ : ben¹

病 bing⁴ : bing⁶　　　　部 bu⁴ : bou⁶

补 bu³ : bou³

例外:(1)b:p 抱 bau⁴ : pou⁴　　　　鄙 bi³ : pei³

$$蚌\ bang^4：pong^4$$

（2）b：f　瓣 ban^4：fan^6

2.北京话的 p(ㄆ)——广州话的 p(ㄆ)

例字：怕 pa^4：pa^5　　　　　　婆 po^2：po^2

排 pai^2：pai^2　　　　　　培 pei^2：pui^2

袍 pau^2：pou^2　　　　　　判 pan^4：pun^5

盆 pen^2：pun^2　　　　　　旁 $pang^2$：$pong^2$

朋 $peng^2$：$peng^2$　　　　　批 pi^1：pae^1

僻 pi^4：pik^7　　　　　　票 $piau^4$：piu^5

片 $pian^4$：pin^5　　　　　贫 pin^2：pen^2

普 pu^3：pu^3

例外：p：b　叛 pan^4：bun^6　　　仆 pu^2：buk^9

迫 po^4：bik^7　　　品 pin^3：ben^3

3.北京话的 m(ㄇ)——广州话的 m(ㄇ)

例字：马 ma^3：ma^4　　　　　　模 mo^2：mou^2

莫 mo^4：mok^9　　　　　末 mo^4：mut^9

买 mai^3：mai^4　　　　　眉 mei^2：mei^2

妹 mei^4：mui^6　　　　　毛 mau^2：mou^2

谋 mou^2：mau^2　　　　　满 man^3：mun^4

门 men^2：mun^2　　　　　忙 $mang^2$：$mong^2$

梦 $meng^4$：$mung^6$　　　　米 mi^3：mae^4

密 mi^4：met^9　　　　　灭 mie^4：mit^9

妙 $miau^4$：miu^6　　　　谬 miu^4：mau^6

面 $mian^4$：min^6　　　　目 mu^4：muk^9

例外：m：n　弥 mi^2：nei^2

4.北京话的 f(ㄈ)——广州话的 f(ㄈ)

例字：发 fa^1：fat^8　　　　　　伐 fa^2：fat^9

肥 fei^2：fei^2　　　　　否 fou^3：fau^3

饭 fan⁴ : fan⁵　　　　　分 fen¹ : fen¹

放 fang⁴ : fong⁵　　　　冯 feng² : fung²

夫 fu¹ : fu¹　　　　　　福 fu² : fuk⁷

服 fu² : fuk⁹　　　　　弗 fu² : fet⁷

5. 北京话的 w（ㄨ）——广州话的 $\begin{cases} \text{w（ㄨ）} \\ \text{m（ㄇ）} \\ \text{ng（ㄫ）} \end{cases}$

例字:(1) w : w　乌 wu¹ : wu¹　　　　蛙 wa¹ : wa¹

　　　　　　　窝 wo¹ : wo¹　　　　威 wei¹ : wae¹

　　　　　　　为 wei² : wae²　　　委 wei³ : wae³

　　　　　　　畏 wei⁴ : wae⁵　　　谓 wei⁴ : wae⁶

　　　　　　　湾 wan¹ : wan¹　　　挽 wan³ : wan⁴

　　　　　　　腕 wan³ : wun³　　　温 wen¹ : wen¹

　　　　　　　王 wang² : wong²　　挖 wa¹ : wat⁸

　　　(2) w : m　无 wu¹ : mou²　　　武 wu³ : mou⁴

　　　　　　　务 wu⁴ : mou⁶　　　物 wu⁴ : met⁹

　　　　　　　袜 wa⁴ : mat⁹　　　微 wei² : mei²

　　　　　　　尾 wei³ : mei³　　　未 wei⁴ : mei⁶

　　　　　　　晚 wan³ : man⁴　　　万 wan⁴ : man⁶

　　　　　　　文 wen² : men²　　　吻 wen³ : men⁴

　　　　　　　问 wen⁴ : men⁶　　　亡 wang² : mong²

　　　　　　　网 wang³ : mong⁴　　望 wang⁴ : mong⁶

　　　(3) wu : ng　吾 wu² : ng²　　　午 wu³ : ng⁴

　　　　　　　误 wu⁴ : ng⁶　　　瓦 wa³ : nga⁴

　　　　　　　我 wo³ : ngo⁴　　　卧 wo⁴ : ngo⁶

　　　　　　　外 wai⁴ : ngoi⁶　　危 wei² : ngae²

　　　　　　　伪 wei⁴ : ngae⁶　　魏 wei⁴ : ngae⁶

　　　　　　　屋 wu¹ : nguk⁷（又读）　握 wo⁴ : ngek⁷（又读）

例外:(1)w:j 丸完 wan² : jyn²   翁 weng¹ : jung¹

　　　　　　沃 wo⁴ : juk⁷

　　　(2)w:o 瓮 weng⁴ : ung⁵   屋 wu¹ : uk⁷

　　　　　　握 wo⁴ : ek⁷

6.北京话的 d(ㄉ)——广州话的 d(ㄉ)

例字:答 da¹ : dap⁸   达 da² : dat⁹

　　　德 doe² : dek⁷   带 dai⁴ : dai⁵

　　　待 dai⁴ : doi⁶   倒 dau³ : dou³

　　　豆 dou⁴ : dau⁶   蛋 dan⁴ : dan⁶

　　　党 dang³ : dong³   邓 deng⁴ : deng⁶

　　　弟 di⁴ : day⁶   敌 di² : dik⁹

　　　碟 die² : dip⁹   调 diau⁴ : diu⁶

　　　点 dian³ : dim³   杜 du⁴ : dou⁶

　　　兑 dui⁴ : dey⁶   短 duan³ : dyn³

　　　洞 dung⁴ : dung⁶

例外:d:t 贷 dai⁴ : tai⁵   肚 du⁴ : tou⁴

7.北京话的 t(ㄊ)——广州话的 t(ㄊ)

例字:他 ta¹ : ta¹   榻 ta⁴ : tap⁸

　　　讨 tau³ : tou³   透 tou⁴ : tau⁵

　　　谈 tan² : tam²   唐 tang² : tong²

　　　梯 ti¹ : tae¹   踢 ti¹ : tik⁸

　　　铁 tie³ : tit⁸   添 tian¹ : tim¹

　　　脱 tuo¹ : tyt⁸   痛 tung⁴ : tung⁵

例外:t:d 特 toe⁴ : dek⁹   突 tu² : det⁹

8.北京话的 n(ㄋ)——广州话的 n(ㄋ)

例字:拿 na² : na²   乃 nai³ : nai⁴

　　　内 nei⁴ : noi⁶   纳 na⁴ : nap⁹

　　　脑 nau³ : nou⁴   难 nan² : nan²

嫩 nen⁴ : nyn⁶　　　　　　　　溺 ni⁴ : nik⁹

你 ni³ : nei⁴

例外:(1)n : j　拟 ni³ : ji⁴　　　　孽 nie⁴ : jit⁹

逆 ni⁴ : jik⁹　　　　啮 nie⁴ : jit⁹

(2)n : ng　倪 ni² : ngae²　　逆 ni⁴ : ngak⁹(又读)

牛 niu² : ngau²　　啮 nie⁴ : ngit⁹,ngat⁹(又读)

9.北京话的 l(ㄌ)——广州话的 l(ㄌ)

例字:辣 la⁴ : lat⁹　　　　　来 lai² : loi²

类 lei⁴ : ley⁶　　　　　老 lau³ : lou⁴

陋 lou⁴ : lau⁶　　　　　烂 lan⁴ : lan⁶

冷 leng³ : lang⁴　　　　李 li³ : lei⁴

力 li⁴ : lik⁹　　　　　列 lie⁴ : lit⁹

料 liau⁴ : liu⁶　　　　廉 lian² : lim²

吝 lin⁴ : loen⁶　　　　鹿 lu⁴ : luk⁹

轮 lun² : loen²

例外:l : j　赁 lin⁴ : jem⁶

10.北京话的 i(-)——广州话的 $\left\{\begin{matrix} i \\ ng \end{matrix}\right.$

例字:(1)i : j　医 i¹ : ji¹　　　　　一 i¹ : jet⁷

益 i⁴ : jik⁷　　　　　邑 i⁴ : jep⁷

爷 ie² : je²　　　　　页 ie⁴ : jip⁹

摇 iau² : jiu²　　　　有 iu³ : jau⁴

验 ian⁴ : jim⁶　　　　饮 in³ : jem³

影 ing³ : jing³

(2)i : ng　蚁 i³ : ngay⁴　　　毅艺 i⁴ : ngay⁶

牙衙 ia² : nga²　　　雅 ia³ : nga⁴

肴 iao² : ngao²　　　咬 iao³ : ngao⁴

颜 ian² : ngan²　　　眼 ian³ : ngan⁴

雁 ian^4：ngan^6　　　　银 in^2：ngen^2

硬 ing^4：ngang^6　　　鸭 ia^1：ngap^8(又读)

亚 ia^4：nga^5(又读)

例外：(1)i：o 鸦 ia^1：a^1　　　压 ia^1：at^8

鸭押 ia^1：ap^8　　亚 ia^4：a^5

哑 ia^3：a^3

(2)i：w 永 iung^3：wing^4

11. 北京话的 y(ㄩ)——广州话的$\begin{cases} j \\ w \end{cases}$

例字：(1)y：j　于 y^2：jy^1　　　　月 ye^4：jyt^9

元 yan^2：jyn^2　　　远 yan^3：jyn^4

欲 y^4：juk^9　　　　孕 yn^4：jen^6

(2)y：w　域 y^4：wik^9　　　郁 y^4：wet^7

援 yan^2：wun^2(亦读 jyn^2)

云 yn^2：wen^2　　允 yn^3：wen^4

运 yn^4：wen^6　　匀 yn^2：wen^2

例外：y：ng　岳乐 ye^4：ngok^9

$\boxed{练习}$

注意分别：

鄙比　蚌棒　叛判　迫魄　弥迷　丸顽　完玩　沃握　屋乌

贷代　肚杜　特忒　突图　拟你　擎聂　逆溺　倪泥　赁杏

岳月　岳越　乐(音乐)悦

第八课　类推法（二）

12.北京话的 g(ㄍ)——广州话的 g

例字：g：g 哥 ge¹：go¹　　　　　　阁 ge²：gok⁸

该 gai¹：goi¹　　　　　　高 gau¹：gou¹

狗 gou³：gau³　　　　　　港 gang³：gong³

古 gu³：gu³　　　　　　　谷 gu³：guk⁷

刮 gua¹：gwat⁸　　　　　锅 guo¹：gwo¹

怪 guai⁴：gwai⁵　　　　　贵 gui⁴：gway⁵

惯 guan⁴：gwan⁵　　　　　巩 gung³：gung³

例外：g：k 规 gui¹：kwae¹　　　　箍 gu¹：ku¹

给 gei³,ʨi³：kep⁷

13.北京话的 k(ㄎ)——广州话的 $\begin{cases} k \\ h \\ f \end{cases}$

例字：(1)k：k 卡 ka³：ka³　　　　　夸 kua¹：kwa¹

靠 kau⁴：kao⁵　　　　筐 kuang¹：kwang¹

坤 kuen¹：kwen¹　　　　咳 ke²：ket⁷

(2)k：h 可 ke³：ho³　　　　　客 ke⁴：hak⁸

开 kai¹：hoi¹　　　　　口 kou³：hau³

看 kan⁴：hon⁵　　　　肯 ken³,keng³：heng³

康 kang¹：hong¹　　　　哭 ku¹：huk⁷

空 kung¹：hung¹

(3)k∶f 科 ke¹∶fo¹　　　　　　课 ke⁴∶fo⁵

枯 ku¹∶fu¹　　　　　　裤 ku⁴∶fu⁵

苦 ku³∶fu³　　　　　　阔 kuo⁴∶fut⁸

快 kuai⁴∶fai⁵　　　　　魁 kui¹∶fui¹

宽 kuan¹∶fun¹　　　　　款 kuan³∶fun³

况 kuang⁴∶fong⁵

注意:只有 k 在广州话才变为 f,g 不变为 f,而且除"科、课"外,只有北京念 ku-的才变为 f。

14.北京话的 h(厂)——广州话的 $\begin{cases} h \\ f \\ w \end{cases}$

例字:(1)h∶h 何 he²∶ho²　　　　喝 he¹∶hot⁸

孩 hai²∶hoi²　　　　　黑 hei¹∶hek⁷

鹤 hau⁴,he⁴∶hok⁹

(2)h∶f 乎 hu²∶fu²　　　　　忽 hu¹∶fet⁷

虎 hu³∶fu³　　　　　　花 hua¹∶fa¹

火 huo³∶fo³　　　　　　挥 hui¹∶fay¹

欢 huan¹∶fun¹　　　　　婚 huen¹∶fen¹

荒 huang¹∶fong¹

(3)h∶w 胡 hu²∶wu²　　　　　户 hu⁴∶wu⁶

华 hua²∶wa²　　　　　　划 hua⁴∶wak⁹

滑 hua²∶wat⁹　　　　　活 huo²∶wut⁹

祸 huo⁴∶wo⁶　　　　　　或 huo⁴∶wek⁹

怀 huai²∶wai²　　　　　回 bui²∶wui²

会 hui⁴∶wui⁶　　　　　缓 huan³∶wun⁶

魂 huen²∶wen²　　　　　黄 huang²∶wong²

注意:凡北京话是 hu 或 hu-者,广州话一律变为 f 或 w。除"乎"字外,凡阴平、阴上、阴去、阴入,一律变 f;阳平、阳上、阳去、阳入,一律变 w。

15. 北京话的 q(ㄐ)①—广州话的 $\begin{cases} g \\ z \end{cases}$

例字:(1) q:g 机 qi¹ : gei¹　　　　　急 qi² : gep⁷

　　　　　　　　吉 qi² : get⁷　　　　　季 qi⁴ : gway⁵

　　　　　　　　家 qia¹ : ga¹　　　　　结 qie² : git⁸

　　　　　　　　界 qie⁴ : gai⁵　　　　　交 qiau¹ : gao¹

　　　　　　　　九 qiu³ : gau³　　　　　减 qian³ : gam³

　　　　　　　　景 qing³ : ging³　　　　巨 qy⁴ : gey⁶

　　　　　　　　倦 qyan⁴ : gyn⁶　　　　郡 qyn⁴ : gwen⁶

例字:(2)q:z 接 qie¹ : zip⁸　　　　　借 qie⁴ : ze⁵

　　　　　　　　蕉 qiau¹ : ziu¹　　　　酒 qiu³ : zau³

　　　　　　　　贱 qian⁴ : zin⁶　　　　进 qin⁴ : zoen⁵

　　　　　　　　匠 qiang⁴ : zoeng⁶　　静 qing⁴ : zing⁶

　　　　　　　　绝 qye² : zyt⁹　　　　俊 qyn⁴ : zoen⁵

例外:q:k　　　及 qi² : kep⁹　　　　剧 qy⁴ : keik⁹

　　　　　　决 qye² kyt⁸　　　　襟 qin¹ : kem¹

16. 北京话的 q(ㄑ)——广州话的 $\begin{cases} k \\ h \\ c \end{cases}$

例字:(1)q:k 其 qi² : kei²　　　　　茄 qie² : ke²

　　　　　　　　求 qiu² : kau²　　　　禽 qin² : kem²

　　　　　　　　强 qiang² : koeng²　驱 qy¹ : key¹

　　　　　　　　曲 qy¹ : kuk⁷　　　　缺 qye¹ : kyt⁸

　　　　　　　　确 qye⁴ : kok⁸

　　　(2)q:h 欺 qi¹ : hei¹　　　　　气 qi⁴ : hei⁵

　　　　　　　　巧 qiau³ : hao³　　　　牵 qian¹ : hin¹

　　　　　　　　欠 qian⁴ : him⁵　　　腔 qiang¹ : hong¹

　　　　　　　　去 qy⁴ : hey⁵　　　　圈 qyan¹ : hyn¹

例外:q:j　　丘 qiu¹ : jau¹　　　　钦 qin¹ : jem¹

$$铅 \ qian^1 : jyn^2$$

例字:(3)q:c　妻 $qi^1 : cae^1$　　　　七 $qi^1 : cet^7$

　　　　　　且 $qie^3 : ce^3$　　　　秋 $qiu^1 : cau^1$

　　　　　　亲 $qin^1 : cen^1$　　　　千 $qian^1 : cin^1$

　　　　　　情 $qing^2 : cing^2$　　　取 $qy^3 : cey^3$

　　　　　　泉 $qyan^2 : cyn^2$

17. 北京话的 x(ㄒ)——广州话的 $\begin{cases} h \\ s \\ z \\ c \end{cases}$

例字:(1) x:h　喜 $xi^3 : hei^3$　　　　鞋 $xie^2 : hai^3$

　　　　　　晓 $xiau^3 : hiu^3$　　　闲 $xian^2 : han^2$

　　　　　　巷 $xiang^4 : hong^6$　　虚 $xy^1 : hey^1$

　　　　　　行 $xing^2 : heng^2$

　　(2)x:s　细 $xi^4 : sae^5$　　　　写 $xie^3 : se^3$

　　　　　　笑 $xiau^4 : siu^5$　　　修 $xiu^1 : sau^1$

　　　　　　先 $xian^1 : sin^1$　　　信 $xin^4 : soen^5$

　　　　　　性 $xing^4 : sing^5$　　　雪 $xye^3 : syt^8$

　　　　　　宣 $xyan^1 : syn^1$

例外:(1)x:j　休 $xiu^1 : jau^1$　　　　欣 $xin^1 : jen^1$

　　　　　　旭 $xy^4 : juk^7$　　　　形刑型 $xing^2 : jing^2$

　　(2)x:n　朽 $xiu^3 : nau^4$

例字:(3)x:z　袭 $xi^2 : zep^9$　　　　席 $xi^2 : zeik^9$

　　　　　　夕 $xi^4 : zik^9$　　　　谢 $xie^4 : ze^6$

　　　　　　象 $xiang^4 : zoeng^6$

　　(4)x:c　邪 $xie^2 : ce^2$　　　　徐 $xy^2 : cey^2$

　　　　　　巡 $xyn^2 : coen^2$　　　肖 $xiau^4 : ciu^5$

18. 北京话的 ○(无声母)——广州话的 $\begin{cases} o \\ ng \\ j \end{cases}$

例字：(1) ○：○厨 o^1：o^1　　　　　　　爱 ai^4：oi^5

　　　　　　　矮 ai^3：ai^3，ae^3　　　　奥 au^4：ou^5

　　　　　　　欧 ou^1：au^1　　　　　　案 an^4：on^5

　　　　　　　安 an^1：on^1

注意：这些字也都可以加上声母 ng。

　　　　(2) ○：ng 鹅 e^2：ngo^2　　　　额 e^2：$ngak^9$

　　　　　　　鄂 e^4：$ngok^9$　　　　　艾 ai^4：$ngai^6$

　　　　　　　碍 ai^4：$ngoi^6$　　　　傲 au^4：$ngou^6$

　　　　　　　偶 ou^3：$ngau^4$　　　　岸 an^4：$ngon^6$

　　　　　　　昂 ang^2：$ngong^2$

　　　　(3) ○：j 恩 en^1：jen^1　　　　儿 er^2：i^2

　　　　　　　耳 er^3：i^4　　　　　　二 er^4：i^6

　　19.北京话的 $\left\{\begin{array}{l}\text{zh（坐）}\\ \text{z（卩）}\end{array}\right\}$——广州话的 z

例字：(1) zh：z 织 $zh\mathrm{I}^1$：zik^7　　　　侄 $zh\mathrm{I}^2$：zet^9

　　　　　　　治 $zh\mathrm{I}^4$：zi^6　　　　　遮 zhe^1：ze^1

　　　　　　　招 $zhau^1$：ziu^1　　　　展 $zhan^3$：zin^3

　　　　　　　枕 $zhen^3$：zem^3　　　　政 $zheng^4$：$zing^5$

　　　　　　　主 zhu^3：zy^3　　　　　捉 $zhuo^1$：zuk^8

　　　　　　　转 $zhuan^3$：zyn^3　　　状 $zhuang^4$：$zong^6$

　　　　(2) z：z 杂 za^2：zap^9　　　　责 ze^2：zak^8

　　　　　　　早 zau^3：zou^3　　　　赞 zan^4：zan^4

　　　　　　　赠 $zeng^4$：$zeng^6$　　　　座 zuo^4：zo^6

　　　　　　　罪 zui^4：zey^6　　　　宗 $zung^1$：$zung^1$

例外：zh：s　兆 $zhao^4$：siu^6

　　　zh：c　诊 $zhen^3$：cen^3（又读）　卓 $zhuo^2$：$coek^8$

　　　zh：d　秩 $zh\mathrm{I}^4$：dit^9

　　20.北京话的 $\left\{\begin{array}{l}\text{ch（彳）}\\ \text{c（ㄘ）}\end{array}\right\}$——广州话的 c

例字：(1)ch：c 齿zhɪ³：ci³

察 cha²：cat⁸

丑 chou³：cau³

初 chu¹：co¹

穿 chuan¹：cyn¹

窗 chuang¹：coeng¹

尺 chɪ³：ceik⁸

车 che¹：ce¹

忏 chan⁴：cam⁵

出 chu¹：coet⁷

春 chun¹：coen¹

(2)c：c 此cɪ³：ci³

菜 cai⁴：coi⁵

粗 cu¹：cou¹

存 cun²：cyn²

策 ce⁴：cak⁸

残 can²：can²

撮 cuo⁴：cyt⁸

从 cung²：cung²

例外：(1)ch：s 愁仇 chou²：sau²

成城乘丞 cheng²：sing²

晨臣 chen²：sen²

唇 chun²：soen²

(2)c：z 测 ce⁴：zek⁷

(3)c：s 岑 cen²：sem²

(4)ch：h 吃chɪ¹：hek⁸，jak⁸

21. 北京话的 $\left\{\begin{array}{l} \text{sh(ㄕ)} \\ \text{s(ㄙ)} \end{array}\right\}$ ——广州话的 s

例字：(1)sh：s 沙 sha¹：sa¹

寿 shou⁴：sau⁶

甚 shen⁴：sem⁶

绳 sheng²：sing²

舌 she²：sit⁹

衫 shan¹：sam¹

十shɪ²：sep⁹

熟 shou²，shu²：suk⁹

(2)s：s 私sɪ¹：si¹

扫 sau³：sou⁵

粟 su⁴：suk⁷

孙 sun¹：syn¹

四sɪ⁴：sei⁵

三 san¹：sam¹

酸 suan¹：syn¹

宋 sung⁴：sung⁵

例外：(1)sh：c 设 she⁴：cit⁸

(2)s：z 俗 su²：zuk⁹

颂讼诵 sung⁴：zung⁶

始矢豕shɪ³：ci³

寺sɪ⁴：zi⁶

（3）s：c 赛 sai⁴：coi⁵　　　　　似 sɿ⁴：ci⁴

随 sui²：sey²　　　　　速 su⁴：cuk⁷

22. 北京话的 r（ʐ）——广州话的 j

例字：日 rɿ⁴：jet⁹　　　　　热 re⁴：jit⁹

惹 re³：je⁴　　　　　扰 rao³：jiu⁴

柔 rou²：jau²　　　　　肉 rou⁴，ru⁴：juk⁵

然 ran²：jin²　　　　　染 ran³：jim⁴

人 ren²：jen²　　　　　认 ren⁴：jing⁶

让 rang⁴：joeng⁶　　　　　仍 reng²：jing²

如 ru²：jy²　　　　　入 ru⁴：jep⁹

弱 ruo⁴，rao⁴：joek⁹　　　　　蕊 rui³：jey⁴

软 ruan³：jyn⁴　　　　　闰 run⁴：joen⁶

戎 rung²：jung²　　　　　锐 rui⁴：jey⁶

例外：（1）r：s 瑞 rui⁴：sey⁶

（2）r：w 扔 reng¹：wing¹　　　荣 rung²：wing²

（3）r：j 容溶融 rung²：jung²

说　明

北京话里 i、y 的前面没有 z、c、s；但是北京的曲艺界至今还讲究分别 zi 类字和 gi 类字，他们把前一类叫做尖音，后一类叫做团音。尖音在广州念 z、c、s，团音在广州念 g、k、h。

练　习

注意分别：

给急　级急　及极　规归　丘秋　钦衾　铅牵　况邝　休羞

欣新　形行　旭畜　兆赵　愁绸　仇俦　晨尘　臣陈　成绳

侧测　吃痴　寺是　象相　颂宋　谢泻　席昔　似四　随虽

邪些　戎荣

第九课　类推法(三)

(乙)韵母的类推

1. 北京话的 a(ㄚ)——广州话的 $\begin{cases} a \\ ap \\ at \end{cases}$

例字：(1) a：a　罢 ba⁴：ba⁶　　　　花 hua¹：fa¹

　　　　　　　家 ɥia¹：ga¹　　　　马 ma³：ma⁴

　　　　　　　瓜 gua¹：gwa¹　　　牙 ia²：nga²

　　　　　　　沙 sha¹：sa¹　　　　话 hua⁴：wa⁶

　　　(2) a：ap　答 da¹：dap⁸　　　鸭 ia¹：ap⁸

　　　　　　　甲 ɥia³：gap⁸　　　匣 xia²：hap⁹

　　　　　　　腊 la⁴：lap⁹　　　　纳 na⁴：nap⁹

　　　　　　　塔 ta³：tap⁸　　　　插 cha¹：cap⁸

　　　(3) a：at　压 ia¹：at⁸　　　　八 ba¹：bat⁸

　　　　　　　达 da²：dat⁹　　　　扎 zha²：zat⁸

　　　　　　　发 fa³：fat⁸　　　　刮 gua¹：gwat⁸

　　　　　　　辣 la⁴：lat⁹　　　　捺 na⁴：nat⁹

　　　　　　　撒 sa¹：sat⁸　　　　杀 sha¹：sat⁸

　　　　　　　察 cha²：cat⁸　　　　滑 hua²：wat⁹

　　例外：a：et　拔 ba²：bet⁹　　　　袜 wa⁴：met⁹

　　　　　a：ai　拉 la¹：lai¹

2. 北京话的 o（ㄛ）——广州话的 $\left\{\begin{array}{l}o\\ok\\oek\\yt\\ut\end{array}\right.$

例字：(1) o：o　波 bo¹, po¹ : bo¹　　　　惰 duo⁴ : do⁶
　　　　　　　　　货 huo⁴ : fo⁵　　　　　我 wo³ : ngo⁴
　　　　　　　　　拖 tuo¹ : to¹　　　　　魔 mo² : mo¹
　　　　(2) o：ok　博 bo² : bok⁸　　　　昨 zuo² : zok⁹
　　　　　　　　　国 guo² : gwok⁸　　　落 luo⁴ : lok⁹
　　　　　　　　　莫 mo⁴ : mok⁹　　　　诺 nuo⁴ : nok⁹
　　　　　　　　　获 huo⁴ : wok⁹
　　　　(3) o：oek 酌 zhuo² : zoek⁸　　卓 zhuo² : coek⁸
　　　　　　　　　着 zhuo² : zoek⁹
　　　　(4) o：yt　夺 duo² : dyt⁹　　　脱 tuo¹ : tyt⁸
　　　　　　　　　说 shuo¹ : syt⁸　　　撮 cuo⁴ : cyt⁸
　　　　(5) o：ut　活 huo² : wut⁹　　　钵 bo¹ : but⁸
　　　　　　　　　勃 bo² : but⁹　　　　阔 kuo⁴ : fut⁸
　　　　　　　　　括 kuo⁴, gua¹ : kut⁸　末 mo⁴ : mut⁹
　　　　　　　　　泼 po¹ : put⁸
例外：(1) o：oe 朵 duo³ : doe（又读）
　　　　(2) o：ak 或惑 huo⁴ : wak⁹
　　　　(3) o：uk 捉 zhuo¹ : zuk⁷　　　浊 zhuo² : zuk⁹

3. 北京话的 e（ㄜ）——广州话的 $\left\{\begin{array}{l}o\\ot\\ok\\ak\\ek\\ep\\e（ㄝ）\\it\\ik\\ip\end{array}\right.$

例字:(1)e：o　哥 ge^1 : go^1　　　　　个　ge^4 : go^5

科 ke^1 : fo^1　　　　　课 ke^4 : fo^5

可 ke^3 : ho^3　　　　　货 huo^4 : fo^5

何 he^2 : ho^2　　　　　贺 he^4 : ho^6

和 he^2 : wo^2

(2)e：ot　割 ge^1 : got^8　　　　葛 ge^3 : got^8

渴 ke^3 : hot^8

(3)e：ok　各 ge^4 : gok^8　　　　涸 he^2 : hok^8

壳 ke^2,qiau^4 : hok^8

(4)e：ak　格革隔 ge^2 : gak^8　　　客 ke^4 : hak^8

赫 he^4 : hak^7　　　　宅 zhe^4,zhai^2 : zak^9

拆 che^4,chai^1 : cak^8　　策 ce^4 : cak^8

(5)e：ek　克刻 ke^4 : hek^7　　　黑 he^4,hei^1 : hek^7

德得 de^2 : dek^7　　　则 ze^2 : zek^7

测 ce^4 : cek^7　　　　塞 se^4,sei^1 : sek^7

(6)e：ep　磕瞌 ke^2 : hep^9　　　合 he^2 : hap^9

(7)e：e　遮 zhe^1 : ze^1　　　　者 zhe^3 : ze^3

车 che^1 : ce^1　　　　扯 che^3 : ce^3

赊 she^1 : se^1　　　　蛇 she^2 : se^2

社 she^4 : se^4　　　　舍 she^4 : se^5

惹 re^3 : je^4

(8)e：it　折 zhe^2 : zit^8　　　　彻 che^4 : cit^8

舌 she^2 : sit^9　　　　设 she^4 : cit^8

热 re^4 : jit^9

(9)e：ik　色 se^4,shai^3 : sik^7

(10)e：ip　折 zhe^2 : zip^8(又读)　涉 she^4 : sip^9

4.北京话的 ie(ㄧㄝ)——广州话的 $\begin{cases} e(ㄝ) \\ ai \\ it \\ ip \end{cases}$

例字:(1)ie：e　爹 die¹：de¹　　　　　姐 ɥie³：ze³

　　　　　　　　谢 xie⁴：ze⁶　　　　　野 ie³：je⁴

　　　　　　　　写 xie³：se³　　　　　邪 xie²：ce²

　　　　　　　　借 ɥie⁴：ze⁵

　　　(2)ie：ai　街皆 ɥie¹：gai¹　　　解 ɥie³：gai³

　　　　　　　　界戒 ɥie⁴：gai⁵

　　　(3)ie：it　别 bie²：bit⁹　　　　跌 die¹：dit⁸

　　　　　　　　节 ɥie²：zit⁸　　　　切 qie⁴：cit⁷

　　　　　　　　灭 mie⁴：mit⁹　　　　列 lie⁴：lit⁹

　　　　　　　　铁 tie³：tit⁸　　　　歇 xie¹：hit⁸

　　　(4)ie：ip　叶 ie⁴：jip⁹　　　　劫 ɥie²：gip⁸

　　　　　　　　协 xie²：hip⁸　　　　叠 die²：dip⁹

　　　　　　　　猎 lie⁴：lip⁹　　　　接 ɥie¹：zip⁸

例外:ie：yt　劣 lie⁴：lyt⁹

5. 北京话的 ye(ㄩㄝ)——广州话的 $\begin{cases} yt \\ ok \\ oek \end{cases}$

例字:(1)ye：yt　雪 xye³：syt⁸　　　　绝 ɥye²：zyt⁹

　　　　　　　　血 xye⁴,xie³：hyt⁸　　月粤悦越 ye⁴：jyt⁹

　　　　　　　　缺 qye¹：kyt⁸

　　　(2)ye：ok　角觉 ɥye²,ɥiau³：gok³　学 xye²,xiau²：hok⁹

　　　(3)ye：oek　脚 ɥye²,ɥiau³：goek⁸　爵 ɥye²：zoek⁸

　　　　　　　　雀鹊 qye⁴,qiau³：coek⁸　削 xye⁴,xiau¹：soek⁸

　　　　　　　　略 lye⁴：loek⁹

例外:(1)ye：wet　掘 ɥye²：gwet⁹

　　　(2)ye：oe　靴 xye¹：hoe¹

6. 北京话的 ɿ(帀)——广州话的 $\begin{cases} i \\ æ \\ ep \\ et \\ ik \end{cases}$

例字:(1)ɪ：i　知zhɪ^1：zi^1　　　　纸zhɪ^3：zi^3

诗shɪ^1：si^1　　　　事shɪ^4：si^6

池chɪ^2：ci^2　　　　耻chɪ^3：ci^3

资zɪ^1：zi^1　　　　紫zɪ^3：zi

思sɪ^1：si^1　　　　慈cɪ^2：ci^2

此cɪ^3：ci^3　　　　自zɪ^4：zi^6

(2)ɪ：ae　制zhɪ^4：zae^5　　　　世势shɪ^4：sae^5

誓shɪ^4：sae^6

(3)ɪ：ep　执zhɪ^2：zep^7　　　　汁zhɪ^1：zep^7

湿shɪ^1：sep^7　　　　十拾shɪ^2：sep^9

(4)ɪ：et　质zhɪ^2：zet^7　　　　侄zhɪ^2：zet^9

失shɪ^1：set^7　　　　实shɪ^2：set^9

室shɪ^4：set^7　　　　日rɪ^4：jet^9

(5)ɪ：ik　织zhɪ^1：zik^7　　　　直zhɪ^2：zik^9

炙zhɪ^4：zik^7　　　　赤chɪ^4：cik^7

食shɪ^2：sik^9　　　　式适shɪ^4：sk^7

释识shɪ^4：sik^7

例外:(1)ɪ：ei　四sɪ^4：sei^5(但文言 si^5)

死sɪ^3：sei^3(但文言 si^3)

(2)ɪ：e　姊zɪ^3：ze^3

说　明

　　"知"类和"资"类应分别看待。"资"类(即以 z、c、s 为声母者)和广州话对应时,只有 i,没有 ae、ep、et、ik。

　　7. 北京话的 er——广州话的 i

例字:儿而　er^2：i^2　　　耳　er^3：i^4　　　二　er^6：i^6

8. 北京话的 i——广州话的 $\begin{cases} i \\ ei \\ ae \\ ep \\ et \\ ik \end{cases}$

例字:(1)i∶i 衣 i¹∶i¹　　　意 i⁴∶i⁵

(2)i∶ei 比 bi³∶bei³　　　地 di⁴∶dei⁶

机 ȵi¹∶gei¹　　　气 qi⁴∶hei⁵

期 ȵi²∶kei²　　　利 li⁴∶lei⁶

尼 ni²∶nei²　　　皮 pi²∶pei²

(3)i∶ae 闭 bi⁴∶bae⁵　　　帝 di⁴∶dae⁵

济 ȵi⁴∶zae⁵　　　计 ȵi⁴∶gae⁵

鸡 ȵi¹∶gae¹　　　系 xi⁴∶hae⁶

启 qi³∶kae³　　　例 li⁴∶lae⁶

米 mi³∶mae⁴　　　蚁 i³∶ngae⁴

西 xi¹∶sae¹　　　洗 xi³∶sae³

批 pi¹∶pae¹　　　体 ti³∶tae³

齐 ȵi²∶cae²

注意:北京话 i 韵的字,在广州话里其声母为 z、c、s 者,只入 ae 韵,不入 ei 韵,其声母为 d、t 者,除"地"字外,亦只入 ae 韵,不入 ei 韵。

(4)i∶ep 急 ȵi²∶gep⁷　　　邑 i⁴∶jep⁷

吸 xi¹∶hep⁷　　　及 ȵi²∶kep⁹

立 li⁴∶lep⁹　　　辑 ȵi²∶cep⁷

(5)i∶et 毕 bi⁴∶bet⁷　　　乞 qi³∶het⁷

一 i¹∶jet⁷　　　密 mi⁴∶met⁹

匹 pi³∶pet⁷　　　七 qi¹∶cet⁷

(6)i∶ik 逆 ni⁴∶jik⁹　　　翼 i⁴∶jik⁹

壁 bi⁴∶bik⁷　　　敌 di²∶dik⁹

即 ȵi²∶zik⁷　　　极 ȵi²∶gik⁹

隙 xi⁴∶gwik⁷　　　觅 mi⁴∶mik⁹

僻 pi⁴∶pik⁷　　　息 xi²∶sik⁷

戚 qi¹∶cik⁷

例外:(1)i∶oet 栗 li⁴∶loet⁹

（2）i：yt　乙 i³：yt⁸，yt⁹
（3）i：it　必 bi⁴：bit⁷

9. 北京话的 y（ㄩ）——广州话的 $\begin{cases} y \\ ey \\ uk \\ wet \\ oet \end{cases}$

例字：（1）y：y　于 y²：y¹　　　　　　鱼 y²：y²

　　　　　　　　　与 y³：y⁴　　　　　　豫 y⁴：y⁶

　　　（2）y：ey 居 ɥy¹：gey¹　　　　　具 ɥy⁴：gey⁶

　　　　　　　　　俱 ɥy¹：gey⁶，key⁶　　吕 ly³：ley⁴

　　　　　　　　　虑 ly⁴：ley⁶　　　　　绪 xy⁴：sey⁴

　　　　　　　　　絮 xy⁴：sey⁵　　　　　徐 xy²：cey²

　　　　　　　　　取 qy³：cey³　　　　　去 qy⁴：hey⁵

　　　　　　　　　需 xy¹：sey¹

　　　（3）y：uk 续 xy⁴：zuk⁹　　　　　菊 ɥy²：guk⁷

　　　　　　　　　郁 y⁴：juk⁷　　　　　玉 y⁴：juk⁹

　　　　　　　　　曲 qy¹：kuk⁷　　　　　绿 ly⁴：luk⁹

　　　　　　　　　畜 xy⁴：cuk⁷

　　　（4）y：wet 橘 ɥy²：gwet⁷　　　　屈 qy¹：wet⁷

　　　　　　　　　抑郁 y⁴：wet⁷　　　　聿 y⁴：wet⁹

　　　（5）y：oet 律 ly⁴：loet⁹　　　　戌 xy¹：soet⁷

　　　　　　　　　恤卹 xy⁴：soet⁷

例外：　y：ay　婿 xy⁴：say⁵

　　　　y：ek　剧 ɥy⁴：kek⁹

　　　　y：ou　须 xy¹：sou¹

10. 北京话的 u（ㄨ）——广州话的 $\begin{cases} u \\ ou \\ y \\ uk \\ oet \end{cases}$

例字：(1)u：u　　　乌 u¹：wu¹　　　　　胡 hu²：wu²

夫 fu¹：fu¹　　　　　虎 hu³：fu³

孤 gu¹：gu¹　　　　　顾 gu⁴：gu³

箍 gu¹：ku¹

注意：就广州话来说，除入声字外，声母为 g、k、h、f、w 而在北京话又属 u 韵者，仍旧是 u 韵字。

（2）u：ou　　　部 bu⁴：bou⁶　　　　都 du¹：dou¹

度 du⁴：dou⁶　　　　租 zu¹：zou¹

庐 lu²：lou²　　　　路 lu⁴：lou⁶

无 u²：mou²　　　　母 mu³：mou⁴

慕 mu⁴：mou⁶　　　　奴 nu²：nou²

铺 pu⁴：pou⁵　　　　诉 su⁴：sou⁵

土 tu³：tou³　　　　粗 cu¹：cou¹

注意：凡北京话 u 韵字，除入声字外，声母为 b、p、m、d、t、n、l、z、c、s 者，又广州话声母为 m 者，一律变为 ou 韵字。

（3）u：y　　　猪 zhu¹：zy¹　　　　主 zhu³：zy³

住 zhu⁴：zy⁶　　　　书 shu¹：sy¹

署 shu³：sy³　　　　树 shu⁴：sy⁶

厨 chu²：cy²，cey²　　柱 zhu⁴：cy⁴

处 chu⁴：cy⁵　　　　如 ru²：y²

乳 ru³：y⁴　　　　　孺 ru⁴：y²

注意：北京话 u 韵字，除入声字外，其声母为 zh、ch、sh、r 者，一律变为 y 韵字。

（4）u：uk　　　仆 pu²：buk⁹　　　　读 du²：duk⁹

俗 su²：zuk⁹　　　　谷 gu³：guk⁷

哭 ku¹：huk⁷　　　　陆鹿 lu⁴：luk⁹

木目 mu⁴：muk⁹　　　宿 su⁴：suk⁷

叔 shu¹：suk⁷　　　　秃 tu¹：tuk⁷

$$促\ cu^4：cuk^7$$

（五）u：oet　卒 zu^2：$zoet^7$　　　　黜 chu^4：$zoet^7$

$$述术\ shu^4：soet^9$$　　　出齣 chu^1：$coet^7$

$$\boxed{练\ 习}$$

注意分别：

惑获　捉桌　浊着　掘决　乙抑　栗力　婿絮　剧据　须需

第十课　类推法(四)

11. 北京话的 ai(ㄞ)——广州话的 $\begin{cases} ai \\ oi \end{cases}$

例字:(1)ai:ai 摆 bai³:bai³ 　　　带戴 dai⁴:dai⁵

　　　　　怪 guai⁴:gwai⁵ 　　　赖 lai⁴:lai⁶

　　　　　埋 mai²:mai² 　　　奶 nai³:nai⁴

　　　　　斋 zhai¹:zai¹

注意:m 的后面只有 ai 韵,没有 oi 韵。

　　　(2)ai:oi 待 dai⁴:doi⁶ 　　　灾 zai¹:zoi¹

　　　　　改 gai³:goi³ 　　　来 lai²:loi²

　　　　　开 kai¹:hoi¹ 　　　慨 kai⁴:koi⁵

　　　　　耐 nai⁴:noi⁶ 　　　外 wai⁴:ngoi⁶

　　　　　台 tai²:toi² 　　　才 cai²:coi²

　　　　　腮 sai¹:soi¹

例外:uai:ey　衰 shuai¹:sey¹ 　　　帅 shuai⁴:sey⁵

12. 北京话的 ei(ㄟ)——广州话的 $\begin{cases} ei \\ ui \end{cases}$

例字:(1)ei:ei 卑 bei¹:bei¹ 　　　被备 bei⁴:bei⁶

　　　　　非飞 fei¹:fei¹ 　　　肥 fei²:fei²

　　　　　眉 mei²:mei² 　　　美 mei³:mei⁴

　　　　　微 wei²:mei² 　　　尾 wei³:mei⁴

(2)ei：ui 杯 bei¹：bui¹ 　　　　　　辈 bei⁴：bui⁵

　　　　　煤 mei²：mui² 　　　　　　每 mei³：mui⁴

　　　　　妹 mei⁴：mui⁶ 　　　　　　培 pei²：pui²

　　　　　佩 pei⁴：pui⁵

例外：ei：ey 　　雷 lei²：ley² 　　　　　类 lei⁴：ley⁶

13.北京话的 ui（ㄨㄟ）——广州话的 ey

例字：对 dui⁴：dey⁵ 　　　　　　堆 dui¹：dey¹

　　　队 dui⁴：dey⁶ 　　　　　　嘴 zui³：zey³

　　　最醉 zui⁴：zey⁵ 　　　　　罪 zui⁴：zey⁶

　　　追 zhui¹：zey¹ 　　　　　　坠 zhui⁴：zey⁶

　　　锐 rui⁴：jey⁶ 　　　　　　虽 sui¹,sui²：sey¹

　　　岁 sui⁴：sey⁵ 　　　　　　遂 sui⁴：sey⁶

　　　谁 shui²,shei²：sey² 　　　水 shui³：sey³

　　　税 shui⁴：sey⁵ 　　　　　催 cui¹：cey¹

　　　随 sui²：cey²

注意：凡广州话以 d、t、z、c、s、j 起首的字（即北京话以 d、t、z、c、s、zh、ch、sh、r 起首的字），只念 ey 韵，不念 ui 韵。

14.北京话的 au（ㄠ）——广州话的 $\begin{cases} ao \\ ou \\ iu \end{cases}$

例字：(1)ao：ao 饱 bau³：bao³ 　　　　罩 zhau⁴：zao⁵

　　　　　矛 mau²：mao² 　　　　　貌 mau⁴：mao⁶

　　　　　炮 pau⁴：pao⁵ 　　　　　稍 shau¹：sao³

　　　　　巢 chau²：cao² 　　　　　炒 chau³：cao³

　　　(2)ao：ou 暴 bau⁴：bou⁶ 　　　　导 dau³：dou⁶

　　　　　造 zau⁴：zou⁶ 　　　　　高 gau¹：gou¹

　　　　　号 hau⁴：hou⁶ 　　　　　帽 mau⁴：mou⁶

　　　　　傲 au⁴：ngou⁶ 　　　　　扫 sau³：sou⁵

　　　　　陶 tau²：tou² 　　　　　操 cau¹：cou¹

$$草\ cau^3：cou^3 \qquad\qquad 劳\ lau^2：lou^2$$

注意：凡北京话 au 韵字，其声母为 d、t、l 者，广州话只念 ou 韵，不念 ao 韵。

(3) ao：iu　招 $zhau^1：ziu^1$ 　　　　　赵 $zhau^4：ziu^6$

超 $chau^1：ciu^1$ 　　　　　潮 $chau^2：ciu^2$

少 $shau^3：siu^3$ 　　　　　饶 $rau^2：jiu^2$

注意：北京话 au 韵字，其声母为 zh、ch、sh、r 者，在广州话里，大多数入 iu 韵，少数入 ao 韵，没有入 ou 韵的。

15. 北京话的 iau（ㄠ）——广州话的 $\begin{cases} iu \\ ao \end{cases}$

例字：(1) iau：iu　要 $iau^4：iu^5$ 　　　　雕貂 $diau^1：diu^1$

椒焦 ʮ$iau^1：ziu^1$ 　　　　骄 ʮ$iau^1：giu^1$

聊 $liau^2：liu^2$ 　　　　　鸟 $niau^3：niu^4$

庙 $miau^4：miu^6$ 　　　　消 $xiau^1：siu^1$

肖 $xiau^4：ciu^5$

(2) iao：ao　交 ʮ$iau^1：gao^1$ 　　　　教 ʮ$iau^4：gao^5$

敲 $qiau^1：hao^1$ 　　　　巧 $qiau^3：hao^3$

孝 $xiau^4：hao^5$ 　　　　效 $xiau^4：hao^6$

咬 $iau^3：ngao^4$

注意：北京话 iau 韵字，其声母为 ʮ、q、x 或零者，在广州话里分属 iu、ao 两韵；其余只入 iu 韵，不入 ao 韵。

16. 北京话的 $\begin{cases} ou（ㄡ） \\ iu（ㄧㄡ） \end{cases}$ ——广州话的 au

例字：(1) ou：au　欧 $ou^1：au^1$ 　　　　　斗 $dou^3：dau^3$

走 $zou^3：zau^3$ 　　　　　州 $zhou^1：zau^1$

否 $fou^3：fau^3$ 　　　　　够 $gou^4：gau^5$

候 $hou^4：hau^6$ 　　　　　厚 $hou^4：hau^4$

楼 $lou^2：lau^2$ 　　　　　漏 $lou^4：lau^6$

搜 sou^1：sau^1, sau^3　　偶 ou^3：ngau^4

头 tou^2：tau^2　　寿 shou^4：sau^6

臭 chou^4：cau^5　　凑 cou^4：cau^5

(2) iu：au　就 ɋiu^4：zau^6　　九 ɋiu^3：gau^3

舅 ɋiu^4：kau^4　　游 iu^2：jau^2

柳 liu^3：lau^4　　球 qiu^2：kau^2

谬 miu^4：mau^6　　纽 niu^3：nau^3

牛 niu^2：ngau^2　　绣 xiu^4：sau^5

秋 qiu^1：cau^1

练习

注意分别：楷凯　斋灾　飞灰　浮扶　教救

第十一课　类推法(五)

17. 北京话的 an（ㄢ）——广州话的 $\begin{cases} \text{an} \\ \text{on} \\ \text{un} \\ \text{in} \\ \text{am} \\ \text{im} \\ \text{em} \end{cases}$

例字：(1) an：an　班 ban¹：ban¹　　　　丹 dan¹：dan¹

反 fan³：fan³　　　　盏 zhan³：zan³

伞 san³：san⁵　　　　炭 tan⁴：tan⁵

烂 lan⁴：lan⁶　　　　蛮 man²：man²

难 nan²：nan²　　　　产 chan³：can³

山 shan¹：san¹

(2) an：on　安 an¹：on¹　　　　干 gan⁴：gon⁵

汉 han⁴：hon⁵　　　　看 kan⁴：hon⁵

汗 han⁴：hon⁶　　　　岸 an⁴：ngon⁵

注意：念 on 韵者只限于 g、k、h、ng 及零母字。

(3) an：un　般 ban¹：bun¹　　　　判 pan⁴：pun⁵

伴 ban⁴：bun⁶　　　　瞒 man²：mun²

满 man³：mun⁴　　　　潘 pan¹：pun¹

盘 pan²：pun²

注意：这一类只限于 b、p、m 三个声母的字。

（4）an：in　战 zhan^4：zin^5　　　展 zhan^3：zin^3

　　　　　　扇 shan^4：sin^5　　　善 shan^4：sin^6

　　　　　　缠 chan^2：cin^2　　　然 ran^2：jin^2

注意：凡北京话 an 韵字，其声母为 zh、ch、sh、r 者，在广州话里大多数念入 in 韵或 im 韵。

（5）an：am　胆 dan^3：dam^3　　　斩 zhan^3：zam^3

　　　　　　蓝 lan^2：lam^2　　　南 nan^2：nam^2

　　　　　　三 san^1：sam^1　　　衫 shan^1：sam^1

　　　　　　谭 tan^2：tam^2　　　蚕 can^2：cam^2

（6）an：im　占 zhan^4：zim^5　　　陕 shan^3：sim^3

　　　　　　蟾 chan^2：sim^2　　　谄 chan^3：cim^3

　　　　　　粘 zhan^1：zim^1

（7）an：em　庵 an^1：em^1　　　甘 gan^1：gem^1

　　　　　　感敢 gan^3：gem^3　　　堪 kan^1：hem^1

　　　　　　含 han^2：hem^2　　　憾 han^4：hem^6

注意：这类只限于 g、k、h 及零母。

18. 北京话的 uan(ㄨㄢ)——广州话的 $\begin{cases} \text{wan} \\ \text{un} \\ \text{yn} \end{cases}$

例字：（1）uan：wan　关 guan^1：gwan^1　　　惯 guan^4：gwan^5

　　　　　　　湾 uan^1：wan^1　　　挽 uan^3：wan^4

　　　　　　　环还 huan^2：wan^2　　　顽 uan^2：wan^2

　　　　　　　幻患 huan^4：wan^6

　　（2）uan：un　官观 guan^1：gun^1　　　管莞 guan^3：gun^3

　　　　　　　贯灌 guan^4：gun^5　　　宽 kuan^1：fun^1

　　　　　　　欢 huan^1：fun^1　　　款 kuan^3：fun^3

　　　　　　　桓 huam^2：wun^2　　　碗 uan^3：wun^3

　　　　　　　唤 huan^4：wun^6　　　缓 huan^3：wun^6

　　（3）uan：yn　端 duan^1：dyn^1　　　短 duan^3：dyn^3

$$断\ duan^4:tyn^4,dyn^5 \qquad 钻\ zuan^1:zyn^5$$
$$转\ zhuan^3:zyn^3 \qquad 乱\ luan^4:lyn^6$$
$$船\ chuan^2:syn^2 \qquad 团\ tuan^2:tyn^2$$
$$传\ chuan^2:cyn^2 \qquad 窜\ cuan^4:cyn^3$$
$$暖\ nuan^3:nyn^4 \qquad 软\ ruan^3:jyn^4$$
$$丸\ uan^2:jyn^2$$

注意:北方话 uan 韵,其声母为 d、t、n、l、zh、ch、sh、r、z、c、s 者,在广州话里,一律变为 yn 韵。"丸"字不合此例而念 iyn,是例外。

19. 北京话的 ian（l乃）——广州话的 $\begin{cases} in \\ im \end{cases}$

例字:(1)ian:in　烟 $ian^1:in^1$ 　　　边 $bian^1:bin^1$
$$典\ dian^3:din^3 \qquad 贱\ qian^4:zin^6$$
$$件\ qian^4:gin^6 \qquad 宪\ xian^4:hin^5$$
$$虔\ qian^2:kin^2 \qquad 连\ lian^2:lin^2$$
$$眠\ mian^2:min^2 \qquad 年\ nian^2:nin^2$$
$$先\ xian^1:sin^1$$

(2)ian:im　炎 $ian^2:im^2$ 　　　店 $dian^4:dim^5$
$$渐\ qian^4:zim^6 \qquad 剑\ qian^4:gim^5$$
$$险\ xian^3:him^3 \qquad 念\ nian^4:nim^6$$
$$添\ tian^1:tim^1 \qquad 签\ qian^1:cim^1$$

例外:ian:yn　联 $lian^2:lyn^2$ 　　　县 $xian^4:iyn^6$

20. 北京话的 yan——广州话的 yn

例字:渊冤 $yan^1:jyn^1$ 　　　　　元原 $yan^2:jyn^2$
$$怨\ yan^4:jyn^5 \qquad\quad 愿院\ yan^4:jyn^6$$
$$捐\ ɥan^1:gyn^1 \qquad\quad 卷\ ɥan^3:gyn^3$$
$$眷\ ɥan^4:gyn^5 \qquad\quad 拳权\ qian^2:kyn^2$$
$$宣\ xyan^1:syn^1 \qquad\quad 全\ qyan^2:cyn^2$$

21. 北京话的 en（ㄣ）——广州话的 $\begin{cases} en \\ un \\ em \end{cases}$

例字:(1)en：en　奔 ben^1：ben^1　　　笨 ben^4：ben^6

喷 pen^1：pen^5　　　根 gen^1：gen^1

珍 zhen^1：zen^1　　　粉 fen^3：fen^3

闻 wen^2：men^2　　　身 shen^1：sen^1

陈 chen^2：cen^2　　　温 wen^1：wen^1

人 ren^2：jen^2　　　痕 hen^2：hen^2

注意:广州的 en 和北方的 en 大不相同。前者和 an 很相似,许多北方人就用 an 来表示广州的 en;广州人学北京话时,却又有人用广州的 en 替代北京的 en。

(2)en：un　本 ben^3：bun^3　　　门 men^2：mun^2

闷 men^4：mun^6　　　盆 pen^2：pun^2

注意:这类只限于 b、p、m 三个声母。

(3) en：em　针 zhen^1：zem^1　　　枕 zhen^3：zem^3

任 ren^4：jem^6　　　深 shen^1：sem^1

岑 cen^2：sem^2　　　森 sen^1：sem^1

沈 chen^2：cem^2

注意:这类只限于 zh、ch、sh、r、z、c、s 等母。

22. 北京话的 un(ㄨㄣ)——广州话的 $\begin{cases} \text{oen} \\ \text{yn} \\ \text{en} \end{cases}$

例字:(1)un：oen　敦 dun^1：doen^1　　　钝 dun^4：doen^6

准 zhun^3：zoen^3　　　论 lun^4：loen^6

笋 sun^3：soen^3　　　唇 chun^2：soen^2

春 chun^1：coen^1　　　顺 shun^4：soen^6

闰 run^4：joen^6

注意:凡北京话 un 韵字,其属于 zh、ch、sh、r 四母者,在广州话里一律念入 oen 韵。其余各母不规则。

(2)un：yn　尊 zun^1：zyn^1　　　孙 sun^1：syn^1

损 sun^3：syn^3　　　寸 cun^4：cyn^5

村 cun[1]：cyn[1]　　　　　　存 cun[2]：cyn[2]

屯豚臀 tun[2]：tyn[2]

注意：凡北京话 un 韵字，其属于 z、c、s 三母者，在广州话里念入 yn 韵。"笋"字念 soen[3] 是例外。

(3) un：en　墩 dun[1]：den[3]　　　　趸 dun[3]：den[3]

燉 dun[4]：den[5]　　　　吞 tun[1]：ten[1]

困 kun[4]：kwen[5]　　　　魂 hun[2]：wen[2]

23. 北京话的 in（ㄣ）——广州话的 $\begin{cases} en \\ oen \\ em \end{cases}$

例字：(1) in：en　宾 bin[1]：ben[1]　　　　斤 qin[1]：gen[1]

因 in[1]：jen[1]　　　　勤 qin[2]：ken[2]

民 min[2]：men[2]　　　　银 in[2]：ngen[2]

贫 pin[2]：pen[2]　　　　新 xin[1]：sen[1]

亲 qin[1]：cen[1]

(2) in：oen　俊 qin[3]：zoen[3]　　　　进晋 qin[4]：zoen[5]

尽 qin[4]：zoen[6]　　　　邻 lin[2]：loen[2]

信 xin[4]：soen[5]　　　　秦 qin[2]：coen[2]

津 qin[1]：zoen[1]

(3) in：em　浸 qin[4]：zem[5]　　　　今 qin[1]：gem[1]

禁 qin[4]：gem[5]　　　　音阴 in[1]：jem[1]

饮 in[3]：jem[3]　　　　襟 qin[1]：kem[1]

琴 qin[2]：kem[2]　　　　林临 lin[2]：lem[2]

心 xin[1]：sem[1]　　　　侵 qin[1]：cem[1]

24. 北京话的 yn（ㄩㄣ）——广州话的 $\begin{cases} en \\ oen \end{cases}$

例字：(1) yn：en　勋薰 xyn[1]：fen[1]　　　　君军均 qyn[1]：gwen[1]

训 xyn[4]：fen[5]　　　　群 qyn[2]：kwen[2]

郡 qyn[4]：gwen[6]　　　　云匀 yn[2]：wen[2]

运 yn^4：wen^6

（2）yn：oen　俊骏 $ɥyn^4$：$zoen^5$　　　　荀询 xyn^2：$soen^1$

徇迅逊 xyn^4：$soen^5$　　　巡旬 xyn^2：$coen^2$

注意：凡北京话 yn 韵字,在广州话里的声母为 g、k、f 或 w 者,念入 en 韵;其声母为 z、c、s 者,念入 oen 韵。

例外：yn：em　寻 xyn^2：cem^2

$$\boxed{练\ 习}$$

1. 注意分别:

联连　县现　邻林　寻巡

2. 注意分别:

伦联　津专　敦端　侄转　润院　论乱　荀孙　笋损　唇船

秦存　巡全　春川　蠢喘　信算

第十二课　类推法(六)

25. 北京话的 ang(尢)——广州话的 $\begin{cases} \text{ong} \\ \text{oeng} \end{cases}$

例字:(1)ang:ong　邦 bang¹:bong¹　　　刚 gang¹:gong¹

　　　　　　　　　当 dang¹:dong¹　　　康 kang¹:kong¹

　　　　　　　　　妨 fang²:fong²　　　厂 chang³:cong³

　　　　　　　　　赃 zang¹:zong¹　　　仓 cang¹:cong¹

　　　(2)ang:oeng　张章 zhang¹:zoeng¹　上 shang⁴:soeng⁶

　　　　　　　　　丈 zhang⁴:zoeng⁶　　昌 chang¹:coeng¹

　　　　　　　　　商 shang¹:soeng¹　　长 chang²:coeng²

　　　　　　　　　赏 shang³:soeng³　　让 rang⁴:joeng⁶

注意:凡北京话 ang 韵的字,除属于 zh、ch、sh、r 四母的字念入 oeng
韵外,其余念入 ong 韵。"厂"字念 cong³,是例外。

例外:ang:ang　盲 mang²:mang²

26. 北京话的 uang（メ尢）——广州话的 $\begin{cases} \text{wong} \\ \text{ong} \\ \text{oeng} \end{cases}$

例字:(1)uang:wong 光 guang¹:gwong¹　　汪 uang¹:wong¹

　　　　　　　　　广 guang³:gwong³　　黄皇 huang²:wong²

　　　　　　　　　狂 kuang²:kwong²　　往 uang³:wong⁴

　　　　　　　　　矿 kuang⁴:kwong⁵　　旺 uang⁴:wong⁶

　　　(2)uang:ong　装 zhuang¹:zong¹　　床 chuang²:cong²

状 zhuang^{4} : zong^{6}　　爽 shuang^{3} : song^{3}

疮 chuang^{1} : cong^{1}　　匡 kuang^{1} : hong^{1}

(3) uang : oeng 双霜 shuang^{1} : soeng^{1}　　窗 chuang^{1} : coeng^{1}

27. 北京话的 iang(ㄧㄤ)——广州话的 {oeng / ong}

例字:(1) iang : oeng 象 xiang^{4} : zoeng^{6}　　强 qiang^{2} : koeng^{2}

疆 ɥiang^{1} : goeng^{1}　　两 liang^{3} : loeng^{4}

向 xiang^{4} : hoeng^{5}　　枪 qiang^{1} : coeng^{1}

阳 iang^{2} : joeng^{2}　　墙 qiang^{2} : coeng^{2}

(2) iang : ong 江 ɥiang^{1} : gong^{1}　　腔 qiang^{1} : hong^{1}

讲 ɥiang^{3} : gong^{3}　　巷项 xiang^{4} : hong^{6}

降 ɥiang^{4} : gong^{5}

注意:这一类只限于广州话的 g、k、h 三母。

28. 北京话的 eng(ㄥ)——广州话的 {eng / ang / ing / ung}

例字:(1) eng : eng 登 deng^{1} : deng^{1}　　层 ceng^{2} : ceng^{2}

更 geng^{4} : geng^{5}　　能 neng^{2} : neng^{2}

衡 heng^{2} : heng^{2}　　腾 teng^{2} : teng^{2}

注意:广州话的 eng 和北京话的 eng 大不相同;前者近似 ang 音。有许多人学习广州话不能分别 eng 和 ang,应注意。

(2) eng : ang 争 zheng^{1} : zang^{1}　　省 sheng^{3} : sang^{3}

耕 geng^{1} : ang^{1}　　横 heng^{2} : wang^{2}

坑 keng^{1} : hang^{1}　　撑 cheng^{1} : cang^{1}

生 sheng^{1} : sang^{1}　　猛 meng^{3} : mang^{4}

(3) eng : ing 政 zheng^{4} : zing^{5}　　称 cheng^{1} : cing^{1}

整 zheng^{3} : zing^{3}　　程 cheng^{2} : cing^{2}

胜 sheng^{4} : sing^{5}　　仍 reng^{2} : jing^{2}

成 cheng^2 : sing^2

注意:这一类只限于 zh、ch、sh、r 四个声母。

　　(4) eng : ung 蓬 peng^2 : pung^2　　　　　梦 meng^4 : mung^6

　　　　　　　风丰蜂封 feng^1 : fung^1　　　　蓬 peng^2 : pung^2

　　　　　　　奉凤 feng^4 : fung^6　　　　　　瓮 weng^4 : ung^5

　　　　　　　蒙朦 meng^2 : mung^2

注意:这一类只限于 b、p、m、f 四个声母和零声母。

　　29. 北京话的 ing(ㄧㄥ)——广州话的$\begin{cases} ing \\ eng \end{cases}$

例字:(1) ing : ing 营盈 ing^2 : jing^2　　　　命 ming^4 : ming^6

　　　　　　　轻 qing^1 : hing^1　　　　　　井 ɥing^3 : zing^3

　　　　　　　惊 ɥing^1 : ging^1　　　　　　性 xing^4 : sing^5

　　　　　　　另 ling^4 : ling^6　　　　　　　平 ping^2 : ping^2

注意:广州话的 ing 和北京话的 ing 大不相同;前者近似 eng 韵。

　　(2) ing : eng 行 xing^2 : heng^2　　　　莺 ing^1 : eng^1

　　　　　　　杏幸 xing^4 : heng^6

注意:这一类的字甚少。

　　30. 北京话的 ung(ㄨㄥ)——广州话的$\begin{cases} ung \\ eng \end{cases}$

例字:(1) ung : ung 通 tung^1 : tung^1　　　　龙 lung^2 : lung^2

　　　　　　　东 dung^1 : dung^1　　　　　　农 nung^2 : nung^2

　　　　　　　总 zung^3 : zung^3　　　　　　同 tung^2 : tung^2

　　　　　　　钟 zhung^1 : zung^1　　　　　　丛 cung^2 : cung^2

　　　　　　　工 gung^1 : gung^1　　　　　　充 chung^1 : cung^1

　　　　　　　红 hung^2 : hung^2　　　　　　戎 rung^2 : jung^2

　　(2) ung : eng 轰 hung^1 : gweng^1　　　　弘宏 hung^2 : weng^2

　　　　　　　肱觥 gung^1 : gweng^1

注意:这一类字很少。

31. 北京话的 yng（ㄩㄥ）——广州话的 $\begin{cases} ung \\ ing \end{cases}$

例字：(1) yng：ung 雄熊 xyng² : hung²　　　庸 yng¹, yng² : jung²

穷 qyng² : hung²　　　雍邕 yng¹ : jung¹

凶胸 xyng¹ : hung¹　　　容 rung² : jung²

(2) yng：ing 琼 qyng² : king²　　　永 yng³ : wing⁴

兄 xyng¹ : hing¹　　　泳詠 yng⁴ : wing⁶

扃 ɥyng¹ : gwing¹　　　荣 rung² : wing²

炯 ɥyng³ : gwing³

*　　*　　*

以上所述声母 22 类，韵母 31 类，是拿北京话做出发点来类推广州的声母和韵母。在类推的时候，有两件事是值得注意的：

第一，凡甲必为乙，并不能由此推知凡乙必为甲，例如说，凡北京话念 f 的字，在广州话里必念 f；并不能倒过来说：凡广州话念 f 的字，在北京话里必念 f。因为广州话念 f 的字，在北京话里分为 k、h、f 等音。

第二，某两字在甲地同音，在乙地未必同音。但若同声符（又称谐声偏旁）的字在甲地同音，那么，在乙地同音的可能性就非常之大了，例如既知"章"字在广州话里念 zoeng¹，则与"章"同音的"彰樟璋麞"等字也跟着念 zoeng¹ 了。既知"鄰"字念 loen²，则知"嶙燐磷鳞麟"等字也一定念 loen²，既知"林"字念 lem²，则知"琳淋霖"等字也一定念 lem²。如有不合此例者（如"代"念 doi 而"贷"念 tai；它们在北京话却是同音字），在本书里特别举出注明。

$$\boxed{练　习}$$

注意分别：

厂抢　盲忙　霜桑　瓮用　莺英　琼穷　兄胸

第十三课　类推法(七)

(丙)声调的类推

1.北京话的阴平——广州话的 $\begin{cases} 阴平 \\ 入声 \end{cases}$

例字:(1)阴平:阴平　　字多,不举例。

　　　(2)阴平:阴入甲　逼匹滴督剔秃黑曲屈汁织一揖屋积粥
　　　　　　　　　　　　失湿

　　　(3)阴平:阴入乙　八钵鳖扑发答撮贴脱托刮喝接薛插吃约

　　　(4)阴平:阳入　　捏勒(白话)屐(此类甚少)

2.北京话的阳平——广州话的 $\begin{cases} 阳平 \\ 入声 \end{cases}$

例字:(1)阳平:阳平　　字多,不举例。

　　　(2)阳平:阴入甲　得德嫡咳急吉即菊息执职叔则

　　　(3)阳平:阴入乙　博格阁国结决札哲酌卓察芍责

　　　(4)阳平:阳入　　白薄别仆罚达敌毒夺突合滑活及截局习
　　　　　　　　　　　　侠协学直十食舌熟泽

3.北京话的上声——广州话的 $\begin{cases} 阴上 \\ 阳上 \\ 入声 \end{cases}$

例字:(1)上声:阴上　　表品斗体考火卷取想整左(字多,不遍举)

（2）上声：阳上　　马美乃脑鸟老柳偶以尾咬也雅友眼演
　　　　　　　　　　养伟
（3）上声：阴入甲　北笔卜癖给骨谷乞
（4）上声：阴入乙　发法铁渴脊甲脚雀血雪窄尺乙百
（5）上声：阳入　　属蜀（字少）

4.北京话的去声——广州话的 $\begin{cases} 阳上 \\ 阴去 \\ 阳去 \\ 入声 \end{cases}$

例字:（1）去声：阳上　　抱倍市柱肚愤旱社践诱绪妇舅拒
　　　（2）去声：阴去　　报贝世注妒粪汉舍箭幼絮富救锯
　　　（3）去声：阳去　　暴备事住度份汗射贱右序父旧具
　　　（4）去声：阴入甲　壁不迫阔复的惕克泣缉恰旭祝赤触式室
　　　　　　　　　　　　益握郁
　　　（5）去声：阴入乙　魄拓刮客阔怯妾切确泄刹彻朔
　　　（6）去声：阳入　　末莫密木度特聂溺逆诺疟乐落力栗六鹿
　　　　　　　　　　　　律略划剧夕续秩述日热肉入弱亦译翼叶
　　　　　　　　　　　　业药物袜玉育域欲狱月粤悦越

* 　 * 　 *

　　以上所说，只是调类的类推法。至于声调的高低，又是另一回事，例如"农"字，在北京话和广州话里，都属于阳平声，但北京话的"农"和广州话的"农"，声调的高低各有不同。若就声调的高低来做研究，又应该用另一种说法。

　　1.广州的阴平，单念起来，颇像北京话的去声。不过，北京话的去声是一个高降调，由高处降到低处的距离很大，广州话是一个中降调，由不很高的地方降到不很低的地方，距离较小。有时候（多数是在不停顿的时候），广州的阴平简直近似北京的阴平，只是一个高横调（不升不降叫做横），不再下降了。试比较北京的"猫"

和广州的"猫",简直没有什么分别。

2. 广州的阳平,是最低的一种声调。有时候,它是一个低降调,有时候又是低横调。这种低的程度,是北京话里所没有的。

3. 广州话的阴上,是一个升调。它有点儿像北京的阳平,不过北京阳平要升得更高些。试比较广州的"椅"字和北京的"移"字,就明白这一点。

4. 广州话的阳上,也是一个升调。比起阴上来,阳上是由较低的地方升起,而且升幅较小,比较上近似一个横调。广州的阳上和北京上声的全调很相像,例如广州人说"躲懒",和北京人说"躲懒","懒"字的声调是差不多一样的。但是,应该注意,北京人说"懒人","懒"字只念上声的半调(低横),就和广州的阳上不同了。

5. 广州的阴去,是一个中横调。北京话里没有这一种声调;但是,长沙和桂林的阴平却正是这一种声调。因此,广州的"意"字,听起来很像长沙、桂林的"衣"字。

6. 广州的阳去,是一个低横调;但还没有阳平那样低。阳平有时候念成降调,而阳去永远只是一个横调。它很像北京上声的半调(又称半上)。广州话"烂仔"的"烂"(阳去),和北京话"懒人"的"懒"(半上),声调大致相同。

7. 广州的阴入甲声,是一个短促的声调;母音念得很短,母音后面还带着子音 p、t 或 k,若以声调的高低而论,它的声调和广州的阴平大致相当。

8. 广州的阴入乙声,也是一个短促的声调;其母音后面带子音 p、t、k,情形和阴入甲声相同。但它短促的程度不及甲声。以声调的高低而论,它是和广州的阴去相当的。

9. 广州的阳入,也是一个短促的声调。它短促的程度和阴入甲声相同。以声调的高低而论,它是和广州的阳去相当的。

10. 广州的变调,比广州的阴上更高,和北京的阳平的高低相同。如变调属于入声,只须把这一个调子再加上尾音 p、t、k 就是了。

就声调的升降状态而论,广州的声调可以分为三个类型:

(1)横调(即不升不降),即阴平、阳平、阴去、阳去、阴入甲、阴入乙、阳入。由高而低的顺序是:阴平(及阴入甲)、阴去(及阴入乙)、阳去(及阳入)、阳平。

(2)升调,即阴上、阳上,及变调。

(3)降调,即阴平另一式和阳平另一式。

就声调的高低而论,也可以分为三个类型:

(1)高调,即阴平、阴上、阴入甲,及变调。

(2)中调,即阴去、阴入乙。

(3)低调,即阳平、阳上、阳去、阳入。

如果把中调也认为高的一类,那么,凡阴调类都是高调,阳调类都是低调。

| 说 明 |

1.本课所谓高低,是音乐上的高低。

2.假使你是一个江浙人,你应该能分别阴去和阳去、阴入和阳入;甚至江浙某一些地方还能分别阴上和阳上。但是,非广州的人往往不知道怎样去分别阴入甲声和阴入乙声。简单地说来,广州的阴入分为两类,乃是母音长短的关系:

(甲)ep、et、ek、ik、uk、oet 的母音较短,所以念阴入甲声。

(乙)ap、at、ak、eik、ip、it、yt、oek、ot、ok、ut 的母音较长,所以念阴入乙声。

依这一种说法,"必"字念阴入甲,"锡、炙"念阴入乙,都是例外。这极少数例外都是可以解释的,但这里不必细说了。

| 练 习 |

1.试举出若干例子,表示在北京话里同调的字在广州话里并不同调。

2. 又试举出若干例子,表示在北京话里不同调的字在广州话里却是同调。

3. 又试举出若干例子,表示调类不同的字,在北京、广州两地却念成同样的高低(例如广州的"烂"音等于北京"懒人"的"懒")。

第十四课　穗语举例(一)

血的教训(独幕剧)

袁雄仪　潘超(西江地委文工团)

(原载华南文工团的《文工报》二卷五期)

时: 三月初的一个下午。

地: 一个小墟镇里。

人: 刘世海　三十多岁,税务局职员。

　　刘　嫂　三十岁,思想糊涂,贪小利。

　　明　仔　刘的孩子,十岁,天真活泼。

　　陈国华　三十多岁,反革命分子,曾一度被捕,释出后仍继续进
　　　　　　行反革命活动。

　　王小姐　二十多岁,女特务。

　　三　婶　三十多岁。

　　公安人员甲、乙。

　　群众若干人。

景: 刘世海家,一个普通人的堂屋,有两个门,一个通室外,一个通
　　室内和厨房。在各种设备中有一张行军床①,显然是临时置放,

------

① 行军床就是帆布床。

　　与全屋布置不甚调和。床底放一皮夹①。

幕启:刘世海在看报纸,刘嫂在抹枱②收拾刚食③完饭的碗碟④。

嫂:喂,而家(i² ga¹)⑤几点钟啦?

刘:(看表)五点半啦。(仍然看书)

嫂:点解(dim³ gai³)⑥亚明仔(zae³)⑦跟陈先生去到而家重(zung⁶)⑧未
　　返(fan¹)⑨呢? 我睇⑩佢地(key³ dei⁶)⑪都怕响⑫外边食左⑬饭啦。

刘:(不理,依然看报)

嫂:点解陈先生到而家重未揾(wen³)⑭到野⑮做嘅(ge³)⑯?

刘:而家揾野做都几⑰艰难,佢以前做过的(dit⁷)⑱对人民晤(m²)⑲

---

① 皮夹:亦写作"皮呦",就是轻便的皮箱子。
② 广州话叫"枱",不叫"桌子"。
③ 广州话叫"食",虽也有人说"吃",但不普通。
④ 广州人把盘子也做"碟"。
⑤ 而家:现在。
⑥ "点解"等于说"为什么";原意是"怎样解释"。
⑦ 亚明仔:"亚"就是"阿",只是写法的不同;"明"是人名,因为他是小孩,所以称为
　　"明仔",一般小的东西都叫做"仔",例如"碟仔"。
⑧ 重:还(尚)。
⑨ 返:回。实际上说成"番",亦有人写作"番"。
⑩ 睇:看。
⑪ 佢地:广州话"佢"就是"他","佢地"就是"他们","我地"是"我们","你地"是"你
　　们"。或写作"哋"。
⑫ 响:在。
⑬ 左:或写作"咗",等于国语的"了"或"掉"。
⑭ 揾:找。
⑮ 野:或写作"嘢",等于国语的"东西"或"事情",这里是事情的意思。
⑯ 嘅:等于国语的"的"。这里的"嘅"则帮助疑问的语气。
⑰ 都几:也颇,也还。
⑱ 做过的:做过些。"的"(dit')等于国语的"些"。买左的野:买了些东西。要谨慎
　　的:要谨慎点儿。
⑲ 对唔住:对不住。唔:不。

住嘅事,都几论尽(loen⁶ zoen⁶)①㗎(ga⁵)②。

嫂:点解呀(a⁵)? 佢呢个人都③唔错㗎! 旧时虽然做过特务,坐过监,但佢已经反省坦白过咯(lok⁸)④,放出来就冇(mou⁴)⑤乜(met⁷)事㗎啦,重有乜野⑥论尽呀!

刘:照我地睇就冇乜论尽嘅! 不过而家防袭防钻(zyn⁵),做事要谨慎的。

嫂:我睇都得卦⑦;你响税局处(sy⁵)⑧做(zon⁶)左五六年咯,介绍个人入去都唔得⑨? 而且你前个排(go³ pai¹⁰)⑩又讲过话⑪税局想揾个做得会计嘅人,佢又识⑫会计嘅,咁(gem³)唔系⑬啱晒(ngam¹ sai⁵)⑭啰(lo¹)! 你落力⑮的同佢追⑯多⑰几次,唔使(sae³)⑱佢日扑夜扑走得咁辛苦呀。

---

① 论尽:麻烦。
② 㗎:表示说服语气,是"嘅啊"的合音。
③ 都:还。都唔错:还不错。
④ 咯:语气词,表示事情完全过去。
⑤ 冇:没有。"冇"是"无"字的变音。
⑥ 乜:等于国语的"什么"。冇乜事:没有什么事。"乜野"就是"乜"。
⑦ 卦:亦写作"啩",也表示说服语气,是"嘅哇"的合音。
⑧ 处:里。广州话很少说"井里、桌子上",等等,只说"水井处、枱处"。这里"响税局处"等于说"在税局里"。
⑨ 广州话不说"进去",只说"入去"。唔得:不行。
⑩ 前个排:前些日子。
⑪ 讲过话:说过。"话"是动词。"讲过话"直译是"说过说"。
⑫ 识:懂。
⑬ 咁:这样,这么。唔系:不是。系:是。
⑭ 啱晒:正好,再好没有了。啱:合适,相宜。晒:完,完全。
⑮ 落力:努力。
⑯ 追:催。
⑰ 催多几次:北方话说"多催几次"。广州话"多"字在后,北方话"多"字在前。这是语法上的分别,应注意。
⑱ 唔使:不必,不须。

刘：我已经唔话得嘅啰嘫（bo⁵）①，佢第一日嚟（lay²）②我第二日就同佢问咯，做朋友嘅野都系咁啰。

（刘嫂从右下，陈国华拖着明仔拿着一包糖一个皮球入，明仔跑到刘身边）

明：亚爸，陈伯伯带我去食野，买左个波③俾（bei³）④我顽啫（ze¹）⑤。亚妈呢？（跑入房内把刘嫂拉出来）亚妈，我唔食饭啰，我食左野嘞，你睇陈伯伯又买左的野俾我。

嫂：陈先生乜咁⑥破费呀？你又未揾到事做，成日⑦带佢去食野又买呢样买个（go³）样⑧，有乜好意思呀！

陈：冇所谓⑨，的咁多（doe¹）⑩野算得乜？刘先生，拜托你嘅事唔知重要等几耐（noi¹⁰）⑪至得⑫呢？

刘：我已经同局长讲过嘞，大概要等几日添⑬。不过你个篇自传要补充，写清楚的好，或者你响外面多问吓（ha⁵），睇有冇第的⑭办

---

① 唔话得：直译是"说不得（不说得）"，实际的意思已经尽了责任，无可批评。嫃：也是表示说服语气。

② "嚟"就是"来"。"嚟"是"来"的变音。广州"来"字只用于文言，例如"将来"；白话一律用"嚟"。

③ "波"就是球。它是英文 ball 的音译。这些地方表示广东受殖民地文化影响最深。

④ 俾：或写作"畀"，就是"给"。

⑤ 啫：语气词，表示加强语气（这里表示夸耀）。小孩喜欢这样说。

⑥ 乜咁：为什么这样，怎么这样。

⑦ 成日：一天到晚。

⑧ 呢样、个样："呢"是近指代词，等于"这"，"个"是远指代词，等于"那"。"个"字念上声，不与"两个人"的"个"同音。

⑨ 冇所谓：没有关系，不要紧。

⑩ 的咁多："的"又可说成"一的"，是一点儿的意思；"咁多"直译该是"这样多"，但"的咁多"只是形容其少。"多"字变音为 doe¹（不变也行）。

⑪ 几耐：多少时候。

⑫ 至得：才行。至：才。

⑬ 等几日添：多等几天。多的意思隐藏在"添"字里，但"添"字又带语气词的性质。

⑭ 第的：别的。"第"是"第二"的合音。

法呀？

陈：昨日我碰见个朋友，佢话或者有办法，叫我今日呢个时候去揾
　　佢嘅呀！(看表)而家已经六点钟，我都要去嘞！(明仔在他们
　　对话时玩皮球，已把陈的床翻乱，听说陈要走，跑上前扯着陈)

明：陈伯伯，我都去。

刘：明仔唔好咁曳(jay⁴)①，成日缠实②陈伯伯，一阵间我带埋③你去
　　开军民联欢晚会。

陈：好，等一阵爸爸带你去(将明仔拉到刘身边)，乖乖地听爸爸话，
　　听日(ting¹ jet⁹)④陈伯伯再带你出去顽。

明：(拉住陈)我要去，我要去。

嫂：明仔！唔准吵！(一手拉过明仔)(陈下场)

刘：(逗着明仔玩)明仔，来(嚟)，打波，打波。(把波在舞台上拍起来)

明：我嚟，我嚟！(抢过波去打)

刘：(支开明仔，向嫂)喂，你睇，老陈一直冇揾着⑤野⑥做，边处⑦揾
　　嚟咁多钱嚟嘞？

嫂：佢有佢嘅办法啰，朋友多有乜奇怪㗎？

刘：佢有乜好朋友㗎？而家边个⑧有咁多钱借俾人？

---

① 曳：不好，不争气，泄气。

② 缠实：缠住。实：牢。

③ 一阵间：一会儿。意思是等一会儿。带埋：就是带(领)。"埋"字是副词，表示顺便。

④ 听日：明天。

⑤ 冇揾着：没找到。广州话"冇"和"未"是有分别的。"冇去"和"未去"意义不同。
　　"冇去"纯然否定过去，不涉及将来，"未去"则涉及将来。"冇去"的意思是：(昨天)
　　没有去，以后也不去了(至少对于以后去不去不表示意见)；"未去"的意思是：(现
　　在)还没有去，但以后是要去的。北方人应注意分别，因为北方话对于这两种情形
　　都用"没有去"(或"没去")。

⑥ 野：这里指事情，职业。

⑦ 边处：哪里，哪儿，什么地方。又说成"边度(边道)"。

⑧ 边个：谁，哪一个。

嫂:唔理咁多。(说着,拿帚扫吃饭时吐在桌边地上的残渣)

　　(群甲,普通公务员打扮上)

群甲:喂,老刘,时候唔早嘞,你去未①呀?刘嫂,我地去开军民联欢

　　　晚会,好热闹嗻。就喺(hay³)②隔离③,你去唔去呀?

明:(探问甲)黄伯伯,我去,我去。有乜睇④?

群甲:(夸张地)唔——有好多好多⑤野睇㗎。

明:(性急地)有乜野睇⑥,乜野睇?

群甲:有跳舞,有唱歌,重有……

明:重有乜野?

群甲:(特别夸张)重有电—影—

明:阿妈,我去,我去……

群甲:刘嫂,去啰⑦!

嫂:你地去喇(la¹)⑧,我要睇屋⑨。

明:(扯着刘要去)爸,去啰,去啰!

刘:好,好,我地而家即刻去。(和甲、明仔一齐下场)

嫂:(骂明仔)衰仔⑩,将陈先生嘅野都拉散晒⑪。(即为陈整理行

　　军床)

————————

① 你去未:你现在去不去。意思是说:你还不去吗?

② 喺:和"响"差不多,等于北方话的"在"。

③ 隔离:隔壁,邻居。

④ 有乜睇:有什么可看的。

⑤ 好多:很多。"好"大致等于"很"。好大:很大。

⑥ 有乜野睇:有什么可看的。

⑦ 去啰:去罢。这里的"啰"用于祈使语气。

⑧ 去喇,也大致等于"去罢",但兼带叮嘱口气。

⑨ 睇屋:看家,留守家里。

⑩ 衰仔:这里等于说"坏孩子"。广州话"衰"字用途很广,大约起初是倒霉的意思,引
　　申则凡可恶可鄙都叫做"衰"。"衰仔"的另一意义是懦弱可耻的人,例如:新中国,
　　冇咁衰仔,齐心合力嚟打倒美国鬼。

⑪ 拉散晒:"拉散"是搅乱的意思,"拉散晒"是全给弄乱了。

练　习

翻译下面的语句为国语：

1. 一大碟菜。

2. 我而家觉悟左咯。

3. 点解你唔肯?

4. 佢重未到过华北。

5. 佢重唔知道你返嚟。

6. 你本画报借俾我睇吓。

7. 你响佢处食饭。

8. 我昨日揾唔到你。

9. 呢的菜都几好食。

10. 请你介绍的书俾我睇。

11. 对唔住,我要返去咯。

12. 乜你咁论尽呀!

13. 唔系卦!

14. 前个排我唔使戴眼镜。

15. 佢系咁话啫,未必做得到嘅。

16. 呢处唔得,个处得。

第十五课　穗语举例(二)

《血的教训》(续)

（一刻,陈带王小姐入）

嫂:陈先生乜咁快嘞?

陈:我行到半路个肚①有的唔舒服,又碰见一个朋友就返嚟先②。唔
　　该③你同我去④买包济众水返嚟好唔好呀?（拿钱）

嫂:你唔舒服就响处(hoeng³ sy⁵)⑤伸吓先⑥;我即刻去买。（拿钱
　　下场）

陈:（到门边看看无人）王小姐,你系一个国民党员,又系反共行动
　　队嘅组长,呢次交俾你嘅任务一定要好好完成。

　　你对班兄弟讲求先(kan² sin¹)⑦一人五万蚊(men¹)⑧系暂时嘅,等

---

①　个肚:这里的"个"字没有很多的意义,它颇像英、法、德文的冠词。

②　返嚟先:先回来。注意:"先"字在"回来"的后面,直译该是"回来先"。这是广州话
　　的特殊语法。

③　唔该:劳驾,对不住,谢谢。这里"唔该你"作"劳驾"讲。

④　你同我去:你给我去,你替我去。

⑤　响处:"响呢边"的省略,就是在这里的意思。

⑥　伸吓先:躺一躺,歇一歇。伸:躺。

⑦　求先:刚才。亦说成"头先"。

⑧　五万蚊:五万元。"蚊"是"文"的变音。从前铜钱一枚叫做一文,后来银钱一枚亦叫
　　做一文;后来虽然钞票替代了银洋,广州话里仍沿用这个"文"字,不过是由阳平的
　　"文"变成了阴平的"蚊"。

呢次爆炸放火成功后,再重重打赏。而家佢地点(dim³)①分组呀?

王:佢地都三五个一组,每组都有我地国民党员同三青团员㗎嘞②。
　　第一组比较重要的③,就由你亲自出马督实④,我就响第二组。

陈:(从身上取出一叠一万元的人民币)你咁分都几好,呢处俾埋一
　　百万元你先⑤,我处重有的 TNT 炸药,你捰埋⑥去分俾佢喇。
　　(从床底把皮夹取出打开,取炸药包到桌子打开)呢处重有廿
　　(je⁶)几发左轮弹,一齐俾埋你喇。(刚把子弹取出打开时,刘嫂
　　突然从外面进,一眼看到,陈已收不及)

嫂:陈先生,你睇我嘅记性几差⑦!济众水我屋企⑧就有。(说着欲
　　入内取)

陈:刘嫂,而家我肚已经冇咁痛嘞,唔该晒你嘞⑨。

嫂:冇事⑩就好喇,钱你先收起先⑪。咦!点解你重有的咁样嘅野㗎?

陈:哦,个的⑫系我以前剩落嘅⑬,而家想同呢位王小姐一齐去公安
　　局⑭。呢的⑮番枧(gan³)⑯,系朋友放响我处嘅(把子弹包包起,

---

① 点:怎么样。"点"就是"怎"的古音。
② "㗎嘞"二字连用,表示深信的语气。
③ 重要的:重要些。
④ 督实:紧紧地监督着。
⑤ 俾埋你先:先给了你。俾埋:"埋"字是个虚字,这里有索性的意思。
⑥ 捰埋:这里的"埋"字有一并的意思。
⑦ 记性几差:记忆力多么不行。几:多么。
⑧ 屋企:家里,家。
⑨ 唔该晒:表示事后的感谢,"晒"表示一切的意思。
⑩ 冇事:这里表示病痊。
⑪ 先收起先:第二个"先"字更要紧。第一个"先"字可省。
⑫ 个的:那些。
⑬ 剩落嘅:剩下来的。广州话里往往以"落"代"下"。落车:下车。
⑭ 广州话说"去公安局",不说"到公安局去"。其余由此类推。
⑮ 呢的:这些。
⑯ 番枧:胰子,肥皂。"枧"就是"硷"的别字。"番"就是"洋",意思是洋硷。亦简称为
　　"枧"。

正想包炸药)

嫂:呢的系乜野牌①嘅枧呀?

陈:系…系…冇牌嘅。(陈欲收起已来不及,被她伸手拿起)

嫂:咦! 呢个枧咁重?(怀疑)

陈:(忙抢回)系铁盒装嘅,铁盒装嘅。

嫂:唔——。

陈:(侷促不安地)哦! 我差的②唔记得添③。(从袋中取出四十万元)呢的钱本来早就俾你,前日我又唔记得④。呢的暂时当我伙食费先⑤。(塞入嫂手)

嫂:(把手中炸药放下,王立即把炸药包起来)你住左三日啫,又唔系餐餐响处食饭,使乜(sae³ met⁷)⑥咁交关⑦呀? 大家都系朋友(把钱推回,陈不受,只得放在枪上)你攞番啦⑧,就算系⑨都唔使咁多呀。

陈:就咁啦⑩,有剩嘅⑪你就放住先⑫,而家我地攞的⑬子弹去交俾公

---

① 牌:较普通的说法是称为"嘜"(mak⁷)。"嘜(唛)"是英文 mark 的音译。作者大约不喜欢"嘜"字,故写作"牌"。

② 差的:差一点儿,几乎。亦说成"争的"。

③ "添"是一个语气词。表示夸张语气。同时还保存一点儿原意,这字也是广州的特别语法。

④ 唔记得:忘了。北方话多从肯定方面说"忘了",广州话多从否定方面说"唔记得"。

⑤ 暂时当我伙食费先:这里"先"字也是暂时的意思,放在句末,和"暂时"相应,这是广州话的特殊语法。

⑥ 使乜:何必。

⑦ 交关:不得了。

⑧ 攞番:拿回去。"番"字表示恢复原状。

⑨ 就算系:即使如此;这里的意思是即使给钱。

⑩ 就咁啦:就是这样罢,就这样算了罢。

⑪ 有剩嘅:剩下来的。

⑫ 放住先:先搁在那里。"住"字表示暂时。亦可用于否定语。未去住:暂时不去。

⑬ 攞的:是"攞呢的"的省略,就是拿这些的意思。

安局先①。(把子弹炸药取起,与王一齐下场)

嫂:陈先生,(见陈已走,回过头来看看银纸②,犹豫不决,卒之③拿
　　起来数)哗(wa¹)④! 乜四十万咁多㗎⑤?(呆住一会)都系由我
　　放埋先⑥,如果系又唔怕要嗻⑦。(拿钱入房,三婶补着衣服入
　　来,见冇人,叫"刘嫂,刘嫂",刘嫂从房出)

嫂:做乜野? 三婶你冇去⑧开会咩⑨?

三:亚苏女⑩唔舒服,要睇实⑪唔去得。唔系呀⑫,我几大⑬都去。听
　　话⑭好热闹,点解咁高兴你都唔去呀?

嫂:有乜野好睇⑮? 人哄哄嘅,不如在屋企重清静添⑯。

———————————

① 交俾公安局先:先交给公安局,注意"先"字在句末。
② 银纸:钞票,纸币。现代广州话里不大说"钱"。该说"钱"的地方往往说"银纸"。
　 冇银纸:没有钱。大把银纸:钱多得很。
③ 卒之:终于。广州话里有很多似乎文雅的字眼,如说"三日"不说"三天",说"俾"
　 不说"给",说"餐餐"不说"顿顿",说"食"不说"吃"等等。其中要算"卒之"是最
　 文的了。
④ "哗"字表示惊叹。
⑤ 乜四十万咁多㗎:怎么能有四十万那么多呢?"乜"字本义是"什么",这里应该解作
　 "为什么"或"怎么"。
⑥ 放埋先:先搁下来,先藏好。
⑦ 如果系又唔怕要嗻:要是那样也不妨要了他的。
⑧ 冇去:没有去。广州的否定副词有"唔、冇、未"三字。"唔"等于北方话的"不",
　 "冇"和"未"等于北方话的"没"或"没有"。至于"冇"和"未"的分别,就是"冇"纯然
　 否定过去,不涉及将来,而"未"则否定过去,肯定将来,例如"我冇去",表示我没有
　 去,也不打算再去;"我未去"表示我没有去,但是我打算去一次。这也是广州语法
　 特殊的地方。
⑨ 咩:吗。
⑩ 亚苏女:女婴儿。
⑪ 睇实:看牢。
⑫ 唔系呀:要不,要不然,否则。
⑬ 几大:无论如何。本来的意思是不管它多大。
⑭ 听话:听说。
⑮ 有乜野好睇:有什么好看的。
⑯ 重清静添:还清静些呢。这里"添"字表示夸张语气。

三:喂,刘嫂,前几日杀左好多特务,今日我出街①又睇见杀左三个。

嫂:杀左好,个班土匪特务,唔杀唔得②㗎。

三:系嘞,我话我地人民政府真系有的③宽大无边,所以个的契弟
　　(kae⁵ dae⁶)④就唔怕;而家我睇政府一定知道左嘞。我睇……
　　住响你屋企个⑤陈先生(指行军床)系乜野人嚟呀⑥?

嫂:搵事做嘅,亚刘同局长讲左,而家重唔得⑦。不过佢倒有办法。
　　朋友多,生活倒唔成问题。

三:系唔系刘先生嘅老友?

嫂:十九年前嘅朋友,分开左好多年啦。听讲佢以前俾人骗左,犯
　　左法,俾拉去坐过监,放左出来,一时又搵唔到(dou³)事做,人
　　倒好好⑧嘅。

三:我睇佢靠唔住,同佢行个个(go³ go⁵)⑨女仔⑩,唔似(ci⁴)正经人
　　嚟嘅⑪! 喂,(秘密地凑近嫂耳)我睇…(正欲相谈时,不远处传
　　来一声麦响,两人侧耳听)

嫂:咦,乜野声呀?(附近突然隆一声和人们呼喊声,两人走到窗口看)

嫂:咦,火烛⑫呀! 火烛呀! 个边烧起嚟,呢(ne¹⁰)⑬,个边又烧起嚟添。

----

①　出街:上街。
②　唔杀唔得:不杀不行。
③　有的:有点儿,颇为。
④　契弟:骂人的话。本来的意义是结拜兄弟,后来用来称男色,终于引申为骂人的名称。
⑤　个:那个。
⑥　系乜野人嚟呀:是什么人哪。这"嚟"字无法译为北方话。它不是"来"的意思,只是加重是非语气的一个字眼。这又是广州语法的一个特点。
⑦　重唔得:还不行。
⑧　好好:很好。
⑨　个个:那个。第一个"个"字和第二个"个"字不同音,或写作"嗰",以资分别。
⑩　女仔:女子。
⑪　唔似正经人嚟嘅:"嚟"字也是加重是非语气的。
⑫　火烛:火灾。
⑬　"呢"是指示感叹词。

三：哼,梗系①特务放火嘞!

嫂：特务放火?

三：梗系喇! 的特务②越嚟越抵死③添喃。政府以前有的捉左去右
　　几耐(noi¹⁰)又放番出嚟④俾佢搞鬼,话乜野宽大喎(wo⁵)⑤! 宽
　　大都晤系宽大成咁㗎(ga¹⁰)! (小声地)呢(ne¹⁰),我隔离个个
　　霸王仔呢两晚,晚晚都有的唔三唔四嘅⑥人去佢处,唔知搞
　　乜鬼!

嫂：霸王仔,旧时收壮丁费个死保长系唔系呀?

三：系嘞,前日我响天棚⑦见到佢同七八个人响房间分银纸,重有
　　枪添。

嫂：咁你又唔去告发佢地?

三：车⑧! 如果捉佢地去坐左一阵监⑨,又放番出嚟,俾佢知道系我
　　地讲嘅,个阵重衰添⑩! 你睇,隔离巷(hong¹⁰)个个大只(zeik⁸)
　　六⑪,以前都唔知害死几多人㗎嘞,点知⑫捉去坐左几个月监又
　　鬼整咁⑬放番出嚟,嚇到告发佢个亚牛漏夜走左去广州,慌⑭佢

----

① 梗系:一定是。梗:一定。梗死:一定死。

② 的特务:那些特务分子。"的"是"个的"的省略。

③ 抵死:该死,该杀,可恶。

④ 冇几耐:没有好久。耐:久。放番出嚟:放出来。"番"字表示恢复原状。北方话里
　　若说"放回出来"是不通的。这也是广州和北方语法不同之点。

⑤ 喎:表示据说而自己又不同意的语气。

⑥ 唔三唔四:不三不四,不正经。

⑦ 天棚:屋顶晒台。

⑧ "车"是一个感叹词,表示极端不同意。

⑨ 坐左一阵监:坐了一些日子的牢。

⑩ 重衰添:还更倒霉呢,还更糟呢。

⑪ "大只六"是一个人的绰号。"只"就是"隻","大只"表示那人的个子很大,排行第
　　六,所以叫做"大只六"。

⑫ 点知:哪里知道。

⑬ 鬼整咁:神差鬼使地。这里的"整"有作弄的意思。

⑭ 慌:怕。

报仇,到而家都唔敢返。你睇吓,重有边个①敢告呀?

嫂:系嗰。如果搞到一身蚁②,都几论尽嗰。

三:(外面人声渐猛,三婶望一望窗外)我都要返去睇住屋企稳阵的③,而家个边重烧紧④添。(转身想走,行左两步又回头⑤)喂,头先⑥嘅事千祈唔好同人讲嗰,记实吓⑦。(下场)

练 习

翻译下面的语句为国语:

1. 你食住先,我就嚟。

2. 唔该你行快的。

3. 佢响处闹人(骂人)。

4. 一万蚁车脚。

5. 唔知点办好。

6. 我俾埋锁匙你。

7. 你睇,几靓(leng⁵)!(靓:漂亮)

8. 你屋企重有边个?

9. 你同我做左一件好事,唔该晒!

10. 我要买一孖(ma¹)番枳。(孖:两个,两块,一双)

11. 争的就跌亲。(跌亲:栽跟斗,跌伤)

12. 你咁优待佢,佢重唔肯添。

13. 我唔得好去揾佢。

---

① 边个:谁,哪一个。

② 一身蚁:形容自找麻烦。

③ 稳阵的:妥当些。

④ 烧紧:正在烧着。“紧”字表示行为正在进行中。食紧饭:吃着饭,正在吃饭。

⑤ 转身想走,行左两步又回头:广州话的“走”等于北方话的“跑”;广州话的“行”等于北方话的“走”。

⑥ 头先:刚才。

⑦ 记实吓:记住一下子。这是委婉的祈使语气。记实:记好,记住,记牢。

14. 使乜带埋银纸去呀?

15. 乜嘈得咁交关呀?(嘈:闹)

16. 我想问佢攞番本书。

17. 就算佢肯,我都唔肯。

18. 就咁食,唔使煮熟。

19. 咪(may³)就咁食,要煮熟先。(咪:别,莫,勿)

20. 就咁捞住先喇,有机会再揾野俾你做。(捞:做生意,谋生)

21. 的野都唔好食嘅。

22. 卒之佢冇去到。

23. 哗!咁架势嘅!(架势:漂亮,讲究)

24. 乜你咁贪心㗎?

25. 你借的银纸俾我使先都得卦?

26. 佢唔肯检讨自己嘅错误咩?

27. 我睇实美帝国主义要灭亡㗎嘞。

28. 几大都要打败美帝!

29. 我出街买的野。

30. 我睇佢有的慌。

31. 呢的系真正龙井茶嚟嘅。

第十六课　穗语举例(三)

《血的教训》(续)

(突然陈神色仓惶从外撞入)

陈:弊嘞①！刘嫂！刘嫂！头先我交左子弹返嚟,行过个处火烛嘅地方,停响处睇一睇啫,就俾人思疑②嘞。而家有人响后边跟实追嚟,我先入厨房(cey² fong¹⁰)躲一躲。人地③问你,你话唔知就好嘞。

嫂:你冇做过坏事唔使怕噤。(外边人声渐近:"呢"[ne¹⁰],喺[hae³]个边④呀!")

陈:(哀求地)刘嫂,佢地唔系咁样讲嚟,唔该你呢次咁多(gem⁵ do¹)喇⑤!

嫂:(犹豫)咁(gem³)⑥……你就先躲响厨房后面先喇。

---

① 弊嚟:糟糕。

② 思疑:怀疑,疑心,以为。

③ 人地:人家,人们。比较"我地、你地、佢地"。

④ 喺个边:在那边。喺:大致等于说"响"。

⑤ 唔该你呢次咁多:意思是说:劳驾你帮忙一次,只此一次,以后不再麻烦你了。咁多:本来是这样多的意思,但这里的"咁多"倒反是甚言其少(声音也变为 gem³ doe¹)。因此,这里"咁多"的意义很空虚,它只表示委婉的语气。

⑥ 咁:那么。

（陈急下，外面人声更近："呢，睇实佢行到呢处就唔见左嘞，我地入去揾吓先①。唔好咁多人入去住②。"公安人员甲、乙持枪上）

甲：大嫂，头先有一个人走入嚟，你见唔见呀？

嫂：呔！我都唔见有人走过入嚟；你地做乜野呀？

乙：冇？头先睇实佢行到呢处门，就唔见喇。

甲：头先我地追两个指使（si³）放火嘅特务，只（zi³）捉到一个女嘅，重有一个男嘅。唔见佢行到呢处门口就唔见左，想问吓你见唔见啫。

嫂：指使放火嘅特务？

甲：系嘞！头先我地开军民联欢晚会，的特务就乘机放火爆炸，烧左好多屋，重炸伤几个人添。呢的特务已经罪大恶极，捉到一定严重办嘅，唔系③我地就冇安乐日子过㗎嘞。

嫂：（矛盾到极，侷促不安）我我……我冇见过呀。

乙：问咁多做乜野呀（不耐烦地）搜（sau³）啰，搜啰。（乙想入去搜，被刘嫂阻止）

嫂：（把心一横）吓（ha¹⁰）！乜你地咁野蛮④！都话冇就冇嘞⑤，你咁乱嚟都得嘅（ge¹⁰）？

甲：（向乙打眼色，用手碰一碰示意）哦，如果真系冇，咁我地就去隔离先喇⑥。

---

① 我地入去揾吓先：我们先进去找一找看。

② 唔好咁多人入去住：先别让这么些人进去。唔好：别，不要。"住"字是个虚字，表示暂时性，但必须放在句末，和"先"字的位置一样。

③ 唔系：否则。

④ 乜你地咁野蛮：为什么你们这样野蛮。"乜"是"做乜"的省略。

⑤ 都话冇就冇嘞：说没有就没有哇。"都"字只加重语气。

⑥ 咁我地就去隔离先喇：那么我们就先到隔壁去罢。

　　（突然外边人声嘈杂,刘满身污糟①,抱着明仔入,后面跟着三

婶和若干群众,刘把明仔放在床上）

嫂:(见明身上有血渍,大惊)咦! 点呀? 做乜咁㗎?（见明仔已死,

忍不住伏在明仔身上大哭起来）

刘:我地啱啱开紧会②,最热闹时特务就响处放火嘞。我拖实明仔

走到门口,就隆一声爆炸起来,明仔就炸死嘞。

嫂:(大哭)哎呀——死啰(lo¹⁰),我个个明仔呀……

刘:唉——点办嘞(le¹)? 点办嘞! ……

三:刘先生,刘嫂,明仔死左都冇办法啰,呢个都系特务害死人咯。

甲:各位同胞,我地睇吓我地大家咁热闹响处开紧联欢大会,偏偏

的特务就嚟破坏③,使我地受到咁大损失。如果唔坚决镇压,我

地就冇啖(dam⁶)④安乐饭食㗎嘞。不过镇压反革命分子唔系单

单政府嘅事,而系我地大家嘅事。过去因为解放唔系好耐⑤,所

以对于一般被骗嘅胁从分子,我地重一再俾佢自新改过嘅机

会。而家解放已快两年,重有乜理由话被迫? 个的执迷不悟嘅

家伙,而家就一定要坚决镇压。

　　（刘嫂在甲说话时已渐凝神听到,这时已忍不住激动地跳

起来）

嫂:(对甲)佢就躲响厨房后面,你地即刻去提佢啦。(众愕然,甲、

乙立刻持枪入。一刻只听见枪声两响,不久,甲、乙两人用枪指

着陈出。陈左手受伤,右手扶着,乙向刘取绳把他缚起）

嫂:(愤怒地指着明尸向陈)你睇,呢个就系你地做嘅好事嘞! 你诈

---

① 污糟:肮脏。有时说"辣挞"(lat⁹ tat⁸)。有时连起来,说成"污糟辣挞"。

② 我地啱啱开紧会:我们正在开会。"啱啱"表示适当其时,"紧"表示事情在进行中。

③ 偏偏的特务就嚟破坏:应读作"偏偏─特务……","的"是那些的意思,和国语的

　　"的"字音义都完全不同。

④ 啖饭:一口饭。"啖"是单位名词,不是动词。

⑤ 唔系好耐:等于说"冇几耐",就是不久的意思。

谛(za⁵ dae⁵)①话掹事做,住响我处,日日买野俾我个仔食,俾佢
顽,呃(ngek⁷)②我地欢喜。到我睇见你的③子弹,你又话你旧时
唔记得交嘅;重俾我四十万,话当伙食费来收买我。我一直糊
里糊涂唔知道!你又话㨣子弹去交俾公安局,点知你走左去放
火。到俾人追时,我重鬼迷咁④藏起你,人地问我都唔讲!(越
说越气)你……你……(咬牙切齿地给陈一耳光)你害我个仔,
你,你……(哭不止)

刘:哼,呢个狼心狗肺嘅东西,政府放你出来,系要你好好改过,你
又进行反革命活动呀!我重以为你真系肯死心改过,重收留你
帮你掹野做添!如果唔系今日拆穿你杠(lung⁴)野⑤,俾你混左
入税局重死人呀⑥!

众一:呢的特务害人都够惨咯,你睇外面烧左几多屋⑦,死伤几多
人!人地咁热闹开大会,你就偏偏做埋⑧的咁嘅有阴功嘅事,你
都可谓抵死咯!

甲:你地讲得冇错⑨,旧时政府系有的地方过分宽大嘅,但系已经逐
渐纠正过来。最近毛主席又自己亲手颁布惩治反革命条例,更
证明左对反革命一定要坚决镇压。宽大只系镇压下嘅宽大,希
望佢地能够真心改过,而唔系无原则嘅宽大无边。对呢的(指
陈)死心塌地嘅反革分子,我地绝对唔放松嘅。(群众咬牙切齿

---

① 诈谛:假装,假作。
② 呃:骗。
③ 睇见你的子弹:看见你那些子弹。和"睇见你嘅子弹"不同意义。
④ 鬼迷咁:像鬼迷似的。
⑤ "你杠野"意思是说"你这一套"。这里指特务的阴谋。
⑥ 重死人:还更糟。以"死人"形容糟糕。
⑦ 几多屋:多少房子。广州话只说"几多",不说"多少"。
⑧ 偏偏做埋:这里"埋"字没有很多意义,只是和"偏偏"相应,表示不应该做的事而偏
偏做了。
⑨ 你地讲得冇错:你们说得对。"冇错"与"唔错"不同。"冇错"是对的意思;"唔错"
是相当好的意思。

骂陈）

三：（拉甲到一边）喂，隔离巷个大只六，点解你地会放佢出嚟㗎？

甲：哦！个个王超大只六系唔系呀？（三点头）

甲：（向大家）系嘞，呢处隔离巷个个王超大只六旧时作恶多端，杀
　　人抢野也都嚟。以前政府因为一时宽大过头①，以为佢真系肯
　　改过，只系罚坐几个月监就放左。但放左出嚟佢重响处搞鬼，
　　而家政府已经根据大家嘅意见，将佢捉番起来，准备重新定
　　罪嘞。

嫂：（问三）系咁②你唔使怕嘞，索性将头先你同我讲个的野③讲埋
　　出来④喇。（嫂入室）

三：好。（向甲）我知道隔离屋有的匪特分子响处搞鬼，我……（有
　　点顾忌，不敢说下去）

甲：（已明白）好！呢处唔方便，你同我地一齐返去再讲啦。

嫂：（从房拿钱出，指着陈）为你呢的死人钱⑤，连我个仔条命⑥都送
　　埋！你个死绝种⑦！（把陈给她的钱交给甲）呢的就系佢俾来收
　　买我嘅钱嘞。

甲：（向大家）系嘞，的匪特有种种阴谋嘅。如果我地一唔小心，就
　　好容易会上当。所以我地要好好地提高警惕。今日人民政府
　　对反革命分子系坚决镇压，应杀就杀，应捉就捉，相信大家已经
　　睇得好清楚嘞。对反革命嘅宽大，就系对人民嘅残忍！希望大

---

① 过头：太过。广州话有时用"过头"放在形容词后面表示太的意思。大过头：太大。
　　热过头：太热。

② 系咁：既然如此。

③ 个的野：那些事情。

④ 讲埋出来：一并说出来。"埋"字和上面"索性"相应。

⑤ 死人钱：不吉利的钱。

⑥ 我个仔条命：我儿子的性命。值得注意的是这里用"个"字"条"字这两个单位名词，
　　直译该是"我这个儿子这条性命"。

⑦ 死绝种：等于江浙人骂人做"杀千刀"。

家以后能好好协助政府,举报匪特嘅阴谋,共同努力肃清反革
命分子,我地先至有太平日子过①嘅。

众:系嘞,对呢的破坏分子一于(jet⁷ jy¹)②要杀。

甲:对! 一于接受大家要求,大家可以放心。应该杀的一个都唔
留,唔应该杀的,一个都唔会杀错。

众:系嘞。

甲:好,我地先将佢解番去。

——幕下——

翻译下面的语句为国语:

1. 弊家伙! 隔离火烛嘞!

2. 我思疑佢唔系好人。

3. 人地佢嬲(nau¹)你,你都嬲(恼,恨)人地咩?

4. 人喺边处(什么地方)住呀?

5. 呢的野好贵㗎,我要一的咁多啫。

7. 你唔好郁(动)住! 等医生嚟先!

8. 唔系就搞唔掂(dim⁶)(办不了)㗎嘞!

9. 乜你咁牙擦(啰唆)呀?

10. 乜你嘅衣服咁汗糟㗎?

11. 我地岩啱岩瞓(fen⁵)紧觉(瞓觉:睡觉),佢就来偷野。

12. 几时出得呢啖气呀!

---

① 我地先至有太平日子过:然后我们才有太平日子可过。这种"先"字也由"我返去先"那种"先"字演变来。意思是先要协助政府镇压反革命,然后有好日子过。后来这个"先"字演变成为然后的意思,竟像和最初的意义相反了。甚至于有这样的说法:"三点钟先去。三斗米先够食。"意思是三点钟才去,三斗米才够吃。"至"也是"才"的意思。可以单独用"先"字,或单独用"至"字;也可以"先至"二字连用。

② 一于:一定(表示坚决)。

13. 佢返嚟唔系几耐啫。

14. 你咪诈谛咯,边个唔知道呀?

15. 你想呃我咩? 冇咁容易卦?

16. 佢好似细佬哥(小孩)咁,郁不郁(动不动)就喊(哭)!

17. 佢真系抵死咯!

19. 冇错,佢系有才干,但系佢既然反革命,就一于要镇压。

20. 呢个窿(lung¹ 窟窿)细过头,放唔落。

21. 只鸡好大只呀!

22. 乜你要讲埋的唔三唔四嘅野呀?

23. 死心反革命,佢想留番条命都唔得。

24. 食左饭先去。

25. 三张纸先够使。

26. 领到款至办货。

27. 我地一于拥护毛主席,建设新中国!

附录　本书所用拼音字母与
国际音标对照表

（一）辅音（子音）

拼音字母	北京音	广州音	说　明
b	［p］	［p］	
p	［p'］	［p'］	
m	［m］	［m］	
f	［f］	［f］	
w	—	［w］	北京不是没有［w］,但不需要当声母看待。汉语拼音方案中有声母 w,是为了拼音的便利。
d	［t］	［t］	
t	［t'］	［t'］	
n	［n］	［n］	
l	［l］	［l］	广州的［n］［l］有混乱的情况。当混乱时,是有［l］没有［n］。
g	［k］	［k］	

gw	—	[kw]	[kw]是圆唇的[k]。
k	[kʻ]	[kʻ]	
kw	—	[kʻw]	[kʻw]是圆唇的[kʻ]。
ng	[ŋ]	[ŋ]	北京的[ŋ]只用于韵尾,广州的[ŋ]兼用作声母。
h	[x]	[h]	北京的是舌根摩擦,广州的是喉头摩擦。
ɥ	[tɕ]	—	
q	[tɕʻ]	—	
x	[ɕ]	—	
j	—	[j]	北京不是没有[j],但是广州的[j],摩擦性特重。
zh	[tʂ]	—	
ch	[tʂʻ]	—	
sh	[ʂ]	—	
r	[ʐ]	—	
z	[ts]	[tʃ]	
c	[tsʻ]	[tʃʻ]	
s	[s]	[ʃ]	广州的[tʃ][tʃʻ][ʃ]和英语法语的[tʃ][tʃʻ][ʃ]很不相同。广州的舌头和上腭接触面很广,是湿音(软音)。

（二）元音（母音）

拼音字母	北京音	广州音	说　　明
a	[A]	[A]	
e	[ɤʌ]	[ɛ]	北京音可用宽式标作[ə]
e（在 i、y 后）	[ɛ]	—	
i	[i]	[i]	
I（知系）	[ɿ]	—	
I（资系）	[ʅ]	—	
o	[uɤ]	[ɔ]	
u	[u]	[u]	
y	[y]	[y]	
oe	—	[œ]	
ai	[ai]	[ai]	
ae	—	[ɐi]	
ei	[ɛi]	[ɛi]	
ey	—	[øy]	
oi	—	[ɔi]	
ui（在舌根音及零声母）	[uɛi]	[ui]	
ui（在 t、tʂ、ts 三系）	[ui]	—	
ui（在唇音后）	—	[ui]	
ao	—	[au]	

au	[ɑu]	[ɐu]	注意[au][ɑu][ɐu]三音的差别。
ou	[ou]	[ou]	
iu	平[iu] 仄[iou]	[iu]	
am	—	[am]	
em	—	[ɐm]	注意[ɐm][am]的分别。
im	—	[im]	
an	[an]	[an]	
an（在 i 后）	[ɛn]	—	
en	[ɘn]	[ɐn]	注意[ɘn][ɐn][an]的分别。
on	—	[ɔn]	
oen	—	[œn]	注意[œn][ɐn]的分别。
un（在舌根音及零声母）	[uɘn]	[un]	注意[uɘn][un]的分别。
un（在 d、tʂ、ts 三系）	[un]		
un（在唇音后）	—	[un]	
in	[in]	[in]	
yn	[yn]	[yn]	
ang	[aŋ]	[aŋ]	
eng	[ɘŋ]	[ɐŋ]	注意[ɘŋ][ɐŋ][aŋ]的分别。
eing	—	[ɛŋ]	注意[ɛŋ][aŋ]的分别。

ong	—	[ɔŋ]	
oeng	—	[œŋ]	
ung	[uŋ]	[uŋ]	
ing	[iəŋ]	[iŋ]	注意[iəŋ][iŋ]的分别。
yng	[iuŋ]	—	
ap	—	[ap]	
ep	—	[ɐp]	注意[ɐp][ap]的区别。
ip	—	[ip]	
at	—	[at]	
et	—	[ɐt]	注意[ɐt][at]的分别。
ot	—	[ɔt]	
oet	—	[œt]	注意[œt][ɐt]的分别。
ut	—	[ut]	
it	—	[it]	
yt	—	[yt]	
ak	—	[ak]	
ek	—	[ɐk]	注意[ɐk][ak]的分别。
eik	—	[ɛk]	注意[ɛk][ak]的分别。
ok	—	[ɔk]	
oek	—	[œk]	
uk	—	[uk]	
ik	—	[lk]	注意是[lk],不是[ik]。

两粤音说

目　录

一　概　说

昔陈兰甫作《广东音说》,以明清浊四声及侵、覃、盐、咸声势,有稗方言之学;然其说犹有未尽。晚近我国治方言者,多非广东人。其于交广音,偶有论列,不外兰甫所已言,他非所知也。余籍白州,而音特与广东近,乃因兰甫之说,而补苴之;兰甫所已及者,则引申而益详之。因念广西南部之音,自古治方音者,未尝一道及,盖或以桂林话,为全省音准,或虽知南北部音有异,又误以其南部音与广东尽同;诚不知其迥殊于桂林,微异于广东,殆为中国韵组最多之一种方音,不容不加以论列者也。故以附于广东音而并述之,述及邻省之音,未敢自信皆确,聊试为之,以待质证云尔。

两粤之音,大别为八。八者之中,更详析之,可得百数。又以互相影响之故,音极淆乱,未能划若鸿沟。今姑略为区分,取便陈述而已。

1. 广东话

此以广州话为标准,四邑、肇、阳、罗等处属之。其分韵之多,殆冠全国;而分组则略有含胡。大抵广州、四邑齿头之音,或归正齿;而肇、阳、罗正齿之音,或归齿头;台山、恩平、新会等处,透多入晓,而清或归透,其分组之近古,未若广西也。古今音韵家所谓广东音者,皆指此而言,今姑称之曰广东话;实则广东之话,不止于此,读者当视为狭义的广东话可也。

2. 广西白话

广西南部之音，与北部迥殊，而与广州最近。谓之白话者，对北部官话言之也。广东话与广西白话之别，首在声调。广西之"平均音高"较广东略高，四声中之阳平，其区别最显者也。次为分纽较多，如 ɲ 之一音，在两粤中仅广西有之。大抵言韵则广东为多，论纽则广西为多也。广西南部各县，又各不同。梧州邻粤，音最相近；其次则北流、贵县等处，又次则博白、陆川、兴业；至若容县，则相去较远矣，郁林则相去最远矣。

3. 客话

客话盖起源于广东、嘉应州，传播于广东西南部、广西南部、福建西部、江西南部、占地颇广。然客话之中，亦有微异，即如揭阳之与大埔，相隔不远，语音已有不同；福建、广西又各有异；至于江西，更非旧观矣。余所知者仅为广西之客话，然与嘉应州人对语，互能通晓，大抵所异在韵者多，在纽者少也。章氏太炎著《岭外三州语》，即指此种。余按其书多能与客话吻合，盖恃载籍而不恃口耳，未能无误也。今按客话之得名，盖因其民后来之故也。吾邑谓之新民话，亦此意也。其语每存古音，侵、覃、盐、咸之能为闭口无论矣，而知读端纽，"分"读帮纽之类（非读书音）直溯汉、魏以上，好古者盖乐道之也。或云其民自晋末踰岭南徙，为今客家，然无确证。今以语音考之，实与北音为近。意者其民自黄河流域桴海而来，其自汕头登陆者，居嘉州，东分而至闽西，北折而入赣南；其自电白登陆者，西分而至廉州，北折而入桂南，其传播途径，有可得而言者。今以图示之如次（见下页）：

何以知客话未尝经过江浙？盖观察江浙各地，似无有此种语音者也。江浙音重浊，而客话之音轻清，其四声重浊及纽韵，几与北方尽同，而与江浙迥异。若曾经过江浙，岂有不起同化作用者。客话之同化于广东者则多矣。如溪纽读 k'，而"肯渴客"等字皆读 h，与广东音近；广东侵、覃、盐与真、寒、先有别，客话亦然。不知其为同化乎？抑各有所本也。广东四声皆分阴阳，而客话平声分阴阳，上去不分阴阳，似北方；入声分阴阳，似广东。殆北音与粤音之混合语也。

4. 官话

两粤皆近于湘，故其北部音皆与湘音近。广东南、韶、连一带，及广西之桂林、柳州、百色一带，居民多作官话，此可以桂林为代表。自好古者观之，桂林音视湘音为正，故俗有"南音以桂林为正"之语。本文于桂林音陈述甚少，以其与普通官话相似，不烦详述故也。

5. 潮州话

去岁与四友同居，籍潮州者三人，而余终未能效其一语，盖平常酬对，俱作广州话耳。潮州所存古音，盖亦甚多，如"人"读泥纽，"饭"读帮纽之类（非读书音），苟勤搜集，必有可观。今以未谙之故，聊付阙如。

6. 雷州话

今雷州、电白一带皆属此种。余未谙，不能谈。

7. 琼州话

琼州孤峙一岛，其言之难晓，如外国语。然吾意未必非华语所嬗化，如"饭"读明纽，未离唇音，即此类推，或有痕迹可寻，惟余不谙耳。

8. 其他

以上七种，未能详尽。以余所知，廉州自客话以外，尚有白话，与广西话略近，而不同处尚多。又漳州民有移两粤者，作漳州语；苗民有居广西西北、西南及广东灵山一带者，作苗语。诸如此类，不胜枚举，毕生研究，未易穷也。

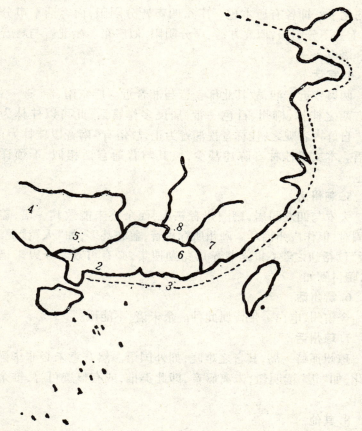

1 廉州　2 电白　3 汕头　4 贵县　5 郁林　6 嘉应　7 闽西　8 赣南

二 辨 纽

1. 见纽

广东全纽皆读 k 音,阴声,客话及广西白话同。惟博白"救、九"等字读 tɕ,盖同化于北京矣。又"决"字读 k,亦与广东异。桂林音与湘音最近,而于见纽齐齿字,不若湘音读 tɕ 而读 k。如"九"读 kiu,"见"读为 kien,"救"读为 kiu 是也。此殆因地近广东之故也。

2. 溪纽

广东此纽最为混乱,有读本纽 kʻ 音者,有读 h、读 f 者,间有读 j 者。兹随意取数十字,以广东音、博白音、郁林音,及客话音四者,相较如下表:

	区	启	曲	溪	倾	跨	龛	阙	困	契	概	旷
广东	kʻ	kʻ	kʻ	kʻ	kʻ	kʻ	kʻ	kʻ	kʻ	kʻ	kʻ	kʻ
博白	kʻ	h	kʻ	kʻ,h	kʻ	kʻ	kʻ,tɕʻ	kʻ	kʻ	kʻ,h	kʻ	kʻ
郁林	kʻ	kʻ	kʻ	kʻ	kʻ	kʻ	kʻ	kʻ	kʻ	kʻ	kʻ	kʻ
客话	kʻ	kʻ	kʻ	kʻ	kʻ	kʻ	kʻ	kʻ	kʻ	kʻ	kʻ	kʻ

	楷	祛	窥	驱	亢	却	匡	叩	慷	寇	廊	抗
广东	kʻ	kʻ	kʻ	kʻ	kʻ	kʻ	kʻ	kʻ	kʻ	kʻ	kʻ	kʻ
博白	kʻ	kʻ	kʻ	kʻ	kʻ	kʻ	kʻ	kʻ	kʻ	kʻ	kʻ	kʻ
郁林	kʻ	kʻ	kʻ	kʻ	kʻ	kʻ	kʻ	kʻ	kʻ	kʻ	kʻ	kʻ
客话	kʻ	kʻ	kʻ	kʻ	kʻ	kʻ	kʻ	kʻ	kʻ	kʻ	kʻ	kʻ

续　表

	康	口	空	气	坎	开	牵	欠	起	怯	克	轻
广东	h	h	h	h	h	h	h	h	h	h	h	h
博白	h	h	h	h	h	h	h	h	h	h	h	h
郁林	h	h	h	h,j	h	h	h,j	h,j	h,j	h	h	h
客话	h,k	k'	k'	k'	k'	h	k'	k'	k'	h	k'	k'

	刻	罄	渴	考	肯	客	遭	谦	去	岂	墟	卿	庆
广东	h	h	h	h	h	h	h	h	h	h	h	h	h
博白	h	h	h	h	h	h	h	h	h	h	h	h	h
郁林	h	h	h	h	h	h	h,j	h,j	h,w	h,j	h	h	h
客话	k'	k'	k'	k'	k'	h	k'	k'	h,ç	k'	h	k'	k'

	乞	孔	勘	可	哭	堪	器	巧	恐	凯	铿	恳	搴
广东	h	h	h	h	h	h	h	h	h	h	h	h	h
博白	h	h	h	h	h	h	h	k'	h	h	h	h	h
郁林	h	h	h	h	h	h	h,j	h	h	h	h	h	h
客话	k'	k'	k'	k'	k'	k'	k'	k'	k'	h	k'	k'	k'

	犬	库	欹	袴	科	课	阔	枯	宽	快	丘	钦	苦
广东	h	f	f	f	f	f	f	k'	f	f	j,h	j,h	f
博白	h	h	h	h	w	w	h	k',h,w	h	w	h,j	h,j	h
郁林	h,j	h,w	h,w	h,w	w	w	w	w	w	w	j	j	w
客话	k'	k'	k'	k'	k'	k'	k'	k'	k'	k'	k'	k'	k'

上表共七十五字得总表如下：

	k'	h	f	w	j	ç	tç'
广东	25	39	9	无	2	无	无
博白	24	47	无	3	无	无	1
郁林	25	28	无	11	11	无	无
客话	67	7	无	无	无	1	无

　　由此观之,以客话所存古音为最多。意者客话其初必尽读溪纽为 k‘ 音,后因地处广东,稍与同化,故偶有变 h 音者耳。"去"字或读 h 音,或读 ç 音,溪纽读 ç 颇可怪,只能认为例外。广东又有变 f 音者,其读晓纽亦间有 f 音。余尝推求其或变或不变之故,大抵鱼、虞、微、齐、佳、灰、阳、尤、侵等韵不变,东、支、真、文、元、寒、删、先、萧、肴、豪、庚、青、蒸、覃、盐、咸等韵变 h,歌、模、桓等韵广东变 f,郁林变 w。然其例不纯,莫可究诘,有待乎音学专家之解答者也。

　　3. **群纽**

　　此纽广东平声读阳声 k‘,仄声读阳声 k。广西与客话皆读 k‘,平仄一律。惟广西四声,皆具阴阳。溪纽阴声而群纽阳声;故不相混,客话则不能不混矣。今北方亦混,惟江浙不混耳。

　　4. **疑纽**

　　广东开合口字读 ŋ 音,齐齿读 j 音,广西开合口字读同广东,齐齿则读 ȵ 音,客话亦然。按江浙齐撮字,亦多读 ȵ,ŋ 与 ȵ 皆鼻音,故 ŋ 变为 ȵ 也。广东人口腔多不能为 ȵ 音,故江浙、广西及客话之读 ȵ 音者,广东皆读 j 也。广西及客话疑纽字又有少数混入泥纽读 n 者,此则各省亦往往有之,特多少为异耳。广东台山最为特别,全纽皆作 ŋ 音。兹将《广韵》疑纽切音纽十八字,列表如下:

	俄	研	五	午	吾	牛	拟	宜	疑	危	仪	虞	鱼	语	愚	玉	遇	魔
广州	ŋ	j	ŋ	ŋ	ŋ	ŋ	j	j	j	ŋ	j	j	j	j	j	j	j	j
台山	ŋ	ŋ	ŋ	ŋ	ŋ	ŋ	ŋ	ŋ	ŋ	ŋ	ŋ	ŋ	ŋ	ŋ	ŋ	ŋ	ŋ	ŋ
客话	ŋ	ȵ	ŋ	ŋ	ŋ	ŋ,ȵ	ȵ	ȵ	ȵ	ŋ	ȵ	ȵ	ȵ	ȵ	ȵ	ȵ	ȵ	ȵ
广西	ŋ	n	ŋ	ŋ	ŋ	ŋ,ȵ	ȵ	ȵ	ȵ	ŋ	ȵ	ȵ	ȵ	ȵ	ȵ	ȵ	ȵ	ȵ

又得总表如下：

	ŋ	ɲ	j	n
广州	6	无	12	无
台山	18	无	无	无
客话	7	10	无	1
广西	7	10	无	1

5. 晓纽

此纽广东开口齐齿字皆读 h，唯合口则读 f，又有少数变 j 音者。博白、郁林、客话又各不同，兹以《广韵》晓纽切音十六字列表如下：

	呼	荒	呵	火	虎	馨	海	许	虚	朽	香	况	兴	羲	休	喜
广东	f	f	h	f	f	h	h	h	h	j	h	k'	h	h	j	h
博白	w	w	h	h,w	h	h	h	h	h	h	h	k'	h	h	h	h
郁林	w	w	h	w	w,h	h	h	w,h	j	j	k'	h	j	j	j
客话	f	f	h	f	f	h,ç	h	ç	h,ç	ç	h,ç	k'	h,ç	ç	h,ç	k'

上表"况"字变 k' 音，此为例外。盖"况"字在北方亦变 k' 音，非独两粤然也。今除"况"字不计，作总表如下：

	h	f	w	j	ç	k'
广东	9	4	无	2	无	无
博白	13	无	2	无	无	无
郁林	4	无	6	5	无	无
客话	7	4	无	无	3	1

由此观之，博白保存此纽古音较多，广东次之，客话又次之，郁

林则泰半变入影纽,与江浙同。客话之音与北京多相近处,往往同化,今观上表,"许朽羲"等字皆读 ɕ 音,与北京同,"馨虚香兴休"等字亦有一部分人读 ɕ 音,可见变化之渐矣。"喜"字读 kʻ 音,颇可怪。广东"起、喜"二字皆读 h,客话则皆读 kʻ,"起、喜"音混,两地同然也。又如"忽"字本晓纽,而客话及博白话皆读 kʻ 音,要之,溪、晓两字在两粤最淆混矣。

6. 匣纽

广东匣纽开口字读 h 音,如"河号寒行含合"等字是也。合口字读 w 音,如"胡户乎黄怀祸"等字是也。齐齿读 j 音,如"玄县丸"等字是也。间有读 f 音者,"缓"字是也。广西与广东同,惟"缓"字或读 h,或读 w,无读 f 者,斯微异耳。客话开口读 h,齐齿读 j,与广东同,惟合口或 f,如"胡乎户怀祸"是也,或读 w,如"黄还"是也,"缓"字读 kʻ,尤奇。"款、缓"二字,在北京显然有别,而广东皆读 f,客话皆读 kʻ,广西则皆读 h,未有能分为 kʻ、h 二音者。

7. 影纽

广东影纽,开口字读喉部破裂音 ʔ,如"哀"读 ʔoi,"屋"读 ʔuk,"握"读 ʔak,"安"读 ʔon,"爱"读 ʔoi,"阿"读 ʔo 是也。齐齿字读 j,如"于一伊烟影邑英央忆衣忧纤"等字是也。合口读 w,如"乌湾"是也。广东齐韵字皆不读齐齿而读开口,故"翳缢"等字不读 j 而读喉音 ʔ 也。此乃例之最纯者。客话无异。惟广西则破此例,"影英"读 ʔeŋ,"忆"读 ʔek,甚或读"於"为 huei、wei,读"邑"为 hep,淆乱不可究诘矣。

8. 喻纽

广东喻纽,开口齐齿读 j,如"羊翼"等字是也。合撮读 w,如"王云为荣"等字是也。亦例之至纯者。客话稍破此例,如"云为荣"同是撮口字(按韵书),而"荣"读 juŋ,"云"读 jun,"为"读 wei,广西音如广东,惟读"翼弋"为 hek,"盈嬴嬴"为 heŋ,与广东异耳。

9. 知纽

此纽广东读阴声,开口合口读 tʃ,齐齿读 tɕ。广西及客话皆同(客话说话时,"知"字作 t 音)。

10. 彻纽

广东开口合口读 tʃ',齐齿读 tɕ'。广西及客话皆同。

11. 澄纽

广东平声开口合口读 tʃ',齐齿读 tɕ'。仄声开口合口读 tʃ,齐齿读 tɕ。广西则不论平仄,一律读如彻纽,惟以阴阳声为别。客话与广西话同。惟其不能具八声,故彻、澄未能不混也。

12. 照纽二等

广东读如其所读知纽,广西亦然。惟客话读 ts,与精纽混。

13. 照纽三等

广东、广西及客话,皆同,读如其所读知纽。

14. 穿纽二等

广东、广西皆读如其所读彻纽,惟客话读 ts',与清纽混。

15. 穿纽三等

广东、广西及客话,皆读如其所读彻纽。

16. 床纽二等

广东、广西、客话,各有不同,列表明之如下(仍用《广韵》切音上字,共十三字):

	助	鉏	锄	床	雏	鸰	犲	崇	查	崱	士	仕	俟
广东	tʃ	tʃ'	tʃ'	tʃ	tʃ'	tʃ'	tʃ'	ʃ	tʃ'	ʃ	ç	ç	ç
广西	tʃ'	tʃ'	tʃ'	ʃ	tʃ'	tʃ'	ʃ	ʃ	tʃ'	ʃ	ç	ç	ts'
客话	ts	ts	ts	ts	ts	ts	ts	ts	ts	s	s	s	s

观上表则知,广东共有 tʃ、tʃ'、ʃ、ç 四音,广西共有 tʃ'、ʃ、ç、ts' 四音,但 ts' 音只有"俟"一字,是例外,客话共有 ts、s 两音。

17. 床纽三等

广东、广西及客话,皆读 ʃ,与其所读禅纽音混。

18. 审纽二等

广东开口合口字读 ʃ,齐齿字读 ç,广西亦然。惟客话读 s,与心纽混。

19. 审纽三等

广东开口合口字读 s,齐齿字读 ç,广西及客话同(两粤或读"始矢"为 tç‘)。

20. 禅纽

广东读若其所读审纽音,惟审纽阴声,禅纽阳声,故不混耳。广西同。两粤禅纽字,保存古音之摩擦性者甚多,如"常长晨承臣丞尝成城"等字,各省大都读入其读澄纽之音,惟两粤不变耳。客话则"臣承"等字已变入澄纽(破裂摩擦音),而"常晨成"等字未变。即此可见,客话为官话所同化,不能不变,又为广东话所同化,不能多变也。又肇庆人于审、禅纽字多读 s,不读 ç。如"十"读 sap,"审"读 sam,"识"读 sek是也。"瑞"字广东有读为 suei 者,此是例外。

21. 日纽

广东日纽皆读 j,与喻纽混;独台山读 ŋ,与疑纽混。广西则皆读 ɲ 音,惟"柔"字读 j 音,与广东同,"儒"字读 ç 音最为特别。客话亦似广西读 ɲ,惟"柔儒"皆读 j。"人、仁"音别,"人"读 ɲin,"仁"读 jin。又"而"字读 l,此殆因湖南、桂林有读日纽为 l 音者,故效之耳。

22. 泥纽

广东、广西及客话,皆读 n。

23. 来纽

广东、广西及客话,皆读 l。

24. 娘纽

广东、广西,泥、娘无别。客话至不一律,如"尼"读 ne,"拏"读

na,"娘"读 ȵoŋ,"女"读 ȵu。

25. 端纽

广东、广西及客话,皆读 t 音。

26. 透纽

广东、广西及客话,皆读 t',独台山、恩平、新会等处则读 h 音,与晓纽混。

27. 定纽

广东平声读 t',仄声读 t,皆阳声。广西亦皆阳声,惟全纽读 t'。客话亦全纽读 t'。

28. 精纽

广东有 ts、tɕ 二音,大抵齐齿字读 tɕ,合口开口读 tʃ。客话全纽读 ts。广西至不一律,博白读 ts 如客话,北流读 tʃ、tɕ 如广东,郁林、容县读 t,与端纽混。

29. 清纽

广东开口合口读 tʃ',齐齿读 tɕ。客话全纽读 ts',广西博白读 ts' 如客话;北流读如广东;郁林、容县读 t',与透纽混。广东台山亦读 t',而其于透纽字读 h,故清、透不致相混也。

30. 从纽

广东平声读如其所读清纽,仄声读如其所读精纽,惟以阴、阳声为别。台山仄声无异,惟平声则读 t'。客话全纽读 ts("字匠"等字读 s 是例外)。广西诸邑各读如其所读清纽,惟有阴阳声之别耳。

31. 心纽

广东心纽有 s、ʃ、ɕ 三音。何类读何音,未能究诘,台山之一部最为特别,读若来母清音,即其音在心纽与来纽之间(如有大舌头语病者读心、审纽字),此殆全国所无之音也。客话读 s 音。广西多数读 s,与客话同。北流读与广东同。

32. 邪纽

此纽广东、广西、客话又各不同。今将《广韵》切音十字列表如下：

	似	随	寺	徐	详	祥	辞	旬	夕	辝
广东	tɕ	tʃ'	tɕ	tʃ'	tʃ'	tʃ'	tɕ',ç	tʃ'	tʃ	tɕ',ç
客话	s	ts'	s	ts'	ts'	ts'	ts'	ts'	ts'	ts'
广西	ts'	ts'	ts'	ts'	ts'	ts'	ts'	ts'	ts'	ts'

观上表则知，各处邪纽皆与从纽相混。广东从纽平声开口合口读 tʃ'，故"随徐详祥旬"皆读 tʃ'，齐齿读 tɕ'，故"辞辝"皆读 tɕ'。又从纽仄声开口合口读 tʃ，故"夕"字读 tʃ；齐齿读 tɕ，故"似寺"读 tɕ 也。广西及客话从纽平仄皆读 ts'，故邪纽平仄亦皆读 ts'。惟客话稍受官话之同化，故"似寺"等字已变 s 音，不能一律矣。

偶忆广东之西南部，如高州、廉州，精、清、从、心、邪纽，似皆读如客话之发音。今久不与彼方人士接近，已模糊记不清楚矣。

33. 帮滂纽

广东帮纽读 p，滂纽读 p'。广西及客话皆同。

34. 並明纽

並纽广东平声读 p'，仄声读 p，皆阳声。广西及客话平仄皆读 p'。明纽两粤皆读 m。

35. 非敷奉纽

非与敷今全国无别。广东读 f 音。奉纽读 f，阳声，广西及客话与广东同。惟"敷甫"二字读 p'，与广东异。

36. 微纽

广东明、微无别。客话则微纽有 w、m 二音，如"文武舞物闻"等字皆读 w 音，"味雾微尾无务罔望"等字皆 m 音。故客话殆可谓为官话与广东话之混合品也。广西微纽字多数归明纽，惟"武舞无芜"等字读 f 音，归敷；然证以声类，"抚"从"无"声，而入敷纽，则"无"音归敷，非异事也。

上述诸纽既毕，今制总表于此，俾可一览了然。

广东纽表

见阴 k	日阳 j
溪阴 f、j、kʻ、h	来阳 l
群阳 k、kʻ	端阴 t
疑阳 j、ŋ	透阴 tʻ
晓阴 f、j、h	定阳 t、tʻ
匣阳 w、f、j、h	泥阴阳 n
影阴 w、j、ʔ	娘阴阳 n
喻阳 w、j	精阴 tɕ、tʃ
知阴 tɕ、tʃ	清阴 tɕʻ、tʃʻ
徹阴 tɕʻ、tʃʻ	从阳 tɕ、tɕʻ、tʃ、tʃʻ
澄阳 tɕ、tɕʻ、tʃ、tʃʻ	心阴 s、ɕ、ʃ
照阴 tɕ、tʃ	邪阳 tɕ、tɕʻ、tʃ、tʃʻ
穿阴 tɕʻ、tʃʻ	帮阴 p
乘阳 ʃ	滂阴 pʻ
审阴 ɕ、ʃ	并阳 p、pʻ
禅阳 ɕ、ʃ	明阴阳 m
庄阴 tʃ	非阴 f
初阴 tʃʻ	敷阴 f
床阳 ɕ、tʃ、tʃʻ、ʃ	奉阳 f
山阴 ʃ	微阳 m

广西纽表

见阴 k	日阳 ɕ、n
溪阴 w、j、kʻ、h	来阴阳 l
群阳 k	端阴 t
疑阳 ɲ、ŋ	透阴 tʻ

晓阴 w、j、h

匣阳 w、j、h

影阴 j、ʔ

喻阳 w、j、h

知阴 tɕ、tʃ

彻阴 tɕ'、tʃ'

澄阳 tɕ'、tʃ'

照阴 tɕ、tʃ

穿阴 tɕ'、tʃ'

乘阳 ʃ

审阴 ɕ、ʃ

禅阳 ɕ、ʃ

庄阴 tʃ

初阴 tʃ'

床阳 ɕ、tʃ'、ʃ

山阳 ʃ

定阳 t'

泥阴阳 n

娘阴阳 n

精阴 ts

清阴 ts'

从阳 ts'

心阴 s

邪阳 ts'

帮阴 p

滂阴 p'

并阳 p'

明阴阳 m

非阴 f

敷阴 f

奉阳 f

微阴 m

微阳 m、f

客话纽表

见 k

溪 k'、h

群 k'

疑 n、ɲ、ŋ

晓 f、ɕ、h

匣 w、f、j、h

影 j、ʔ

喻 w、j

知 t、tɕ、tʃ

彻 tɕ'、tʃ'

日 l、ɲ、j

来 l

端 t

透 t'

定 t'

泥 n

娘 n、ɲ、ŋ

精 ts

清 ts'

从 ts'

澄 tɕʻ、tʃʻ		心 s	
照 tɕ、tʃ		邪 tsʻ、s	
穿 tɕʻ、tʃʻ		帮 p	
乘 ʃ		滂 pʻ	
审 ɕ、ʃ		並 pʻ	
禅 ɕ、tʃʻ、ʃ		明 m	
庄 ts		非 f	
初 tsʻ		敷 f	
床 ts、s		奉 f	
山 s		微 m、w	

表例：

1.表中乘纽即床纽三等，庄纽即照纽二等，初纽即穿纽二等，山纽即审纽二等。

2.表中所谓广东、广西及客话，皆指最普通之语音言之。若欲知台山、新会、恩平、郁林、北流、容县等处语音之特色，仍须细看上文（韵表仿此）。

3.偶有例外者，不著于表（例如"並"字读 p，或读 pʻ，则按並纽通例，认读 pʻ 为例外）。

4.凡一纽而具数音者，在何种关系即变何音，须细看上文，此表中未能注出（韵表仿此）。

5.表中共二十五音，广西及客话皆能备具。广东随地而异，或二十四音（少 ŋ），或二十二音（少 ŋ、ts、tsʻ）。

三　辨　韵

广东之韵，与广西南部无异，故本节凡言广东，皆包括广西南部言之；间有微异处，则分别说明之。客话有异者言之，无异者则不复赘及也。凡称一韵，必包举平上去声言之，入声则另别。

1. 东、冬、钟韵

此三韵今全国殆皆不能分别。广东读 uŋ，与北京同。

2. 江韵

此韵最为复杂，今随举十六字列表如下：

	江	帮	降	双	撞	椿	淙	鬃	庞	窗	讲	项	捧	巷	闽	绛
广东	ɔŋ	ɔŋ	ɔŋ	ɔŋ	uŋ	ɔŋ	uŋ	uŋ	ɔŋ	iaŋ	ɔŋ	ɔŋ	uŋ	ɔŋ	uŋ	ɔŋ
博白	aŋ	aŋ	aŋ	ɔŋ	uŋ	ɔŋ	uŋ	uŋ	ɔŋ	ɔŋ	ɔŋ	ɔŋ	uŋ	ɔŋ	uŋ	aŋ
客话	ɔŋ	ɔŋ	ɔŋ	ɔŋ	uŋ	ɔŋ	uŋ	uŋ	ɔŋ	uŋ	ɔŋ	ɔŋ	uŋ	ɔŋ	uŋ	ɔŋ

观上表，广东或入唐，或入东，或入庚，或入阳；博白及客话则无入阳者。又观，"窗"之一字，广东入阳，博白入唐，客话入东，可谓变化无方矣。考《广韵》，江本由东变唐，则今读或东或唐，皆合于古；阳、庚本与唐近，故又入阳、庚也。

3. 支、脂、之韵

此三韵全国不能别。广东音不一律。兹将《广韵》切音三十字列表如下：

	支	知	移	宜	羁	奇	离	为	危	规
广东	i	i	i	i	ai	i	ei	ei	ei	uei
广西	i	i	i	i	ai	i	ei	ei	uei	uei
客话	i	i	i	i	e	i	i	ui	ui	ui

	垂	随	脂	资	夷	伊	饥	尼	悲	眉
广东	ui	ui	i	i	i	i	ei	ai	ei	ei
广西	ui	ui	i	ei	i	i	i	ai	ei	ei
客话	ui	ui	i	u	i	i	i	e	ui	i

	谁	遗	桂	绥	追	之	持	兹	而	其
广东	ui	i	ui	ui	ui	i	i	i	i	i
广西	ui	i	ui	ui	ui	i	i	ei	i	i
客话	ui	i	ui	ui	ui	i	i	u	e,u	i

观上表,广东有十六字读 i,此为正例。六字读 ei 入微,六字读 ui 入灰,二字读 ai 入齐,此为变例。微、灰、齐之变,全国同然,惟字数多少之别耳。然广东支、齐之分甚严,“尼、羁”二字,但为仅有之例外。按“泥”从“尼”声,《广韵》“泥”入齐,而“尼”入脂,未尽可据。广东读“泥”如“尼”,无足怪矣。广西此韵 ei 音特多。广西读 ei 者,广东多为 i,盖广东所存《广韵》之旧特多欤。客话此韵无 ei 音,而 ui 音特多,广东之读 ei 音者,客话皆为 ui,又“资兹”等字读 u 入模,“尼羁”等字读 e 入齐,皆变例也,若要考其源,殆皆归 i 音耳。

4. 微韵

广东此韵惟“希几岂既”等少数字读 i 音,余皆读 ei 音。余考其初必全纽读 ei 音,广州一部分于“希几岂既”至今犹读 ei 音,广西北流“衣”字读 ei 音,以各地拼合观之,知其初全纽一律也。客话或读 i 入支,如“微希衣岂既”等字是也。或读 ui 入灰,如“非归韦尾伟匪鬼味胃贵”等字是也。无读 ei 音者,此与广东异。又“毅”

之一字最怪,广东读为 ŋai,客话读为 ŋe,各与其所读之齐韵混,广西有读 i 者,与"衣希"等字收音同。

5. 鱼、虞韵

此二韵今全国皆混。广东尤为特别。盖江河南北,鱼、虞皆读撮口,而广东、广西及客话,皆无撮口呼,故多混入支、脂、之,又有少数字读 u 入模,读 ui 入灰者,今将《广韵》切音十五字列表如下:

	余	鱼	蒩	居	诸	俱	俞	逾	于	隅	输	朱	株	夫	无
广东	i	i	iｖu	i	i	i	i	i	i	i	i	i	i	u	u
广西	i	i	u	ui	i	ui	i	i	i	i	ui	i	i	u	u
客话	i	u	u	u	i	u	i	i	i	i	u	u	u	u	ɔ

观上表,客话与北京音较近,凡北京合口字,客话皆读合口;北京撮口字,客话因无撮口呼,故改为齐齿,其例尚纯。惟"鱼"字合口,"无"字入歌,为例外耳。至于广东音,上表未足概括,尚有"初疏梳助梳楚阻"等字读 ɔ 音。广西有 i、u、ui 三音,例最不纯。江河南北,鱼韵字混入支韵者甚少,客话稍混,广西次之,广东最混。如"余夷"二字,江河南北皆能分别,而广东、广西及客话,皆不能别也。"诗"与"书"、"朱"与"支",客话犹能辨之,而广东、广西皆不能也。"居"与"机"、"渠"与"棋"、"虚"与"希",客话及广西皆能辨之,而广东或不能也。然广东犹能辨鱼、模二韵之别,凡读 i 者,必非模;凡读 u 者,十九非虞也。

6. 模韵

由广东音言之,鱼、虞当合为一类,模当自为一类,盖模读 u 音,与鱼、虞皆读 i 音异也。客话及广西亦皆读 u。

7. 齐韵

今江河南北,齐、支常混,广东齐韵读 ai,与支韵迥别。惟撮口字如"携畦圭桂惠"等读 ei 音,此因广东无撮口呼,故混入他韵耳。广西南部有与广东同者,有微异者,如博白异者颇多也。今将《广韵》切音字列表如下：

	奚	兮	稽	鸡	溪	低	迷	携	畦	圭	礼	启	计	诣	桂	惠
广东	ai	ai	ai	ai	ai	ai	ai	ei	ei	ei	ai	ai	ai	ai	ei	ei
博白	i	i	i	ai	i	ai	i	ei	ei	ei	ai	i	ai	i	ei	ui
客话	i	i	e	e	e	e	e	i	ui	ui	ui	ai	i	e	ui	ui

观上表，广东齐齿字读 ai，撮口字读 ei，其例至纯。博白"奚兮"等字皆仿北音，"惠"字仿客话，失其本来矣。客话当以齐齿读 e，撮口读 ui 为正例，其例外之字，皆受北音之同化也。"鸡"字本读 e，今南洋客话有读 ai 者，又为广东所同化矣。

8. 佳、皆韵

此二韵广东皆读 ɐi，其例甚纯，广西南部有与广东同者，北流是也；有异者，如博白等处，则混入咍韵读 ai 矣。北方咍韵虽皆读 ai，而佳、皆韵字或开口读 ai，或齐齿读 iai，不能一律也。客话此二韵皆读 ɐi。

9. 灰韵

广东灰韵读 ui，今韵书佳与皆合，灰与咍合，以今北京、湘、鄂、粤、桂、川、滇之音考之，灰、咍皆无合用之理。

10. 咍韵

广东咍韵读 oi，与灰韵迥别，与佳、皆亦有别。

11. 真、谆、臻、文、殷韵

此五韵广东皆读 an 音，仅有例外，如或读"荀纯"字为 uen 音，此因为北音所同化耳。广西乃全韵一律，"荀纯"亦读 an 音也。客话分此五韵为二音，大抵真、臻、殷读 in，文、谆读 un，然"忍肾窘殒仞近"等字又在例外，则其例亦未纯也。

12. 元韵

广东此韵齐齿字读 an，撮口字读 in，盖广东不能为撮口呼，故混入其所读先韵也。客话亦不能为撮口呼，则全韵皆读开口 an，而无 in 音。

13. 魂韵

广东此韵字有 an、un 二音，发 an 音者，"昆温奔混盾顿困"等字是也；发 un 音者，"门村存盆尊本损寸闷"等字是也。余考其初必全韵作 un 音，厥后渐变开口 an 音。合口常变开口，殆古音学者所公认也。试观"魂敦论坤昏婚"诸字，今广西南部及广东小部分，尚读合口，而广东大部分皆读开口，可见其由合变开之趋势痕迹矣。客话此韵皆读 un。

14. 痕韵

广东此韵皆与真混，客话读 ən，与其所读真韵有别（"吞"字例外）。

15. 寒、删、山韵

此三韵广东读 an，惟台山读寒韵，"寒安旱竿肝汗看按汉"等字皆作 on 音，而"删山"皆作 an 音，可见"寒删"本有别也。博白、径口村一带，寒韵字几皆读 on 矣。

16. 桓韵

依广东音言之，寒桓不能合为一韵。盖寒韵读 an 而桓韵读 un 之不同也。北音及客话，寒、桓、山、删皆混也。今合自真至山十二韵观之，全国无能一一分别之者，若求其有例可寻，分合不紊者，当推客话为最，试列一表以显之：

	真	谆	臻	文	殷	元	魂	痕	寒	桓	删	山
客话	in	un	in	un	in	an	un	ən	an	an	an	an
广东	an	an	an	an	an、in	un、un	an	an	an	un	an	an

17. 先、仙韵

此二韵今全国皆混。广东读 in 音，然"宜选全"等撮口字则读 un 音，与其所读魂韵相混。客话于此韵字多读 ian 音，然无标准，如"宣选"读 ian 而"全然延玄县毡船专员传"等字皆读 an 音，混入

寒删。北京此韵字有 ian、üan、an 三音,其例尤乱,独广西南部先、
仙全读 in 音,其例至纯也。惟有"偃迁"二字最奇,广东、广西及客
话多读入盐韵。

18. 萧、宵韵

此二韵今全国皆混。广东全读 iu 音,其例最纯。客话读 au、iau
二音,与北京同。如"朝超"皆读 au 音,"萧宵桥焦"皆读 iau 音。

19. 肴韵

北音肴韵字或读齐齿(肴韵本无齐齿字),混入萧韵,如"交、
娇"无别是也。或读开口,混入萧韵,如"超、抄"无别是也。又有混
入豪韵者,如"爻、豪"无别是也。广东皆读开口 au,独立不混。
广西南部有与广东同者,有微异者,如博白"包胞庖"读与豪韵
混,则微异也。客话全韵读 au。

20. 豪韵

广东读 əu,独立不混。广州读 ou。客话读 ɔ,与歌韵混。广西
读 əu。

21. 歌、戈韵

此二韵今全国皆混。广东读 ɔ,广西及客话皆然。

22. 麻韵

广东此韵读 a 音,然"遮车邪赊奢嗟冶野姐者"等齐齿字则读
e,与北音略同。客话则读 a、ia 二音,不读 e。

23. 阳、唐韵

北音此韵中阳读开口 aŋ 及齐齿 iaŋ,广东阳韵皆作 iaŋ,不作
aŋ。广州作 æŋ,然有例外。广东因受客话之同化,故例外视北音
为多,如"方访放"等字,北音犹读 aŋ,而广东则读 ɔŋ,入唐韵矣。
"亡妄望霜狂"等字,即北音亦混入唐韵,然以大多数言之,阳韵终
当以 iaŋ 音为代表也。广东唐韵读 ɔŋ。客话阳、唐皆读 ɔŋ,混而不
分。然有一最特别之情形,"良"与"郎"、"相"与"丧"、"薑"与
"冈"、"向"与"行",音皆不相混,盖读"良薑向"等字音,在 iaŋ、ɔ
ŋ

之间（即 iɒŋ），此殆全国所无之音也。湖南小部分及江西南部，阳、唐皆无开口音，与客话同。桂林一部分阳唐皆作开口、齐齿，无合口音。广西博白小部分，阳唐皆作齐齿音，无开、合口音。

24. 庚、耕韵

庚、耕韵今全国皆混。广东合口开口字读 aŋ，齐齿撮口字读 eŋ。北音"荣兄"等撮口字混入东韵，广东无是说也。客话开口合口字读 aŋ，齐齿字读 iŋ，撮口字读 uŋ。广西容县开、合、齐、撮，几皆读 eŋ，如"行"读 heŋ、"生"读 ʃeŋ、"耕"读 keŋ，非特与广东异，即广西各地亦无此读法也。

25. 清、青、蒸韵

此三韵今全国皆混。广东读 eŋ，与庚韵齐齿字混。客话读 in，与其所读真韵混。刘渊诗韵，并清于庚，并登于蒸，以今全国之音考之，皆宜以清、青、蒸并为一韵，登可另立一韵，或并入庚、耕亦可，而断无并入青韵之理。吾意刘渊并韵之时，但以《广韵》排列相近为标准，却不以音近为标准，故虞之与模、灰之与咍、青之与登，皆毫无理由之并合也。《洪武正韵》以鱼、虞为一韵，而模独立一韵，可正刘渊之失，惜其于灰、咍、青、登仍而不改耳。

26. 登韵

广东登韵读 aŋ，与清、青、蒸迥别，而与庚、耕开口合口字混。客话读 ɔn，与其所读痕韵混，而与庚、耕、清、青、蒸迥别。

27. 尤、侯、幽韵

此三韵广东皆读 au 音（台山尤、侯、幽韵字或混入豪）。广西读 au。客话及北音于尤、幽读齐齿 iu，侯读开口 əu，然其例不纯。如"舟周收雠酬"等字本属尤韵，北京皆读开口；客话于"舟周收雠"等字齐齿矣，而"鸠愁谋"等字仍不读齐齿而读开口，故云其例不纯也。

28. 侵韵

广东读 am，客话读 im，皆独立不混。江河南北皆混入真韵（博白有读"钦歆"为 hiam 者）。广西南部大部分与广东同，小部分读

ɒm,混入覃韵。

29. 覃、谈、咸、衔韵

此四韵今江河南北与寒、删混。广东则读 ɒm,与寒、删迥别。又台山于覃、谈韵"含勘暗坎"等字皆读 om 音,而咸、衔则读 ɒm 音,博白、径口村一带,"感甘敢"读 kom,"坎"读 ɒom,"合"读 hop。台山"合"字亦读 hop。"合"字入声,正与覃、谈相配。

30. 盐、添韵

此二韵广东皆读 im 音,其例甚纯。客话添韵读 iam,盐韵或读 ɒm,混入覃韵,如"盐詹占蟾炎淹"是也;或读 iam,似添韵,如"尖廉簾镰"是也。又如"险"字或读 hiam 入添,或读 ʃom 入覃,其例不纯。北音于盐韵字亦有两音,大抵舌上正齿音读 ɒn,与寒韵开口字混,余皆读 ian,与先韵混。

31. 严、凡韵

广东严读 im,入添,凡读 ɒm,入覃,惟"剑欠"在凡韵而读 im 为异;然《广韵》用"剑欠"切严韵字,可知"剑欠"可入严韵也。客话严、凡皆读 ɒm,惟"剑欠"二字读 iam。北音"严剑欠"等字入先韵,"凡梵范"等字入寒韵。广东亦有读"凡范梵"入寒韵者,效北音而失其本来也。

32. 祭韵

此以下四韵在《广韵》不与平声韵相配。今广东此韵齐齿字读 ai,当配齐,撮口字读 ui,当配灰。广西南部有与广东同者,如容县、北流等处;有微异者,如博白等处是也。客话亦读入其所读齐、灰韵,而又有例外。今将《广韵》切音十字,再加数字,列表如下:

	例	劚	祭	弊	制	芮	锐	岁	卫	袂	世	势	艺	赘	税
广东	ai	ai	ai	ei	ai	ui	ui	ui	ei	ui	ai	ai	ai	ui	ui
博白	ai	ai	ai	ei	ai	ui	ui	ui	ei	ui	ai,i	ai,i	ai,i	ui	ui
客话	e	e	i	i	e	ui	oi	ui	ui	e	e	e	ui	oi

观表,广东"弊卫"二字入微,客话"祭弊"入支,"岁税"入咍,皆属例外。博白本与广东尽同,惟俗语"世界、手势、顺势、手艺"皆读 ai,而读书"身世、势力、艺术"皆读 i,盖读书则模仿北音,而说话则守其本来也。

33. 泰韵

广东开口字读 ɐi,合口字读 ui;惟"沛贝"二字本开口字而读 ui,此是例外。客话与广东同,惟"艾"字或读 e 微异耳。北音"大"字读 a 音,与韵中诸字音迥殊,广东读 ɐi 与韵中诸开口字一律也。

34. 夬韵

广东读 ɐi,与佳韵相配,惟"话"字读 a,此是例外。然此字各地音皆变,非特广东然也。

35. 废韵

广东此韵读 ei,客话读 ui,皆与微韵相配。惟"刈乂"广东读 ai,广西读 i,客话读 e,祭、泰、夬、废四韵在《广韵》皆不与平声相配,故特表出之。

36. 屋、沃、烛韵

此三韵今全国殆皆无别。广东读 uk,与冬、东、钟相配。

37. 觉韵

广东读 ɔk,与江相配。惟广西博白韵有二音,"乐岳捉剥"等字读如广东音,而"觉殻握学"等字读 ak,混入麦韵。此其变化亦颇有例可寻。如"江、讲、绛、觉"读为 kaŋ、kaŋ、kaŋ、kak,而"双、项、撞、浊"读为 ʃɔŋ、hɔŋ、ts'ɔŋ、ts'ɔk,盖平上去入皆有此二音也。"握"字广东与客话亦读 ak,入麦,其故莫可究诘矣。

38. 质、术、栉、物、迄韵

此五韵广东皆读 at,"乙"字读 it,此是例外("栉"字俗读若"节",盖不知其音为阻瑟切耳)。与真、谆、臻、文、殷相配。客话质、栉读 it,术、物读 ut,盖真、臻读 in,故质、栉读 it;而谆、文读 un,故术、物读 ut 也。独迄韵读 ət,不与殷韵相配而与痕韵配,为可异耳(客话痕韵读 ən)。

39. 月韵

广东月韵有 it、ɒt 两音。"月粤越厥谒讦"皆 it 音也,"伐发拨罚"皆 ɒt 音也。月韵本与元韵相配,广东元韵既有 in、ɒn 二音,故月韵亦当有 it、ɒt 二音也。唯平上去声齐齿读 it,撮口读 ɒt,其例颇纯;入声则不能以齐、撮分矣。客话元韵齐、撮字皆读 ɒn,而月韵有二音,"月厥谒讦"等字读 iɒt,"越伐发髪"等字读 ɒt。

40. 没韵

广东此韵有 ut,ɑt 二音,"没勃猝渤悖"皆 ut 音也。"骨突忽兀窟"皆 ɑt 音也。没韵本与魂韵相配,广东魂韵有 un、ɑn 二音,故没韵亦有 ut、ɑt 二音也。客话魂韵皆读 un,而没韵独有二音,"没勃猝渤悖"皆 ɑt 音也,"骨突忽兀窟"皆 ut 音也。

41. 曷、黠、鎋韵

此三韵与寒、删、山相配。广东读 ɒt 音,客话亦无异。惟台山寒、删既颇有别,故曷、黠亦颇有别。曷韵"葛、割"等字皆读 ot 音,黠、鎋则读 ɒt 音,博白径口村与此同。

42. 末韵

末与桓配。广东音寒、桓有别,故曷、末亦有别。末韵读 ut,与桓韵 un 音相配。客话寒、桓无别,故曷、末亦无别,皆读 ɒt 音。北音曷、末、黠、鎋四韵有二音,"曷渴末阔",ɔ 韵也,"拔杀札八",ɑ 韵也。其分二音之故,不可知矣。

43. 屑、薛韵

先、仙不分,故屑、薛亦不分。广东先、仙读 i,故屑、薛读 it,客话先、仙读 iɑn,故屑、薛读 iɑt,其例甚纯(博白有读"绝"为"捷"者,音讹也)。

44. 药韵

此韵广东读 iak 音,惟"缚"字读 ɔk 是例外。客话读 ɔk,与铎韵混。盖药与阳相配,广东阳、唐不混,故药、铎有别也;客话阳、唐混,故药、铎亦混也。然客话"略、落"音微别,其特别情形,与平声"良、郎"音别相同("略"音如 liok,"落"音如 lok)。

45. 铎韵

广东读 ɔk,与唐韵配。

46. 陌韵

广东读与庚韵配。庚韵开、合口字读 ɑŋ,齐、撮字读 eŋ,故陌韵开、合口字读 ɑk,齐、撮字读 ek,客话全韵读 ɑk,惟一"隙"字读 it。以其读庚韵齐齿为 in 配之,"隙逆"皆当为 it,然而读"逆"字为 ɑk 者,盖同化于广东耳。

47. 麦韵

广东读 ɑk,与庚韵配。客话无异。惟"覈核"二字,广东、广西读 at,客话读 ut,皆与其所读物韵混,此例外也。广西容县庚、耕全韵几皆读 eŋ,故陌、麦几皆读 ek,如"策册"读 tʃ'ek,"责"读 tʃ'ek,"隔革格"读 kek。

48. 昔、锡、职韵

广东以与清、青、蒸相配,清、青、蒸混,故昔、锡、职亦混;清、青、蒸读 eŋ,故昔、锡、职读 ek。客话清、青、蒸读 in,故昔、锡、职读 it。独有"仄侧"二字,广西读 ɑk 入麦,客话读 ɑt 入迄。又"色"字客话亦读入迄,广东读本韵,广西有读 iɑk 入药者,此皆例外也。

49. 德韵

德与登配,蒸、登有别,故职、德亦有别。广东登读 ɑŋ,故德读 ɑk。客话登读 ən,故德读 ət,然德与迄混,不能别也。"国"字广东、广西读 ɔk。广西郁林"北"字读 ok,此皆例外也。

50. 缉韵

缉与侵配,广东侵读 ɑm,故缉读 ɑp。客话侵读 im,故缉读 ip。广西南部小部分读侵为 ɒm,故其读缉则为 ɒp 也。

51. 合、盍、洽、狎韵

此四韵配覃、谈、咸、衔,覃、谈、咸、衔无别,故合、盍、洽、狎亦无别也。覃、谈、咸、衔读 ɒm 音，故合、盍、洽、狎读 ɒp 音也。

52.葉、帖韵

此二韵配盐、添韵。广东盐、添读 im，故葉、帖读 ip。客话盐读 ɒm、iam 二音，故葉、帖亦有 ɒp、iap 二音；"葉摄摺" ɒp 音也；"接妾猎睫" iap 音也（"涉"字或读 siap，或读 ʃɒp，"协"字或读 hiap，或读 sɒp）。北方盐韵有二音，而葉韵只 e 一音矣。客话添读 iam，故帖读 iap。

53.业韵

业韵配严。广东严读 im，故业读 ip，客话严读 ɒm、iam 二音，故业读 ɒp、iap 二音。

54.乏韵

此韵字常用者，但有"乏法"两字。按乏韵配凡，广东客话凡皆读 ɒm，则乏自当读 fɒp，今以"法"字观之，广西南部读 fɒp 为正例，广东读 fɒt 为变例（客话有 fɒp、fat 二音）。又以"乏"字观之，广东、广西及客话皆读 fɒt，混入黠、锗，盖受北音之影响故耳。

上述诸韵既毕，今列总表，俾可一览了然矣。

广东韵表一（无鼻音韵尾者）

支	i、ei、ui	脂	i、ei、ui
之	i、ei、ui	豪	ou
微	i、ei、uei	歌	ɔ
鱼	i、ɔ	戈	ɔ
虞	i、u	麻	e、ɑ
模	u	尤	ɒu
齐	ai、ei、uei	侯	ɒu
佳	ɐi	祭	ai、ui
皆	ɐi	泰	ɐi、ui
灰	ui	夬	ɐi

哈　oi　　　　　　　　　　　废　ei
萧　iu
宵　iu
肴　ɑu

广东韵表二（有鼻音韵尾者）

东　uŋ　　　　　　　　　　冬　uŋ
钟　uŋ　　　　　　　　　　仙　in
江　ɑŋ、ɔŋ、uŋ、æŋ　　　阳　ɔŋ、æŋ
真　ɐn　　　　　　　　　　唐　ɑŋ
谆　ɐn　　　　　　　　　　庚　eŋ、ɑŋ
臻　ɐn　　　　　　　　　　耕　eŋ、ɑŋ
文　ɐn　　　　　　　　　　清　eŋ
殷　ɐn　　　　　　　　　　青　eŋ
元　in、ɒn　　　　　　　　蒸　eŋ
魂　ɐn、un　　　　　　　　登　ɐŋ
痕　ɒn　　　　　　　　　　侵　ɐm
寒　ɒn、on　　　　　　　　覃　ɒm、om
桓　un　　　　　　　　　　谈　ɒm、om
删　ɒn　　　　　　　　　　盐　im
山　ɒn　　　　　　　　　　添　im
先　in　　　　　　　　　　咸　ɒm
衔　ɒm　　　　　　　　　　凡　ɒm
严　im

广东韵表三（入声韵）

屋　uk　　　　　　　　　　末　ut
沃　uk　　　　　　　　　　黠　ɒt

烛	uk	镨	ɒt
觉	uk	屑	it
质	ɑt	薛	it
术	ɑt	药	iɒk
栉	ɑt	铎	ɔk
物	ɑt	陌	ek、ɑk
讫	ɑt	麦	ɑk
月	it、ɒt	昔	ek
没	ɒt、ut	锡	ek
曷	ɒt、ot	职	ek
德	ɑk	帖	ip
缉	ɑp	洽	ɒp
合	ɒp、op	狎	ɒp
盍	ɒp	业	ip
葉	ip	乏	ɒp

广西韵表一（无鼻音韵尾者）

支	i、ei、ui	皆	ɐi
脂	i、ei、ui	灰	ui
之	i、ei、ui	咍	oi
微	i、ei、uei	萧	iu
鱼	i	宵	iu
虞	i、u	肴	ɑu
模	u	豪	ǝu
齐	ei、ɑi、uei	歌	ɔ
佳	ɐi	戈	ɔ
麻	e、ɑ	祭	ɑi、iu、ɐi
尤	au	泰	ɐi、iu、ɐi

| 侯 | au | | 夬 | ɐi |
| 幽 | au | | 废 | ei |

广西韵表二（有鼻音韵尾者）

东	uŋ		魂	ɐn、un
冬	uŋ		痕	ɐn
钟	uŋ		寒	ɒn
江	aŋ、ɔŋ、uŋ		桓	un
真	ɐn		删	ɒn
谆	ɐn		山	ɒn
臻	ɐn		先	in
文	ɐn		仙	in
殷	ɐn		阳	ɔŋ、iaŋ
元	in、ɒn		唐	ɔŋ
庚	eŋ、aŋ		谈	ɒm
耕	eŋ、aŋ		盐	im
清	eŋ		添	im
青	eŋ		咸	ɒm
蒸	eŋ		衔	ɒm
登	ɐŋ		严	im
侵	am		凡	ɒm
覃	ɒm			

广西韵表三（入声韵）

屋	uk		栉	at
沃	uk		物	at
烛	uk		迄	at
觉	ak、uk		月	it、ɒt

质	ɑt		没	ɑt、ut
术	ɑt		曷	ɑt
末	ut		职	ek
黠	ɒt		德	ɑk
镥	ɒt		缉	ɑp
屑	it		合	ɒp
薛	it		盍	ɒp
药	iɑk		葉	ip
铎	ɔk		帖	ip
陌	ek、ɑk		洽	ɒp
麦	ɑk		狎	ɒp
昔	ek		业	ip
锡	ek		乏	ɒp

客话韵表一（无鼻音韵尾者）

支	i、u、ui		微	i、ui
脂	i、u、ui		鱼	i、u
之	i、u、ui		虞	i、ɔ、u
模	u		歌	ɔ
齐	e、ui		戈	ɔ
佳	ɐi		麻	e、ɑ、iɒ
皆	ɐi		尤	iu
灰	ui		侯	əu
哈	oi		幽	iu
萧	au、iau		祭	i、e、oi、ui
宵	au、iau		泰	ɐi
肴	au		央	ɐi
豪	ɔ		废	ui

客话韵表二（有鼻音韵尾者）

东	uŋ	真	in
冬	uŋ	谆	un
钟	uŋ	臻	in
江	aŋ、oŋ、uŋ	文	un
殷	in	耕	in、aŋ
元	ɒn	清	in
魂	un	青	in
痕	ən	蒸	in
寒	on、ɒn	登	ən
桓	ɒn	侵	im
删	ɒn	覃	ɒm
山	ɒn	谈	ɒm
先	ɒn、ian	盐	ɒm、iam
仙	ɒn、ian	添	iam
阳	oŋ、iaŋ	咸	ɒm
唐	ɔŋ	衔	ɒm
庚	in、aŋ、uŋ	严	ɒm、iam
		凡	ɒm

客话韵表三（入声韵）

屋	uk	镥	ɒt
沃	uk	屑	iat
烛	uk	薛	iat
觉	ɔk	药	ɔk、iok
质	it	铎	ɔk
术	ut	陌	it、ak

栉	it	麦	ɑk
物	ut	昔	it
迄	ət	锡	it
月	ɒt、iat	职	it
没	ɒt、ut	德	ət
曷	ɒt	缉	ip
末	ɒt	合	ɒp
黠	ɒt	盍	ɒp
葉	ɒp、iap	狎	ɒp
贴	iap	业	ɒp、iap
洽	ɒp	乏	ɒp

四　辨声调

(甲)声调之多少

四声各有阴阳,江浙人能辨之,广东亦能辨之。"金锦禁急"阴也,"阳养样药"阳也。赖此以方清浊诸纽,例如"幼"字阴声,影纽也,"佑"字阳声,喻纽也。北方混为一音,则纽无从辨矣。四声各分为二,宜有八声;顾两奥声调,各地不同,有多至十声者,有少至六声者,列表示之:

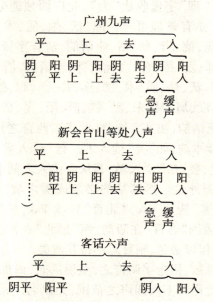

广州九声

平		上		去		入	
阴平	阳平	阴上	阳上	阴去	阳去	阴入	阳入
						急声	缓声

新会台山等处八声

平		上		去		入	
(……)	阳平	阴上	阳上	阴去	阳去	阴入	阳入
						急声	缓声

客话六声

平		上	去	入	
阴平	阳平			阴入	阳入

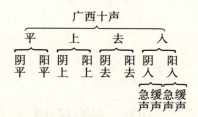

新会、台山等处,平声虽分阴阳,然而阴平之调,与阴去无别,故表中阴平处但作虚线,实得八种声调而已。客话阴入反读低音,阳入却读高调,与粤音适得其反。例如"叔"字读如广州之"熟"、"熟"字读若广州之"叔"是也。广东有九声者,阴入声复分急、缓,"格各百发"等字缓声,"福竹急击"等字急声。广西有十声者,阳入声亦分急、缓,"俗木墨逆"等字缓声,"末伐合学"等字急声。急声者,由平声骤收,促短成音也;缓声者,由上声慢收促短成音也。"风"字骤收成"福"、"反"字慢收成"发",此两粤之所同也。"烦"字骤收成"伐"、"理"字慢收成"力",此广西独能分别之音也。凡入声之分急缓,亦有条理可寻。屋、沃、烛、质、术、物、迄、月、末、屑、薛、昔、锡、职、德、缉、葉、帖、业诸韵,清音字皆急。觉、没、曷、黠、镐、陌、药、铎、麦、德、合、盍、洽、狎、乏诸韵,清音字皆缓(此兼两粤言之)。屋、沃、烛、质、术、物、迄、昔、锡、职、德、缉诸韵,浊音字皆缓;觉、月、没、屑、曷、末、黠、镐、薛、陌、麦、药、铎、合、盍、葉、帖、洽、狎、业、乏诸韵,浊音字皆急(此指广西言之)。间有例外者,必其字今已不读本韵,如"突"读入术,"姪"读入质,"逆剧展隙戟"读入昔,"发(髪、發)括"读入黠,若从今读入之韵求之,百不失一,仍可谓之全无例外也。然其某韵必急或缓之故,余未足以知之。最可怪者,"黑客"皆读 hak,"北百"皆读 Pak,然"黑北"声急,而"客百"声缓。盖因"客百"在陌韵,而"黑北"在德韵故也。然陌韵何以必缓,德韵何以必急,则百思不得其解矣。

上述声调总数,但指字调言之,至说话时,尚加一种声调,颇似北京之阳平。此声调不入四声之范围,无以名之,姑名之曰变调。

广东变调,多用以表细小之意。其详于下文论语调时复述之。在广西之客话,并无此种声调,在广东之客话,虽有此调,却非变调,盖即四声中之阳平耳。

以语调计之,则声调之总数,又须增加矣。列表如下:

	字调	语调
广东	九声	十声
台山	八声	九声
广西	十声	十一声
客话	六声	六声

(乙)浊音上声之变化

毛先舒《韵学通指》云:平去入皆有阴阳,惟上声无阴阳。阴平"神该笺腰";阳平"蓬陪全潮";阴去"贡玠霴钓";阳去"凤卖电庙";阴入"谷七妾鸭";阳入"孰亦熱鑞"。此因毛氏方音,但有七声,故不能辨上声之阴阳耳。今浙江临安至江苏江阴一带,大抵皆如毛氏所云;惟永嘉等处,阳入或混上去,而上声反分阴阳。广东既具九声,则上声之有阴阳,可无疑言。故毛氏之说,可补之曰:"'董海浅小'为阴上,'动亥兔鸟'为阳上。"何以知之?"董"在端纽,"海"在晓纽,"浅"在清纽,"小"在心纽,皆清音也(端全清,晓、清、心次清)。"动"在定纽,"亥"在匣纽,"兔"在明纽,"鸟"在泥纽,皆浊音也(定全浊,匣、明、泥次浊)。清浊音之上声,皆阴阳上声之所由分也。两粤上声虽能分阴阳,然浊音上声字往往发生变化。大抵广东、广西之变,则入阳去;客话之变,则或入阴平,或入去声。北京上声不分阴阳,则于此类字或读上声,或读去声。《国音字典》云:"群、澄、床、禅、定、並、奉、从、邪等母之上声字皆读去声。"而其所以变声之故,则未尝言及。今按北京匣纽上声字亦多读去声,而喻、明、泥、疑诸纽则否,此犹有条理可言也(亦有例外,如"愈陨"等字)。粤音变化,视北京为少,然无条理可言。又浙江永嘉,几于全数不变。此其或变或不变之故,诚音学上之大问题也。今择浊音上声字,最常用者,列为一表;比较其变化之迹。先为例言如下:

1.同音之字,但录一字为代表;其在甲地为同音,而在乙地为异音者,则并录之。

2.凡较深僻之字,因不常用之故,往往在同一地方而有平上去之异者,不录。

3.凡一字只有一义,而古读上去两声者,今虽不读上声,不能谓之变化,此类不录。但甲地读上,乙地读去者,仍录。

4.切音根据《集韵》,《集韵》与《广韵》虽稍有异同,而清浊四声之别无异,今取《集韵》易检,无他意也。

5.表中所谓某声者,以一般人口音为准,凡有意矫正者,不在此例。

浊音上声变化表

		北京	广东	客话	博白	永嘉	附注
近	(巨谨切)	去	阳去	阴平	阳上	阳上	
拒	(臼许切)	去	阳上	阴平	阳上	阳上	
件	(巨展切)	去	阳去	去	阳阳去上	阳上	
强	(巨两切)	上	阳上	上	阳上	阳上	勉强之强
臼	(巨九切)	去	阳阳上去	去	阳去	阳上	
舅	(巨九切)	去	阳去	阴平	阳上	阳上	
俭	(巨险切)	去	阳去	去	阳去	阳上	
项	(户讲切)	去	阳去	去	阳去	阳上	
户	(后五切)	去	阳上	去	阳上	阳上	
蟹	(下买切)	去	阳去	上	阳上	阳上	

		北京	广东	客话	博白	永嘉	附注
亥	（下改切）	去	阳上	去	阳上	阳上	
旱	（侯旱切）	去	阳去	阴平	阳上	阳上	
皓	（下老切）	上	阳去	去	阳去	阳上	
浩	（户老切）	去	阳去	阴平去	阳去	阳上	
祸	（户果切）	去	阳去	去	阳上	阳上	
下	（亥雅切）	去	阳去	去	阳去	阳上	低下之下
幸	（下耿切）	去	阳阳上去	去	阳去	阳上	
厚	（很口切）	去	阳去	阴平去	阳上	阳上	
艦	（户黤切）	去	阳阳上平	去	阳去	阴上	
以	（养里切）	上	阳上	上	阳上	阳阴上去	
己	（养里切）	上	阳上	上	阳上	阳上	
矣	（于己切）	上	阳上	阳平	阳上	阳阴上去	
与	（演汝切）	上	阳上	上	阳上	阳上	
煖	（乃管切）	上	阳上	阴平	阳上	阳上	
鸟	（尼了切）	上	阳上	阴平	阳上	阳上	本了了切
尔	（忍氏切）	上	阳上	阴平	阳上	阳上	
汝	（忍与切）	上	阳上	阴平	阳上	阳上	
耳	（忍上切）	上	阳上	上	阳上	阳上	
壤	（汝两切）	上去	去去	去	阳阳去上	阳去	
在	（尽亥切）	去	阳去	阴平	阳上	阳上	

		北京	广东	客话	博白	永嘉	附注
造	（在早切）	去	阳去	去	阳上	阳上	
坐	（徂果切）	去	阳上	阴平	阳上	阳上	
静	（疾郢切）	去	阳去	上	阳上	阳上	
渐	（疾冉切）	去	阳去	去	阳去	阳去	
祀	（象齿切）	去	阳上	去	阳去	阳上	
象	（似两切）	去	阳去	去	阳去	阳上	
叙	（象吕切）	去	阳去	去	阳去	阳上	
婢	（部弭切）	去	阳阳去上	阴平	阳上	阳去	
部	（伴姥切）	去	阳去	去	阳去	阳上	
簿	（伴姥切）	去	阳去	去	阳上	阳上	
陛	（部礼切）	去	阳去	去	阳去	阳阴去去	
牝	（婢忍切）	去	阳上	上	阳上	阳上	
辨	（皮苋切）	去	阳去	去	阳去	阳上	
鲍	（部巧切）	去	阴平	阴平	阴平	阳上	
抱	（簿皓切）	去	阳上	上	阳上	阳上	
並	（部迥切）	去	阳去	去	阳去	阳上	
奉	（父勇切）	去	阳去	去	阳去	阳上	
父	（奉甫切）	去	阳阳去上	去	阳去	阳上	
愤	（父吻切）	去	阳阳去上	去	阳去	阳上	
妇	（扶缶切）	去	阳阳去上	去	阳上	阳上	
负	（扶缶切）	去	阳阳去上	去	阳去	阳上	

续 表

		北京	广东	客话	博白	永嘉	附注
阜	（房九切）	去	阳上	去	阳去	阳上	
犯	（父锬切）	去	阳去	去	阳去	阳上	
武	（罔甫切）	上	阳上	上	阳上	阳上	今读无甫切
买	（母蟹切）	上	阳上	阴平	阳上	阳上	
美	（无鄙切）	上	阳上	阴平	阴上	阴上	
晚	（武远切）	上	阳上	阴平 上	阳上	阳上	今读明鄙切
满	（母伴切）	上	阳上	阴平	阳上	阳上	今读明远切
免	（美辨切）	上	阳上	阴平	阳上	阳上	
卯	（莫饱切）	上	阳上	阴平	阳上	阳上	
马	（母下切）	上	阳上	阴平	阳上	阳上	
母	（莫后切）	上	阳上	阴平	阳上	阳上	
某	（莫后切）	上	阳上	阴平	阳上	阳上	
牡	（莫后切）	上	阳阳 去上	去	阳去	阳上	
诞	（荡旱切）	去	阴去	去	阴去	阴去	
里	（两耳切）	上	阳上	阴平	阳上	阳上	
李	（两耳切）	上	阳上	上	阳上	阳上	
吕	（两举切）	上	阳上	阴平	阳上	阳上	
鲁	（笼五切）	上	阳上	阴平	阳上	阳上	
雨	（王炬切）	上	阳上	上	阳上	阳上	
乳	（蕊主切）	上	阳上	上	阳上	阳上	
勇	（尹竦切）	上	阳上	上	阳阴 上上	阳上	

		北京	广东	客话	博白	永嘉	附注
愈	（勇主切）	去	阳去	去	阳去	阳去	
陨	（羽敏切）	去	阳去	去	阳去	阳阴阴 去去平	
远	（雨阮切）	上	阳上	上	阳上	阳上	
野	（以者切）	上	阳上	阴平	阳上	阳上	
也	（以者切）	上	阳阳 上去	阴平	阳阴 上上	阴上	
养	（以两切）	上	阳上	阴平	阳上	阴上	
往	（雨两切）	上去	阳上	阴平	阳阴 上上	阳上	
永	（于璟切）	上	阳上	上	阳上	·阴上	
有	（云九切）	上	阳阳 上去	阴平	阳上	阳上	
重	（柱勇切）	去	阳阳 去上	阴平	阳上	阳上	
雉	（直几切）	去	阳去	阴平	阳上	阳上	
柱	（重主切）	去	阳上	阴平	阳上	阳上	
篆	（柱兖切）	去	阳去	去	阳去	阳阳 上去	
赵	（直绍切）	去	阳去	去	阳去	阳上	
丈	（雉两切）	去	阳去	去	阳阳 上去	阳上	
纣	（丈九切）	去	阳阳 去上	去	阳去	阳上	
俟	（床史切）	去	阳去	去	阳去	阳上	
是	（上纸切）	去	阳去	去	阳上	阳上	
氏	（上纸切）	去	阳去	去	阳去	阳去	
市	（时止切）	去	阳上	去	阳上	阳上	

续　表

		北京	广东	客话	博白	永嘉	附注
士	（钼里切）	去	阳去	去	阳去	阳上	
盾	（豎尹切）	去	阳去	去	阳去	阳上	
绍	（市沼切）	去	阳平	阳平去	阳平	阳去	
社	（常者切）	去	阳上	阴平	阳上	阳上	
上	（是掌切）	去	阳阳上去	阴平	阳上	阳上	上升之上
受	（是酉切）	去	阳去	去	阳去	阳上	
禦	（牛据切）	去	阳去	上	阳去	阳去	
五	（阮古切）	上	阳上	上	阳上	阳上	
眼	（语限切）	上	阳上	上	阳上	阳上	
我	（语可切）	上	阳上	上	阳上	阳上	
雅	（语下切）	上	阳上	阴平	阳上	阳上	
瓦	（五寡切）	上	阳上	上	阳上	阳上	
仰	（语两切）	上	阳上	阴平上	阳阴上上	阳上	
藕	（五口切）	上	阳上	上	阳上	阳上	
动	（杜孔切）	去	阳去	阴平去	阳上	阳上	
弟	（待礼切）	去	阳阳去上	阴平去	阳上	阳上	兄弟之弟
待	（荡亥切）	去	阳去	去	阳去	阳上	
断	（杜管切）	去	阳上	阴平	阳上	阳上	断绝之断
但	（徒旱切）	去	阳去	去	阳去	阳去	
道	（杜皓切）	去	阳去	去	阳去	阳上	
淡	（杜览切）	去	阳去	阴平	阳上	阳上	

		北京	广东	客话	博白	永嘉	附注
你	（乃里切）	上	阳上	阳平	阳上	阳上	客话读
乃	（囊亥切）	上	阳上	阴平	阳上	阳上	
米	（母礼切）	上	阳上	上	阳上	阳上	
礼	（里弟切）	上	阳上	阴平	阳上	阳上	
懒	（鲁旱切）	上	阳上	阴平	阳上	阳上	
卵	（鲁管切）	上	阳上	上	阳上	阳上	
老	（鲁皓切）	上	阳上	上	阳上	阳上	
朗	（里党切）	上	阳去	去	阳去	阳上	
两	（里养切）	上	阳上	阴平上	阳上阴上	阳上	
领	（里郢切）	上	阳上	阴平	阳上	阳上	
冷	（鲁打切）	上	阳上	阴平	阳上	阳上	
廪	（力锦切）	上	阳上	阴平	阳上	阳上	
聚	（在庾切）	去	阳去	阴平	阳去	阳上	
杜	（动五切）	去	阳去	去	阳去	阳上	
尽	（在忍切）	去	阳去	去	阳去阳上	阳上	
女	（碾与切）	上	阳上	上	阳上	阳上	

　　上表一百二十九字之中，五种方音皆能保存上声者，惟"以已李与耳女雨武乳勇五米蟹远卵眼老瓦强永藕"二十一个字，不及六分之一，可见浊音上声最易变化，乃八声中最特别之一种声调也。又五种方音皆不能保存上声者，惟"氏御愈陛诞但篆绍渐"九字，不及十四分之一（此九字有八字变去声）。可见虽易变化，仍有古读留在人间也。北京能保存上声者，五十五字，不及全数七分之三；客话二十五字，不及五分之一；广东六十九字，超过二分之一；博白

八十三字,几及三分之二;永嘉一百二十字,超过十分之九。由此
观之,永嘉最能保存古读,其次为两粤,又次为北京(各省之浊上变
化多与北京同),而客话为最失古读矣。章太炎《小学略说·正言
论》,谓浊音上声变去声,除浙江嘉兴、湖州二府,他处皆然,独不知
有永嘉也。永嘉有九字不能保存,不知嘉兴、湖州能尽保存否? 俟
他日质之嘉兴友人可矣。章氏但知其能变去声,段玉裁《六书音均
表》亦云:"今人上韵内之字多读为去韵。"而不知有客话能变阴平。
今按客话变阴平者约四十五字,变去声者约五十六字,其或变阴平
或变去声之故,未能言之。今试分组作表,以验其变化之例如下:

	北京	广东	客话	博白	永嘉
群	去	阳去	阴平	阳上	阳上
匣	去	阳去	去	阳上	阳上
喻	上	阳上	上	阳上	阳上
澄	去	阳去	去	阳上	阳上
床	去	阳去	去	阳去	阳上
禅	去	阳去	去	阳上	阳上
定	去	阳去	去	阳上	阳上
从	去	阳去	去	阳上	阳上
邪	去	阳去	去	阳去	阳上
疑	上	阳上	阴平	阳上	阳上
泥	上	阳上	阴平	阳上	阳上
日	上	阳上	阴平	阳上	阳上
来	上	阳上	去	阳上	阳上
並	去	阳去	去	阳上	阳上
奉	去	阳上	阴平	阳去	阳上

续　表

	北京	广东	客话	博白	永嘉
明	上	阳上	上	阳上	阳上
微	上	阳上		阳上	阳上
例外字	皓愈陨禦	拒诞负强断犯蟹坐旱御愈壤陨朗柱牝社鲍绍抱市奉	件愈淡卵咎陨聚老件有静朗强养坐牝蟹重在鲍旱柱雅抱矣雉你也上壤野社耳往断李	咎篆诞并俭赵道妇项纣聚牡皓氏渐浩绍御下士朗幸盾部舰受陛愈待辨陨但鲍	蟹但渐诞愈渐陨壤也御养婢永有绍氏

北京群、匣、澄、床、禅、定、从、邪、并、奉皆变去声，喻、疑、泥、日、来、明、微不变。广东群、匣、澄、床、禅、定、从、邪、并皆变阳去，喻、疑、泥、日、来、奉、明、微不变。客话群、泥、日、来、明皆变阴平，匣、澄、床、禅、定、从、邪、并、奉皆变去声，仅喻、泥、微不变。博白仅床、邪、奉变阳去，其余不变。永嘉则诸纽皆不变。然皆有例外，其例不纯，莫可究诘。顾例外字亦有可注意者，如“愈陨绍舰御渐”等字，在五处几皆为例外，则知此数字之失古读也久矣。又有雅俗之别者，如客话“弟妇下”等字读去声，而俚言“老弟、新妇、地下”则为阴平，此雅俗之别也。又有意言不同，故为分别者，如“两”字，客话言一两三四则仍上声，言几斤几两则变阴平；博白言一两三四则读阳上，言几斤几两则变阴上是也。

（丙）字调之高低

刘半农先生《四声实验录》，已有广州字调之实验，今但述其他各处。台山、新会等处，阴平读如广州之阴去，其余略同。广西字调之最与广州异者为阳平，声较轻清。就博白一县言之，阴平阳上阳去阴入阳入皆似广州，阳平较轻，阴去略似北京，阴上及阴入缓声，在他地无相似之读法，阳入缓声，略似上海之阳入。客话阴平去声似北京,上声则似北京之"赏半"声,阳平似博白,阴入似广州阳入,阳入似广州阴入,此其大较也。若欲考其正确,非用仪器实验不可,今姑为五线图,示其大略如下。五线图说明:如第一图,字调为音高与时间之函数关系。今用纵横位标轨线,表示函数法。以时间为横线,以音高为纵线。但时间系相对时间大约一格合1/6秒。而音高亦只分相对音高五等。

1. 不论全部绝对音高;

2. 不论五等绝对音程大小。

譬如有四图,如第二图:

甲图之音高而短,乙图之音低而长,丙图之音先高后低,丁图之音先低后高。并可以数字表之。如丙图第一时点,音高在第四度,便为一个 4;第二、第三时点仍在第四度,又写两个 4,第四时点在第三度,便写一个 3;合之即成 4443,而一音中高低长短之变化,皆可于 4443 四字表现出矣。

第一图:

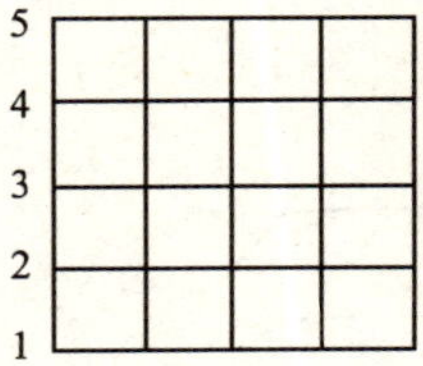

第二图:(甲)

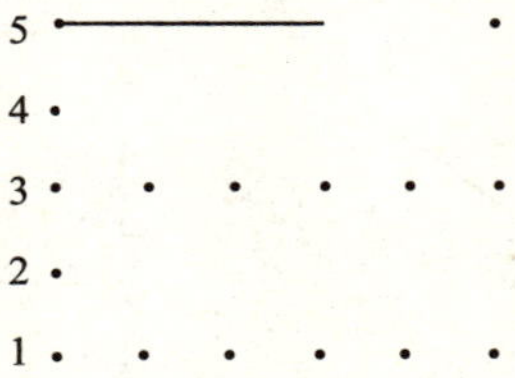

第二图(乙)

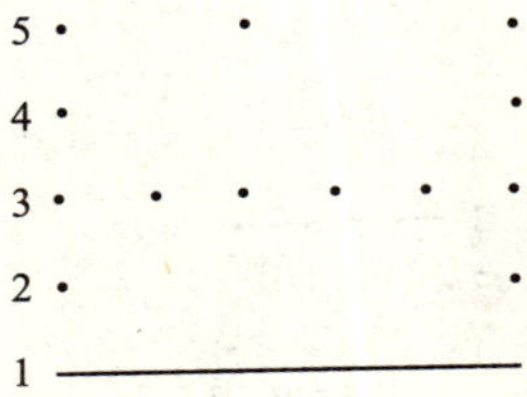

第二图(丙)

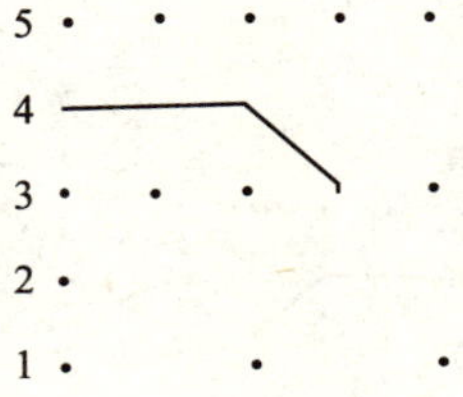

第二图（丁）

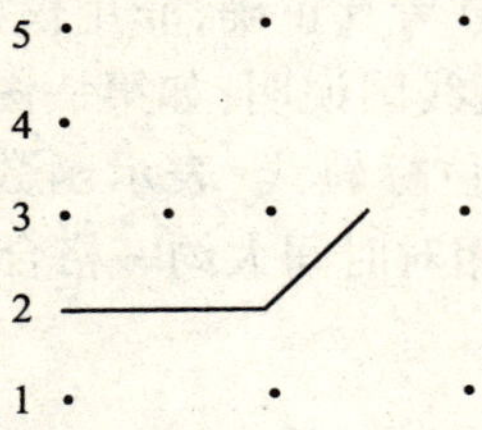

第三图： 广东阴平 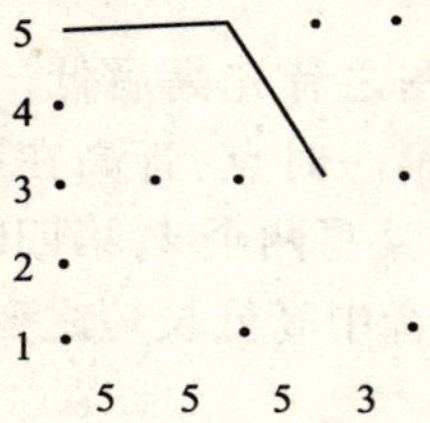　　　　　广东阳平

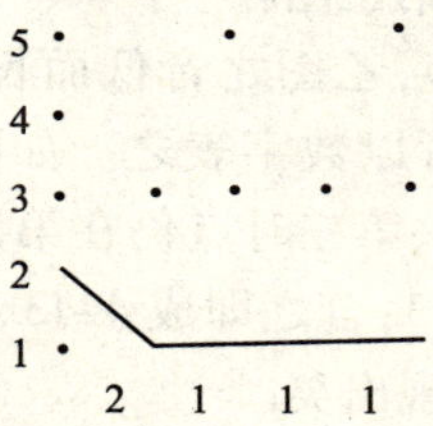

5 5 5 3　　　　　2 1 1 1

广东阴上 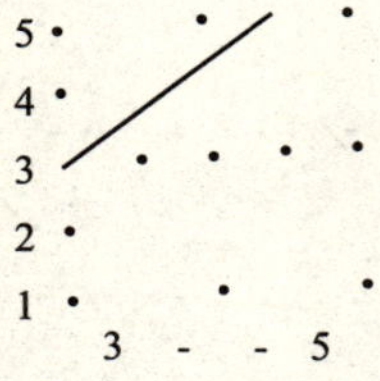　　　　广东阳上 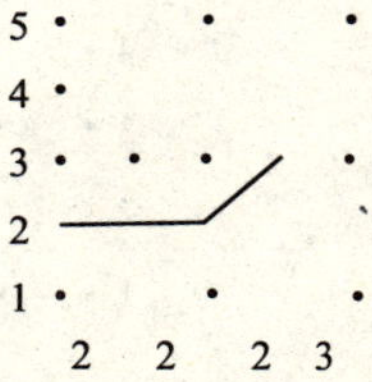　　　　广东阴去

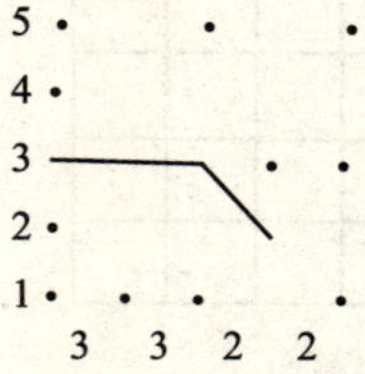

3 - - 5　　　　2 2 2 3　　　　3 3 2 2

广东阳去 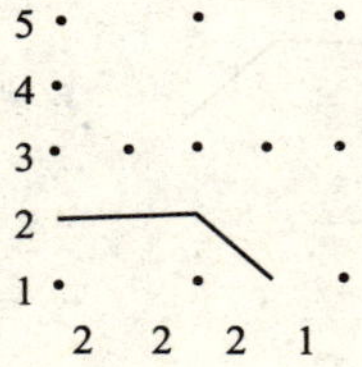　　　　广东阴入急声 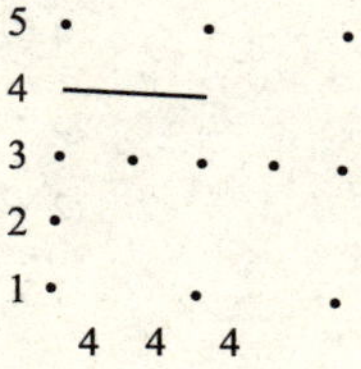　　　广东阴入缓声

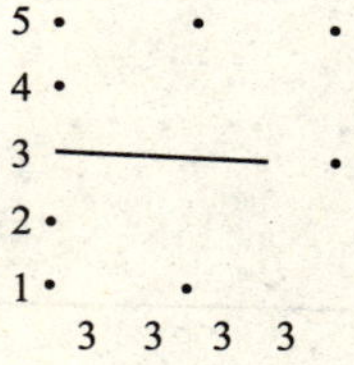

2 2 2 1　　　　4 4 4　　　　3 3 3 3

广东阳入

```
5 ·    ·    ·
4 ·
3 ·  ·  ·  ·
2 ————————
1 ·  ·  ·  ·
   2  2  2
```

广西阴平

```
5 —————
4 ·        ·
3 ·    ·  ·  ·
2 ·
1 ·  ·  ·  ·
   5  5  5  3
```

广西阳平

```
5 ·    ·    ·
4 ·      ·
3 ·    ·    ·
2 ·          ·
1 ·    ·    ·
   2  3  4  2
```

广西阴上

```
5 ·    ·    ·
4 ·
3 ————————  ·
2 ·
1 ·      ·  ·
   3  3  3  3
```

广西阳上

```
5 ·    ·    ·
4 ·
3 ·    ·  ·
2 ————————
1 ·    ·    ·
   2  2  2  3
```

广西阴去

```
5 ·        ·
4 ·
3 ·  ·  ·  ·
2 ·        ·
1 ·    ·    ·
   4  -  -  2
```

广西阳去

```
5 ·    ·    ·
4 ·
3 ·    ·    ·
2 ·
1 ————————  ·
   2  1  1  1
```

广西阴入急声

```
5 ·    ·    ·
4 ————————
3 ·  ·  ·  ·
2 ·
1 ·    ·    ·
   4  4  4
```

广西阴入缓声

```
5 ·    ·    ·
4 ·
3 ——————  ·  ·
2 ·
1 ·  ·  ·  ·
   3  3  3  3
```

广西阳入声声　　　　　　　广西阳入缓声

5 ·　　·　　·　　　　　5 ·　　·　　·

4 ·　　　　　　　　　　4 ·

3 ·　·　·　·　　　　　3 ·　·　·　╱·

2 ——————　　　　　2 ———╱

1 ·　　·　　·　　　　　1 ·　　　·

　　2　2　2　　　　　　　2　2　2　3

广西阴入与阴上声调略同,阳入与阳上声调略同,但入声有阻气之 p、t、k,而上声无之耳。

客话阴平　　　　　客话阳平　　　　　客话上声

5 ———╲　·　　　5 ·　·　·　　　5 ·　·　·

4 ·　　　╲　　　4 ·　　╱╲·　　　4 ·　·　·

3 ·　·　·　╲　　3 ·　╱·　╲　　　3 ·　·　·

2 ·　·　·　·　　2 ·╱·　·　╲·　　2 ·　·　·

1 ·　·　·　·　　1 ·　·　·　·　　1 ——————

　5　5　5　3　　　2　3　4　2　　　1　1　1　1

客话去声　　　　　客话阴入　　　　　客话阳入

5 ·　·　·　　　　5 ·　·　·　　　　5 ·　·　·

4 ╲　·　·　·　　4 ·　·　·　　　　4 ———

3 ·　╲·　·　　　3 ·　·　·　　　　3 ·　·　·

2 ·　·　╲·　　　2 ——————　　　2 ·　·　·

1 ·　·　·　·　　1 ·　·　·　　　　1 ·　·　·

　4　-　-　2　　　2　2　2　　　　4　4　4

观图可知:

广东阴平 = 广西阴平 = 客话阴平

广东阳平 = 广西阳去

广东阳上 = 广西阳上

广东阴入急声 = 广西阴入急声 = 客话阳入

　　广东阴入缓声＝广西阴入缓声

　　广东阳入＝广西阳入急声＝客话阴入

注：此图请赵元任先生凭耳听大略为之,惧自制之不确也。

　　然三处之音,皆由作者一人代表读之,恐不免稍有出入。

　　图中客话声调,以广西之客话为标准,他处客话声调略有不同,有读阳平似北京之阳平者,有读上声较高而长者,俟他日另详之,此处不著于图。

(丁)语调之变化

　　声调有字调、语调之别。字调者,一字独立发声也。语调者,语句中字之声调也。字在独立发声时,有一定之声调,若与他字连属,则往往同一字因前后字调之不同,而有各种不同之声。今略述粤中语调如下:

　　广东阳平字调略与重庆同,而与北京迥异;然在说话时,每起变化,略与北方同。例如“钱”字,独立发声略如重庆“秦”字音,若在说话时,往往变作北京之“秦”字音。余字可类推而知也。阳上阳去亦往往变如此。其变化最鲜明者,为呼人之姓曰“阿王、阿颜、阿刘、阿陈、阿廖、阿郑、阿伍”诸阳声字皆读变调矣。

　　广东阳去字,在说话时往往变调,混入阴去。此例以香山音为尤甚焉(香山人说话于阳平字,亦或变入阴去)。

　　广东阳入声字,在演说时往往变为阴入缓声。例如“学、够”二字,独立发音,显然有别,若曼声演说,则“学”字往往读如“够”音。此例亦以香山人为尤甚(香山人不但演说,即平常言语,亦常以阳入读若阴入缓声)。

　　广西凡遇二字连属时,其声调每起变化。其变也,在上一字之音变为去声。浊纽字变为阳去,清纽字变阴去,最有规则。今将其规则详列于下:

　　凡上字为阴平者变为阴去,例如“鸡肉”之“鸡”音“计”。

　　凡上字为阴上阴去阴入者,不变。

　　凡上字为阳平阳上者,变为阴去,例如"桃子"之"桃"音"道";
"马脚"之"马"变为"骂"。

　　凡上字为阳去或阳入急声者,不变。

　　凡上字为阳入缓声者,变为阳入急声。

　　二字连属,非但指名词言之,即凡上下字语气关连密切,亦得
变声。如云"渠有钱","有"字去声;又如云"两兄弟","兄"字去
声。然若改口云"有一千钱"或云"三兄两弟",则"有、兄"字仍皆
上声矣。余可类推而知之也。

　　广西除阴阳四声共十声之正调外,尚有一种变调,略如北京之
阳平,上文亦述及矣。此调大抵用以表示幼小之意。如呼表弟之
年长者,则"弟"字读正调,呼年幼者,则"弟"字读变调。呼"表叔、
表妹、表兄、舅公"皆然。又如"小碗"谓之"碗儿","小狗"谓之"狗
儿","儿"字往往读变调。又呼乡愚为"村头阿伯","伯"字亦读变
调,盖又有轻视之意矣。

五　辨等呼

等呼之说,始于宋人。宋与唐音不能尽同,则宋人所定等呼,未必皆合唐音之旧。今按广东韵纽名符《广韵》而等呼则往往与宋后韵书乖异。岂粤音等呼异于宋、明,而独有合于唐代耶？抑异于唐音耶？兹分二节述之。

(一) 撮口呼

粤音有一最大特色,即无撮口呼是也。广州无之,四邑无之,肇、阳、罗无之,广西南部无之,客话亦无之。潮州、琼州语,余虽不甚谙,然偶闻彼土人士谈话,细察之,似亦无撮口之意。盖自官话而外,粤音方言,殆皆无此种呼法。凡遇应读撮口之字,皆变入开口合口齐齿三呼。兹以国音撮口呼,每一音各举一字为表,对照如下：

地＼字	居	攫	决	卷	君	迥	去	躩	阙	劝	群	穷	虚	血	玄
广东	齐	合	齐	齐	开	开	合齐	合	齐	齐	开	合	齐	齐	齐
广西	合	合	齐	齐	开	开	合	合	齐	齐	开	合	合	齐	齐
客话	齐	合	齐	齐	合	开	齐	合	齐	齐	合	合齐	齐	齐	齐

地＼字	熏	兄	女	聚	绝	朘	俊	取	全	序	宣	旬	雪	鱼	容	月	兀	云
广东	齐	开	合	合	齐	齐	齐	齐	齐	齐	齐	齐	齐	齐	齐	齐	齐	开
广西	齐	开	合	合	齐	齐	齐	齐	齐	齐	齐	齐	齐	齐	齐	齐	齐	开
客话	合	合	合	齐	齐	齐	合	齐	齐	齐	齐	齐	齐	齐	齐	齐	合	合

　　由上表观之,大抵在元韵者,广东、广西多变齐齿,客话多变合口;在文韵者,广东、广西多变开口,客话多变合口;在入声者,则各地多变齐齿。然其例不纯。广东人亦有读"雨鱼遇"如 y,读"雪"如 syet 者,然此类绝少,不能以此遂谓两广具撮口呼也。

(二)开口呼、合口呼、齐齿呼

　　此三种呼法,粤音亦与韵书不同,例如微韵本齐、撮,而变撮口为开口(此与北音同)。寒韵本开口呼、而变为合口。唐韵本有开、合二呼,而皆变为合口。齐、真、清、青、蒸、尤本齐撮呼,而皆变为开口。至客话则略似北音,惟真韵无作开口呼者,视北音为较近韵书之呼法也。北音亦未能尽存韵书等呼之旧,由此观之,等呼最善变矣。

六　结　论

　　研究方音之主要目的之一,在发见其发音之特色。今简括而言之,两粤之音,约有六种特色:两粤音数之多,甲于全国,特色一也。他省不能辨别之韵,两粤往往能之,支之与齐,佳之与灰,灰之与咍,桓之与寒,寒之与删,萧之与肴,肴之与豪,青之与真,真之与侵,覃之与寒,咸之与删,覃之与咸,药之与铎,铎之与黠,黠之与合,锡之与质,质之与缉,屑之与叶,皆有分别,特色二也。两粤入声配阳声字,韵尾 m、n、ŋ 短促急收而成为 p、t、k,特色三也。两粤无撮口呼,特色四也。两粤无ㄓ、ㄔ、ㄕ、ㄖ、ㄦ五音,特色五也。四声在广东,因阴阳缓急而分为九声,在广西分为十声,特色六也。所谓特色者,不论优劣,但论殊异而已。凡所称述,务求信确;若夫自诩与古音合辙,或自愧与北音异趋,皆无当也。是篇见解或乖,而事实可采,披沙见金,是在读者。

　　附言:稿成后,蒙赵元任先生详细指正,获益不浅,谨此志谢。但尚有虽经先生指正而未能更改之处,则因力不及之故,他日学稍有进,当再作严密之研究耳。篇中最可信者为广西博白之音,盖自己语言,易于确定也。他处之音,可信之程度,约有十分之九。尚望两粤各邑人士,因余说而订补之,俾臻完善,不胜厚幸。

（原载《清华学报》5 卷 1 期,1928 年）

附录　本文所用音标略例

发音部位	音标	例字	发音部位	音标	例字
双唇	p	北京"邦"		tɕ'	北京"欺"
	p'	北京"派"		ɕ	北京"希"
	m	北京"明"	舌尖舌面之间	tʃ	广东"庄"
	w	北京"王"		tʃ'	广东"疮"
唇齿	f	北京"夫"		ʃ	广东"爽"
	t	北京"端"	舌面前	ɲ	上海"泥"
	t'	北京"透"	舌面	j	广东"夷"
	n	北京"泥"	舌根	k	北京"公"
	l	北京"来"		k'	北京"空"
舌尖前	ts	北京"租"		ŋ	上海"我"
	ts'	北京"粗"		h	广东"好"
	s	北京"送"	喉音	ʔ	广东"安"
舌面前	tɕ	北京"基"			

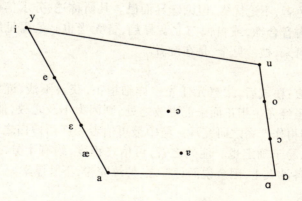

主要术语、人名、论著索引